開花在星雲以外

無名氏全集第六卷上冊

卜寧（無名氏）著

文史哲出版社印行

國家圖書館出版品預行編目資料

開花在星雲以外 / 卜寧（無名氏）著. -- 初版. --
臺北市: 文史哲,民 91
面; 公分. -- (文學叢刊 ; 147)（無名氏全集；第六卷）
ISBN 957-549-478-4 (全套：平裝)

1.

857.7 469 91019536

文學叢刊

無名氏全集第六卷

開花在星雲以外（上下冊）

著　　者：卜　寧（無名氏）
出版者：文史哲出版社
登記證字號：行政院新聞局版臺業字五三三七號
發行人：彭正雄
發行所：文史哲出版社
印刷者：文史哲出版社
臺北市羅斯福路一段七十二巷四號
郵政劃撥帳號：一六一八○一七五
電話886-2-23511028・傳真886-2-23965656

平裝二冊售價新臺幣八○○元

中華民國九十一年十月初版

ISBN 957-549-478-4

開花在星雲以外 目次

隱居杭州慧心庵專心創作時的無名氏

獻給這一時代為真理而受苦難，
而不屈，而掙扎，而戰鬥，
而終將獲勝的各民族純潔靈魂！

——無名氏

「無名書」修正定本共六卷

第一卷　野獸・野獸・野獸

第二卷　海　艷

第三卷　金色的蛇夜

第四卷　死的巖層

第五卷　開花的星雲以外

第六卷　創世紀大菩提

·9· 外以雲星在花開

TEL NO. : 886 2 29382449　　OCT. 02 2002 07:48PM P.

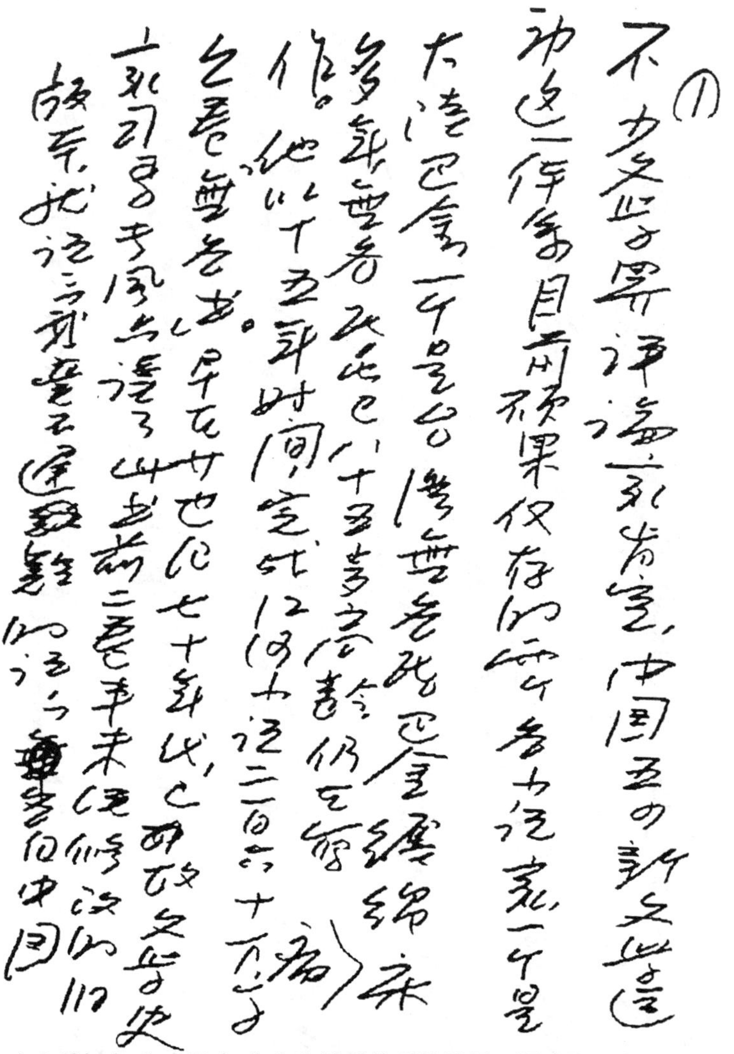

本文爲無名氏(卜乃夫)先生生前最後手稿遺墨，距病發五小時前，即二〇〇二年十月三日淩晨一時微血管破裂，腸胃大量出血及吐血，三時送達榮總治療，於十一日零時六分仙逝。

TEL NO. : 866 2 29982449 OCT. 02 2002 07:49PM P. 1

新文學誕生以來，無名書初稿是最偉大的力作。九十年代，名教授黃永武說：無名書見傳奇時代第一作家生命的最輝煌的作品。名詩人瘂弦說：無名書是中國史詩級的作品。又說：無名氏不僅是說故事的大師，也是載道大師。大學之權威級的評論家，復旦大學人文科學院創院院長陳思和說：無名氏是千古奇才子，能深入深悟七寶樓臺，是南京大學名教授任定果

TEL NO. : 866 2 29332449 OCT. 02 2002 07:51PM P. 1

(7)

甚至說：無名書是中國的但丁的神曲、浮士德幾來倘

內外評家百口交讚，此書「野獸、野獸、野獸」是第一卷，已收在書叢中

文史哲書屋繼持終

此書為一時代之書、生命之書

TEL NO. : 866 2 29382449 OCT. 02 2002 07:53PM P. 1

(4)

「雲花在星之外」

封面內容多方好默，切用。但是沒說三、四句

話：已故的書畫中文大學各級教授並維持講座

在香港，他的書畫是東方書中的經費之作，是東方書。已

遠到華嚴經的境界，寫字上七分中的八分作家，經

無一人用力說形式，藝術性思維，默接書寫，要對

佛教禪宗的悟道體證，或是悟得，接

第一章

印蒂現在四十一歲了。他四十年的生命奔流，一剎間，變成空白。他畢生的人生眞理追求，一霎眼間，化爲微塵。一團又一團大火燃燒後，除了一片泥土、一堆灰燼外，什麼也沒有。灰燼中，連最後一閃紅，最末一顆火星，也死亡盡淨。只等任一陣天風，把它吹得無影無蹤，再幻成一片宇宙寂寞。

現在，他站在一個極離奇的地位，一種古今罕有的空間。人類從未遭遇過這樣一個繽紛錯綜的時代。在最光輝中，有最可怕的黑暗。最魑魅的黯霾中，映耀最美麗的明亮。人無法辨別：是最黑的紗線梭織了光：還是最光明的羊毛，編製了最深黑暗。一切在瘋狂前進，一切又猛烈倒退。最純潔的旗幟招展天穹，拿旗杆的，卻是腥臭的手。左手批發正義，右手零售罪惡。這一分鐘是聖佛蘭西斯，下一分是梅斐斯特。這一空間當做耶穌，另一空間被罵爲猶大。這一塊地圖上，供做玉皇大帝，下一塊地圖上，卻被看做厲鬼。他是一個人，必須隨時代洪流滾動，此刻卻不得不逃入大荒。他本該馳馬掌劍，現在竟游騁太空，手指手掌上一片虛空。現實的肉搏中，生命與死亡只決定於千分之一秒，但他卻要追逐那萬萬千千的永恒。他是叛徒麼？他是懦夫麼？他是大勇者麼？他是逃避者麼？他是新穆罕默德型的探索者麼？他是蟑螂龍蝨麼？他應該咒罵自己麼？應該讓萬千人嘲笑自己麼？他應該自辯麼？他應該沉默麼？

四十年！可怖的四十年！是如此混沌複雜千變萬化的四十年。尋找再尋找的四十年。流血再流血的四十年。黑暗再黑暗的四十年。光明在死在生在爭在鬥的四十年！是這樣光怪陸離的四十年。是這樣狐猾詭譎的時代！

四十年！這是十二億五千一百四十四萬多秒，不是四小時，也不是四分鐘。一個人一生中，沒有幾個四十年。對於一些不幸的靈魂，四十年已經是生命的頂點，即使盡頭處一片瓦礫，也只好靜靜躺下自己屍身。四十年，這裡有各式各樣旅程，花樹、泉水、小橋、曲徑、山石、鳥囀、獸鳴、鳶飛、魚躍。這些光風星月，螺旋式一轉又一轉，直把你送上螺旋形塔頂，有時塔四周似乎一片大霧，有時又如秋水映月，一切如畫。

人活了四十年，站在峰頂，瞭望來處，可以看清那一磴磴石級，怎樣從第一級到第二級，又怎樣變成一百級，一千級，一萬級。人看清了，因爲四十歲是生命的峰巔，此後，光華已過日午，勢力下降，芳香消褪，心臟的彈性強度漸漸減弱。一夜之間，你會突然感覺：心臟的跳動竟平靜了點，以前，你千方百計命令它跳得靜一點，輕一點，它總是潮水樣衝得你像貝殼，隨大海而去。此時，潮漸退了，貝殼慢慢安靜了，獨立了。三十歲時的平靜，是偶然的謐寂，赤道的刹那涼風，四十歲時，才是眞正寧靜，永恒的無風池水，漲滿一天寂寞月光。你即使渴望洶湧海嘯，它也不易襲來了。

四十年！是花。是月。是酒。是琴。是寶劍。是高峰。是岩石。是星辰。是孤竹。是森林。是風雨。是氣旋雨。是極地大陸氣團。是極地海洋氣團。是日熱。是霧淞。是魅鬼。是醜骸。是法螺。是鳥啄。是水流花落。是燕飛雲開。是朱軒繡軸。是燈綠窗紅。是午夜流星。是東天朝霞。

這四十年，他哭過，笑過，抱過，歡過，蕩過、淫過，爛過，惡過，香過，臭過，淨過，髒過，人過，聖過，神過。現在，這一切是峨嵋佛光立秘美，卻一點抓不住，留不住，太煙了！太幻了！血沒有拯救他。象牙沒有拯救他，肉體沒有拯救他，魔鬼沒有拯救他，聖像沒有拯救他，神也沒有拯救他。看樣子，這個世界沒有什麼可以給他的了。地球是可怕的無能。宇宙是可怕的空虛。天地是可怕的痲痺。海洋是可怕的殘酷。生命本身是可怕的神秘，有千千萬萬座門，千千萬萬把鎖，卻沒有一柄鑰匙。那些膠質的軟言，玫瑰味的輕語，感情的花環，夢夜的風情，七色的天空，豐潤的肉彩，又睜又閉的燈火，在它們映襯下，命運在孵化，樹木在奢華生長，青春在放火，罪惡在燃燒，劍鏢在舞蹈，聖鐘聲在震蕩，梵嗅在韻顫，一千種一萬種窗扉在開闔，到頭來，仍是一片泡光沫影，一裊宣德香爐裡的煙篆，一個眞空又眞空，幻幻幻幻中的幻幻幻幻。他付出的代價：竟是四十年！

四十歲是一大關隘。這時，假如你還未登上關頂，你將永遠幽閉於關內，萬世出不了關，萬萬千千人，就此煙消火滅，變成雨窪裡的泡沫、幻影。天空沒有了，大地沒有了，豪華沒有了，明天沒有了，愛沒有了，恨沒有了，希望沒有了，絕望沒有了，只有一個一絲不掛赤裸裸的醜惡肉身，午夜飄來蕩去的陰影，幽靈似地。

然而，四十歲又正是眞理萬米賽跑的最後幾圈，在這裡，必須加最好的油，保持最後的堅韌，煥發最後的彈力，作最後的衝刺，才能完成最終的完成。眞正的生命，正從這幾圈開始。永恒的青春，也正從這裡發軔。你像再一次匍伏於起點，諦聽那第一聲信號鎗，準備衝入跑道。忽略這幾圈，放棄這最後苦功，等於全功盡棄。

生命正站在終點，安置好攝影機，渴望拍下你衝破終點白線時的最後鏡頭，最後的臉色，最後的胸膛，最後的腳步。

「上帝」正站在台上，等待你天馬行空，作最後大旋轉，最後大突破。

這是一個獅子的時代。這是一個蠱惑的時代。這是一個毒蛇的時代。這是一個魅力的時代。這是一個蜘蛛的時代！這是一個鰻魚的時代！這是一個黃蜂發怒的時代。這是一個群鴉亂飛的時代。這是一個慘毒的時代。痛苦在亞洲大陸脹裂，屍體在英倫海峽邊堆積，饑餓在多瑙河濱嗥吼，死亡在非洲跳舞，褐色旗幟在諾曼第海灘捲起褐色海潮，卍字織成的魔鬼花朵在斯堪的那維亞半島狂瀾中開放。太陽在歪、在飄、在暈、在蝕、人心在日蝕，表現得比地獄更黑，狂風般的獸性到處捲馳，絕望的僵屍白天在大街上奔跑，每一秒都有動脈被切開，每一分鐘都有心臟因過度痛苦而提前停止跳動，就這樣一個瘋著狂著燒著的世界，他卻遠離這場空前絕後大火災，把自己彎縮在這樣嘆寂的一角，追求那永恒的心靈和平。

四周炮聲還在響，他卻逃入深山，千千萬萬人正爲下一代現實生命搏鬥，他卻找尋理想眞理。時代正爲時代自己爭存，他卻遠離它，獨自創造一個時代。生命正努力保存這一秒鐘，他卻找尋那無限未來，一切人都活在刹那生滅中，他卻追求亙古不生不滅。人們分成那麼多城堡、壁壘、山頭、草寨，他卻捕捉那絕對的統一，偉大的和諧。

他是對麼？他是錯麼？有他這樣怪異存在麼？千百次戰爭中，那些關閉於斗室的寧靜哲學家，都如此麼？那個面對許多敵人刺刀，卻要求准他作完最後一道數學題目的古希臘數學家，是如此麼？每一個先驅者，都如此麼？他是醜惡麼？他是種子麼？他將探索到能有益於這個地球的觀念經典，像以色列經典拯救羅馬麼？

但他首先要拯救的是他自己——自己的靈魂。

不抓住一個深刻的人生眞理，那最圓全而恒久的，他一分鐘也活不成。每一個時代，當萬花齊放時，總有一顆兩顆新的種子深深埋藏，它不參與千色萬彩的招展，卻耐心等待明年另一個春天。他必須做種子：無數歷史種子中的一粒。啊！那些渺小的，平凡的谷粒！那些今天是水滴，明天卻是大海的原素。讓大自然暫忘記他這個小小原素吧！讓四萬萬五千萬人暫拋棄他這顆沙粒吧！讓他試著扮演胚胎吧！——人性千狀萬態中的一片胚胎吧！生命現在是一塊黑色凸紋花漆布：一片黑暗，但有紋、有花、有凸，他得慢慢去摸索，咀味。超於一切的是，此刻，他終算突破肉體了。這是生命中一大隘口，和南口居庸關一樣險峻。當徹底衝破肉體關口後，靈魂才能眞正昇華，皈依大空靈大境界。是的，他突破肉體了。有關肉的一切，再不能操縱他了，此時他才深深體味：人類追逐肉體，是怎樣燦爛華麗的一頁。人類把所獲得的艷麗肉體再甩掉，從一切歡樂中解脫，靈魂如蓮花樣從池水底層泥淖中婷婷上升，這又是多悲壯璀璨的一頁。扔掉那最可愛的，砸碎那最迷人的，這一咬牙、一揮手、一昂頭，又含蘊怎樣雄偉的魔力？那磅礴宇宙縱橫天地的情感，是充沛著怎樣強烈的原始生命！又是怎樣玲瓏剔空的透明智慧！

他並沒有逃避，他只是暫時摔開大地上的一切，尋找宇宙間最深最後的。他是這樣一個人，這個人必須衝破人類靈魂最後迷障霧雾，衝破歷史的最大謎底，衝入心靈宇宙深處的最後一重門，他的精神才能平靜。人，這個複雜的動物！人性，這個神秘的謎底！

靈魂，這個只許入不許出的原始大森林！這一切，他必須從最東方衝進門去，再從極西方衝出來。他必須摸熟人性的萬千扇門，像十九世紀美國引水員摸熟一整條密士失必河，認識且記住每一塊石頭，每一個木樁，每一株樹，每一座房子，每一堆小丘，每一片水流，每一圈漩渦。

除了最深沉的生命，最嶙邃的人生眞理，這個地球對他再無別的意義。

二

山！崢嶸的山！峴聯的山！瘋狂的山！沉思的山！這不是山，是巖石的森林，每一株不長樹，只長偉大石頭，是希臘巴特穠神廟的雄巨圓柱，是錫蘭汪奴維里的奇偉佛塔，是埃及大金字塔，是雲崗大菩薩頭，是空中堡壘。左一座巨巖、右一峰石岩，前一柱岩峰、後一叢石岫，每一片奇巖不是巨大靜止，是一大片怪異瀑布，轟然從天而降，奔著奔著，突然凝成一排巖石，——巖石的瀑布。這些石頭，每分鐘在冒，每秒在長，長了五千年，要長上天，以它的宏麗頭部代替天穹。不停止上昇的峰嶽，左一峰右一峰，永不在視覺裡消歇。從第一峰起，彷彿就永不休息的運動，凝形成一條條不規則拋物線，每一個啣結點，就是靜止點，每一個起點，就是終點，也就是山岫，山垣，山崀，山崿，山岳。多壯美的大獅子頭！一頭頭，奔放嶸邃而豪艷的獸視於彩雲間。這是偉大的巖石視覺，代表宇宙，眼睁睁凝望他，要他瞬間也化成巖峰，永遠峙立於它腳下。

印蒂的魁梧軀體，出現於華山巨大軀體上。他挺胸奔走，弓腰攀陟，俯身蹐行。他不是越過一叢叢峰巒，是躋登一個命運。橫峙他前方的，不是一座座斷崖削壁，是一個最定的定數。必須達到它，通過它，和它打成一片，才能重新鑄造他的靈魂。大海永遠鍛鍊自己，高峰也永遠鍛鍊自己。他必須沉入峰巒，和它一道，接受宇宙深沉的鍛鍊，才能再一次凝製嶄新的肉體，嶄新的血液循環，像他過去那些次鍛鍊一樣。他絕不是旅行者，也不是遊山玩水者，他是把畢生希望斂聚於這一簇簇山峰中。要偉大！要完整！要和太華一樣偉大！要和太華一樣完整！不，要比它更偉大！更完整！

他必須在這裡接受一片全貌視覺，全新聽覺；他的肺葉得呼吸一次最新鮮最深沉的呼吸。

他攀爬著，整個人像遭遇魔術，哪裡有他的生命，哪裡就有全新異象。人的感覺變成電流，不，這些山峰巖岫，全是電流，碰到什麼，就震蕩迴擊什麼。每一個凝望，是一次視覺革命。每一次沉思，是一次思想爆炸。接觸到這些偉巨的青色，峭艷的綠色，以及非青非綠的神秘嵐色，他是一個瞎子，第一次睁眼看見色彩。他完全不認識它們，卻又在搖籃的長期睡夢中早認識過。這裡的大氣絕沒有地面凝結物，他的視覺能見度，發展到飽和點。他能看見最奧秘最微妙的顏色，最原始最幽邃的色澤，那一片片奇異的嵐色，一裊裊，一繖繖、一弧弧、一圈圈、一方方、一壁壁，簡直是神的光亮。他也從沒有被這樣的風吹過，它不是搔拂他，是吹透他，是梭子來回在他胴體內外梭織。每一次不僅吹透他，還「熟」透他，像風颸思「熟」透蘋果。大風不只熟透他，也熟透自己。那是宇宙深處最奇蹟的天籟和人籟的玄妙結合，極完整的結婚。比一切深湛的，是峰嶽中巉邃的靜。一整個地球上的靜，似乎都沉澱在這裡。他不單感覺它，呼吸它，聽見它，還看見這靜。這幻異的嗼寂，與山峰一樣巨大，壯麗，它是充滿高峰的海洋，要沉他入洋底。不，高峰巖谷本身就是海，不只是瑰艷的，也是可怕的，要全部呑沒他，把他咬爛，嚼碎，連皮帶骨消化，再在子宮裡孕育出新生命。

他奔走著，攀緣著，一點不感山路艱辛，岩石險亞，卻一步一個感激，一望一個感激，一聽一個感激。感激是一陣颶風襲擊，活生生抓住他。

躡登華嶽全部過程，滲透一種音樂節奏，有點像日耳曼樂聖那支降C高朔拿大。從華山峪口到青坷坪，是慢板，單調而冗長的重複，幽邃淒寂。由坪側迴心石至蒼龍嶺。是小快板，開始緊張，峭麗，攪人心魄。橫貫此長空一線石巖，越龍口，雲海，金鎖關，這才完全是快板，一片奔騰澎湃，雄偉峻絕。不同是：那支不朽樂曲，是獻給纏綿悱惻的月光，這一闋的主題，卻是光芒萬丈的太陽。整個華山，眞是一座結構緊湊的古代迷宮，迂迴曲折，蹁繞縈環，一曲比一曲緊，一折比一折嚴，一盤比一盤險。直到石破天驚，昇入最後最偉壯的堂奧。全部旅程，直是探索一大套魔術箱的秘密。一層又一層的揭露，一套又一套的打開，從秘密到秘密，由深沉達深沉，直至那最後深嶙的秘密揭了底。

這一切過程，也正像一個偉大靈魂追逐人生眞理的過程。

從華陰縣看華山，隱隱綽綽，一兩三個峰頭懸掛雲霧中，平淡無奇。奔逐十五里，抵山麓玉泉院，踏入峪口，只是一片荒涼的大山溝，亂石嶙峋，澗流飛鳴，野花斑駁，雜草蔓蕪，山塊地形，異常粗獷。再衝馳六七里，幾乎仍不見山——眞正的華山。過五里關，登莎羅坪，太華支峰餘脈的雄峨崗岔，峭急山阪，漸漸出顯，但仍看不見它偉大眞形。經歷一壁壁巉邃石窟，荒麗的石雕，飛登十八盤，華嶽才開始裸露它險惡型姿，但仍不是眞面目。嵔嵬壘疊，高下蜷曲，左盤右轉，東彎西繞，一盤又一盤，一拐又一拐，一彎又彎，彷彿永遠盤不完，拐不盡，彎不了。人變成一隻逆風逆流漩渦中的危船，隨時會傾覆。似乎不只是十八盤，而是十萬八千盤！兩側峰巖，嶙嶸獷邃，山嵑山垣，似飆飛亂舞。青崒峙積，土堨堆立。十八次盤完，邁過壽坷坪，直昇青坷坪。——這時，印蒂已向上滑翔到兩千仞上。

青坷坪像一口井底，一個又深邃又狹隘的空間。順著構成井壁的四山石崖，就井口處那一方天空，從井底仰觀，這時候，印蒂第一次看見太華一部份眞正胴體那朝陽、落雁、玉女三峰，像三朵巖石蓮花，璀璨奇艷，瓣瓣開放。這是不朽山嶽秘密眞實暴露的起點。

一出青坷坪，自迴心石起，魔術的秘奥正式開始揭曉。岩石交響曲，由慢板轉爲小快板。那一扇扇巨大巖壁，猛的展矗，像孔雀忽然開屏。這是華山宮殿的宏峻大門，它巉峭深奥，彷彿突然從天外飛來，給人以雷霆萬鈞的壓力。石壁上勒刻的那些驚心觸目的巨大紅字「當思父母！」「勇猛前進！」更增加它無比威力。一踅過大石壁，便是一條險惡筴隘的大石峽，這是兩扇大削壁間，人工鑿成的一條大石縫，石級屼立，如巨大石梯，只容一人通過。每個人，一站在這猙獰隘口下，渾身不由緊張起來。

這裡絕對是石頭世界，連天穹彷彿也是石頭砌就的。從天空，有巖石壓你，自地下，有巖石擠你，由四周，有巖石包圍你。一座座石崖。石壁陰森怖人，似一座座冰山，發出一陣陣寒氣，叫你冷得抖索。無邊的冰寒、冷硬、死寂中，誰曾死拉著那巨大鐵索，從這唯一太華通道——大石峽千尺幢，向天上爬過麼？誰曾聽過那掛在削壁上的鐵索鏈子聲，和鏈條上那一片片鐵鏻金屬聲麼？這陣叮叮噹噹聲，是這座石頭宇宙中第一個聲音，也是唯一的音響。它是那樣神秘，原始，簡直是史前五個大冰期和冰鹿時代的音籟，偶然洩漏在現代世界。每一聲『叮噹』、要敲透你骨髓，搗翻你心底。印蒂不像緊抓著鐵索鍊，而是緊抓著這驚險聲音，才能慢慢的，吃力的，爬上幢口，——華山的權威咽喉。當他踣爬時，整個身子幾乎和石梯作垂直形，他變成一隻能緣行石壁的壁虎。

華山交響曲的小快板，現在越來越快，越緊張了。屹嵧矗立的百尺峽，象徵凶煞的溫神洞，大削壁上硬生生鑿開的老君犁溝，嶮峨的擦耳崖，十丈多高的斷絕性的上天梯，嶙邃的金天洞，終於是兩座幾十丈高的山峭壁間唯一的一線通道——鯽魚背式的蒼龍嶺。

一層一層的石壁，一疊一疊的削巖，生命在巖壁間運動，思想在削崖上舞蹈。生命用思想在石崖石壁上留下痕跡，老君犁溝不是老君用牛在石阪間犁出的，是人類用意志犁出的。人類騰舉毅力的巨斧，斧劈出百尺峽，上天梯，砍闢出蒼龍嶺。一次又一次，原始生命進攻這一座座空中石頭集壘，和它搏鬥，逼它撤退，迫它變形，要它說話，變成藝術、詩歌、建築。即使那成百成千沒有正式變形的斷崖峭壁，那周圍近百里的華山支峰，分巒，採藥人仍憑一把帶鐵鉤的竹篙與一串纜繩，像壁虎一樣，從筆直巖墻上爬到高峰頂（註①）。人曾把地球這塊帶泥大石頭劈成美麗世界，人也會把華山這一大堆石頭創造成一幅幅瑰奇風景。每一塊石頭，每一座巖城，人類都留下奇蹟。現在，印蒂是沿著生命奇蹟攀爬，像遠古第一個華山征服者，他得征服它。他不只要征服花崗岩與火成岩，還要征服那高峰性的永生眞理。

要征服那些絕險，生命是捏在手裡。蒼龍嶺，那兩座巍峙削壁間的唯一天空走廊，兩側是吃人深谷，古時廊面還不到二尺闊，兩邊也沒有鐵索欄，狹窄得叫你膽戰心驚。

稍不留心，便會粉身碎骨，韓愈曾坐在龍口，痛哭投書過。阮元（註②）曾被裝入蔴袋，由道士揹下山嶺。越蒼龍嶺，東峰的鷂子翻身，在陡直懸崖上，僅有一條窄道，你翻跟斗似地下去時，偶一不愼，會滾跌到千尺深谷底。架設於峨峭削壁上的南峰長空棧道——『朽朽緣』，木板路面僅一尺闊，一旦失足滑落，連屍首都找不到。還不說附近支峰上那些天險，像峭壁上突出一個『老虎嘴』，僅容一條人身翻過，非得匍匐爬行不可。再像『天橋』，兩座高大巖石陡壁間，只有一條不到兩尺闊的狹窄獨木板，既無橋欄，也無橋杆，旅人必須通過它，才能從這一座石壁躡手躡足行到另一座石壁。這些奇險，拒絕了一切懦弱者，和不敢以生命作孤注一擲者。每一個旅人，不是肉體與精神上的強者，最多祇能被轎子抬到青坷坪，『坐井觀天』，仰視華岳，草草遊覽一番，休想登堂入室，窺見太華眞秘奧，眞絕險。

躐過隘口又隘口，矯越山灣又山灣，踰走一谷又一谷，飛渡『雲海』，穿白雲峰，直衝金鎖關，於是華山交響曲演奏出最高潮。印蒂踏遍蓮花峰，橫貫五雲峰，從朝陽峰馳騁到玉女峰。現在，他終於遨遊『五千仞上』，落雁峰頂，捫觸『太華絕頂』，矗立於『仰天池』上。

啊，無比的神奇！無比的偉大！

上不見天，下不見底，只見一片茫茫雲霧。汪洋浩瀚的巖谷，橫暴恣睢的巖峰，奇異的山岬，嵌巉的山瘤，變化萬千的山嵐，排山倒海的山風。崖壁崛溝，嶇岫屹崒，石聲幽邃，雲彩亂飛。傾流的瀑布，如鯨魚噴氣。琮響的泉水，是金石鳴奏。岩石五光十色，苔衣斑駁密佈。大樹披頭散髮，山籐死死糾纏。古巖洞內，大蝙蝠滋滋怪叫。狂風中，飛鳥石頭樣從百丈石崖墮落。幾丈高的馬尾松，一排排轟鳴著壯麗的松濤。綠色的羊齒與蕨類植物、在山岩石縫間，峰巒平面上，瘧疾式的哆嗦，抖顫。遠遠的，大巴山脈與秦嶺，萬峰重疊，一峰又一峰，如海港口千檣萬桅，霧氣瀰漫時，便是一片靉靆詭譎。在這兒，大氣磁場已經搗翻，一切混亂了。螺形氣旋，楔形高壓，鞍形低壓，渦動逆溫，下沉逆溫，走馬燈樣團團亂轉。這些峰巓，五月飛雪，六月降霜，剛才還艷陽萬丈，一刹那時，卻是一片白瀰瀰迷霧。千山百峰，彷彿都變成大鯨魚，不斷噴吐白霧和水氣。

啊，神聖的華嶽！你是偉大的石箭，一支支花崗岩水成岩的鏃尖，被地球這個弓手射出來，奔雲穿月，貫日追風。像古代蠻人在鏃尖蘸滿毒液，你卻浸滿眞理，巖石的眞理，山峰的眞理，要射穿宇宙永恒的眞理。啊，豪邁的山峰，你是人類的抗議，生命的呼吁，你對蒼天嘷吼向創造主雷喊：要奔往生命的永生！

啊，天風！最偉人的天風舞蹈著，跳躍著，一片片華麗的旋律。當風舞得最深沉時，一刹時間，便化成華山。我們所見的華嶽，是大風變成的。當華山舞蹈時，它就是天風。

當天風凝止時，就是華山。一切風籟最不可思議的部份，都在華山每一根線條中表現了。華山的靈魂是巨風，它有一顆深刻的天風靈魂。

印蒂凝立太華絕頂，五千仞上，深深沉醉了。每一座巖峰不是峰，是一杯又一杯神秘的酒，向他斟來，他完全酣醉了。一陣陣呼喊從他內在最深處噴發出來。現，他想怒號。他想狂吼。

啊，莊嚴的華嶽！在你身邊附近，是亞洲大陸最初最偉大的水，東方思想第一次在這裡啜飲，你是黃河濱群山之王，你的光輝動搖我的靈魂，震驚我的肉體。你的原始靈氣，漂白我肉體中一切黑暗。你的雲，雲我。你的雨，雨我。你的水，水我。你的風，風我。你身上每一根線條，都是一闋音樂，每一塊顏色，都是一種思想。大地上，每一座山峰，本是一種氣味，一種馥香，你卻有一種特異的芬芳。太陽在這裡，月亮在這裡，星星在這裡，地球在這裡，花在這裡，樹在這裡，光在這裡，露在這裡。我追逐你，是追逐太陽，追逐星星，追逐地球。我攀登你，是攀爬雲彩，攀爬天穹。當全世界普遍黑暗時，宇宙間一切光明都沉澱於你這裡。我是從光明中上昇又上昇，我必須昇華又昇華。我必須是蓮花，從大地泥淖中，從人世湖水中，昇華到你的高峰頂。

啊，偉大的太華！我有一種饑餓，必須以你的肉體爲糧食。啊！你有青色的肉體。綠色的肉體。我有一種狂渴，必須以你的顏色爲飲料，你有滿溢雲彩的飲料。我有一種靈魂炎症，必須以你的煙霧與光輝爲注射治療。我有一個生命的謎底，必須從你最高峰的最深寧靜中得到解答。我的腳曾走遍亞洲大陸腹地，我的思想足步，曾走遍整個地球，從最古的埃及金字塔尖，走到最現代的曼哈坦廣場，可從沒有一朵花能眞正留住我，從沒有一塊石頭，能眞正休息我。此刻，我把我精神的最後高峰，寄托在你的高峰之最高峰上。我要從你這裡捕捉我最後的最後，你是我最初的港口，也是我最後的港口。你是我第一個眞正頂巔，你也是我最後一個眞正頂巔。

你是我靈魂兀鷹的巢中之巢，從你這裡，我必須飛入人生眞理的深沉中，像一隻飛鳥飛入最後森林。

啊，偉大的華山！你每一座山峰不是山峰，是一把把偉大火炬，一峰又一峰燃燒我，燃燒地球，你照亮我的全部靈魂黑暗，也照亮整個世界黑暗。

我把我自己整個命運都交給你。

三

躋登華山的人，蹉穿壯大「魚石」，經五里關，跋踄十里小路，抵達莎羅坪時，假如不再橫貫十八盤，直接撲奔青珂坪，卻由此坪附近，斜刺裡追逐人類幾千年來留下的另外蹊跡。越過[illegible]峢屹屼的山巖，太古時代遺下的岩瘤岩團，地殼沖積期的岩流帶，一尺一寸的，翻爬古代山人一寸一寸在峭壁削壁間開鑿的石路，陡級，危梯，棧道，最後，會劈面邂逅一扇雄險的大石峽。衝出這條峴峒狹隘的大石縫，那就是大上方。它是華山一座支峰，高度僅次於五個主峰。如果說，最高的落雁峰是『五千仞上』，它應該是『四千仞上』。

一般華山旅客遊大上方者，百不得一。不只因爲它的山路未經正式整理，過於原始、驚險，更因爲它毫無物質設備。一個遊客翻山越嶺，蹈行數十里，渾身每一粒細胞都沉浸於汗水中，終點卻連一杯茶都沒有，這是很難忍受的。其實，華山四周，秀麗雄艷的支峰很多，大都被劍壁斷崖阻斷，除了採藥人攜特製爬山工具：鐵蒺藜與繩索，進去尋草藥外，一般遊人每多止步，實際上，也無從飛渡。大上方是唯一沒有被阻斷的支峰。然而，由於華山正宗嫡系——五大主峰過於被人濃粧艷抹，錦上添錦，花上加花，它的窮親戚和旁系家族，即使眞有一花半錦，也早被遮蓋得乾乾淨淨。

據老道們說，華山現時早沒有靈光仙氣了，到處是人間煙火，任何求仙修道者，想在這裡求仙得道，大是不易。古代，當千尺幢及老君犁溝未開鑿前，最初少數十幾個先後冒險者，以奇蹟方式攀登山巓後，幾百年內，他們一直佔據全部華山。他們擷取華嶽原始精華，鍾毓天地日月靈氣，餐服榆子黃精，不食人間煙火，所以能長生不老，羽化登仙。（據說即使現在，一個人經常服食榆子，也能活兩百歲。）的確，那些沒有登山纜車和直昇飛機的時代，一個普育人要爬上原始華山，確是一件很難想像的事。最初數十年或幾百年內，（華山正式開闢不過兩千年），原始華山佔有者的高峰生活，簡直是一首奇異的詩。特別是它的第一個統治者。他一入華嶽，就永遠不再走下人間，僅與日月星辰爲友，和山魈鳥獸比鄰，獨自徜徉落雁朝陽之巔，趺坐靜觀於玉女蓮華之頂，那是怎樣一種偉大的高峰境界，和曠古奇寂！？

也許，至今道士們不肯把大上方與小上方諸峰介紹給一般遊客，是爲了替華山保留最後一點元氣，讓它們永絕於華山煙山區以外。

大上方是一座壯麗青峰，眺望起來，和華嶽幾座主峰一樣波瀾雄闊。若瞻觀豪偉的大巴山脈與秦嶺，則黃河如一條霓虹，遠遠燦顯於黃土平原層。由於絕少人跡，這座山峰比幾個主峰瀦積更多的空靜，更深沉的幽魅，一片神秘古意經年籠罩峰極。假如山也有山氣、山籟，這裡的山氣、山籟特別強烈。峰頂獸踞獷岩岩石，虬長蒼翠蟠曲的古松，茁展綠色的灌木叢，雜生野花奇草，激響泠泠泉水聲。靠中央處，一片平坦地蹲伏著一座茅蓬。它有厚厚磚墻，四面墻腳是巨大岩石，屋頂是四緣鐵瓦，下面是鐵柱子，三面都有玻璃窗。華山上，茅蓬頗不少，有大有小，有的簡陋，有的整齊，裡面住著外來道人、本地道士，和修行的在家人。但大上方這一座，卻突出的工整、寬敞、牢固。據老道說，這是一個修行者建築的。他是一個巨富，隱居這兒二十年，單這座茅蓬，前後就修葺兩年。未建成前，他卜居莎羅坪附近臨時茅蓬中。在華山，化二三四年修一間小房子，不算稀奇。聳立峭壁盡頭的群仙觀，從上樑到全部竣工，就化費十幾年，由一位老道獨力擘劃。常常的，才搭好架子，上了樑，秋尾，泥水匠下山避冬，次春，再登山時，所有屋架子與樑柱，已被狂風颳到數十里外，毫無蹤跡。因此，瓦片必須鐵瓦，柱子必須鐵柱，牆腳必須堅固岩石。

這座古怪茅蓬四周，遠遠近近，都散佈巨大巖石，彷彿一群群野獸潛踞著，虎視它，隨時要吞沒它。人們踏入大上方，第一眼，也會覺得：它其實是一頭野獸，可能是巖石叢中群獸之王。它的粗獷外形，古老肉體，都給印蒂一個特別深刻的印象。

印蒂選定大上方，作他生命空間，不僅由於這座高峰奇寂，隔絕全部世界，也因爲這座堡壘建築的原始古味，叫他聯想起幾十年前第一個華山佔有者的靈魂與風姿。

十幾年前，有一天，（應該說『有一月』或『有一季』，華山的時間是以月以季算的，修行者們一兩季不見面是常事。）這個茅蓬的主人忽然不見了。有人說：「他赴遠處雲遊了，也有人說：他眞是『雲遊』，翩然羽化成仙，找華山祖師李老君去了。這以後，有一個莎羅坪道士，便來這裡看房子。幾年前，因爲出路實在不便，他終於放棄它。這隻奇異野獸，便孤獨屹立群獸間，直到此次，印蒂有意尋幽，無意從落雁峰老道口裡聽見這件事，他特地拜訪莎羅坪清虛觀，經一番談判，達成協議，便化一筆數目較大的租金，從道士手中租下這間孤屋。這樣，他便成爲它的新主人。清虛觀方丈，是它舊主的老友，多年來，一直代後者辦理俗事，諸如派道人替他買米，買油鹽雜物，運送到茅蓬內。他生前也有遺囑，逝世後，壁舍歸清虛觀所有。因此，這次才有權同意印蒂賃住。

華山，有一種不成文風習，就是：人們很少仔細打聽一張新臉孔，除非你有意主動暴露。每一個新來者，爲什麼要在這裡落戶？他追求什麼？他將要做什麼？道士們即使一向不問，也心中有數，只要你正式宣佈，打算做華山公民，你就被當做自己人，一切起居行動，都獲得便利。

從道士們看來，印蒂只是幾千年來千千萬萬茅蓬修士之一。這些修行者，肉體上有一個共同標誌——沉默，比海洋更深的沉默。

人們尊重這種標誌。

現在，印蒂開始他一生中最沉默的時辰。除了風雨雲霧日月星斗，他再沒有別的言語。他所有的思想，聲音，都化成一片高峰靜穆，及自然天籟。

他把自己生活，盡可能安排得簡單化。他學軍隊制度，每天只吃兩頓，時間是：上午九點，下午四點。夏季，燒一餐，吃兩天。冬季，四五天舉一次火。他基本不吃油，少吃蔬菜，經常只用一點鹽和豆瓣醬，或佐以豆腐乳或醬菜。爲了維護健康，他準備一些罐頭牛奶、雞蛋，和茶葉。米飯是酸性，茶是鹼性，飲茶可以保持血液酸鹼平衡。他買了五隻十磅大熱水瓶，燒一次開水，喝四五天。不舉炊的日子，他便用熱開水或冷開水泡冷飯了。柴火是他自己上山砍的。有時，清虛觀道童也幫他在附近砍一些，挑過來。每隔兩月，小道士去華陰縣一家米店買一石米送來，順便帶來十斤八斤蔬菜、青菜、蘿蔔之類，讓他偶然享用。他早購好一年零用什物：洋火、煤油、肥皂、毛巾、牙刷、牙膏，等等。如果沒有意外，他決定一年只下山一次。

由於他與清虛觀方丈關係很好（他賃屋時，額外送該觀一筆厚重餽贈），觀內每月總派道童來兩次，帶給他託購的物品，並任郵件傳遞。他的山上通訊處是該觀，林鬱請莊隱轉來的一些版稅匯票，也寄此處。剛上山時，他一大批中英文書籍和行李物件，先經火車運入華陰站，再由腳伕挑至山下玉泉院寄存，最後，又找此觀精壯小道士們分批擔送大上方。

隱居不是易事，雖屬和平生活，可也正如作戰，需要後勤大力支援。清虛觀便是他目前生活的後勤補給站。

他並不有意苦行。僅爲了讓自己生命更集中於靈修，這才盡可能簡化本能慾望，及一切現實需要。生命只有一個，假如十分之九浪費於衣食住行和性交，剩下來的純粹思想時間，便只有十分之一。反過來說，也一樣。

他訓練自己與冷水打成一片。這個訓練，他在寶光寺業已開始。春夏秋三季，他每天冷水浴，冬季則用冷水磨擦全身。他希望漸漸的、一年四季，都能喝冷水。

每一座名山都有一口名泉，有的叫「缽盂泉」，大上方也有一口「缽盂泉」，就在通石峽的山路附近。泉水清冽幽冷，他的冷水浴，就利用這泉水。茅蓬外面有一口水缸，是它故主遺物之一。另外一件重要遺產，是茅蓬後面的灶房。他購置兩隻木桶，經常挑泉水注滿水缸。在這樣高峰頂，一隻滿滿的水缸，說不出爲什麼，特別叫人歡喜。

他唯一享受，是一支煙捲。當他拈起一支煙時，慢慢的，他覺得，他肉體內的煙霧與外在的高峰雲彩煙霧，渾然溶成一片。他自己的靈魂，也悠悠從一片煙霧變幻中，飄入另一片煙雲雨霧變幻中。

冬季，遍山冰雪，大部份時間，他靜居大上方。風止雪住，他散步冰雪峰頂。有時，狂風嗥吼，大雪怒飛，他也衝入暴風雪中，讓自己沉沒於一片白色海洋底。這時，他的肉體世界，暫只限於大上方。春夏秋三季，他的足跡，遍佈華山。他的肉體，半在室內，半在室外。他歡喜登東峰觀日出，臨西峰聽松濤，到南峰躺臥仰天地，淹沒於雲霧，進中峰森林，獨自遨遊，達北峰眺觀群峰，神遊化外。他也愛上下千尺幢，聆神奇的鐵索鐵鈴聲，一片無比寂靜的深邃石壁間，這叮叮噹噹金屬聲，彷彿是宇宙深處的音樂，叫人意蕩神迷。他更愛漫步蒼龍嶺，置身削壁懸崖間唯一狹窄石道。偶然轉眼下望，他頓感生命無比驚險，空間無限深沉。這時，他不禁有一種自負感，偉大感。從龍尾抵龍口，雖不過幾分鐘，他卻像經過幾個一生。藉這條奇險山脊。他讓自己生命膨脹好幾倍。每散步一次，它的體積、長度、高度、闊度，都擴大一次。在幾千尺深谷上空架設危橋、棧道、雲梯，似是華山特點。人們要往高往深前進一步，或多或少，就不得不以生命作一次賭博。南峰通「杇杇緣」的石橋，寬不足一公尺，削壁間的長空棧道，狹不到六十公分，東峰「鷂子翻身」，翻得不好，也會跌入幾百丈深淵底。印蒂每一次走「杇杇緣」，過「鷂子翻身」，像一個初走繩索的賣藝者，使自己凝結爲一片更深的嚴肅，更集中的沉著。正因爲這樣，他才特別愛賀老洞——這是最危險的空間。這裡，他每一次總溫習一個深刻經驗，就是：在生命中，有時，只要你敢走，就走進去了，只要你敢站，就眞能站住了。假如你不敢走，不敢站，被一陣懦怯俘虜，那麼，你很快就會滾跌入千尺谿谷。你本可不跌的，單單因爲你不敢不跌，你便跌下去了。這個時刻，智慧、熱鬧與善良，毫無用處，只要一立方公分的勇氣，就行。

每一次遊華山主峰，他總深感自己變得更勇敢點，更深邃點，生命也更嚴厲點。

即使單單幾個名字：上天梯、金天洞、金鎖關、金天宮、長空棧，……也會給人一種宇宙性的渾然感覺，一種掙扎衝鬥的意志。

當他彳亍於諸峰之巓，踽行於雲裡霧裡煙裡雨裡，躑躅於日光月光星光中時，這種渾然感，宇宙感，分外現得深湛，淵沉。

但他最愛的是夏夜，整個華山，像一座座星星山，純粹是星星空間。經常，他徹夜不眠，禪坐大上方高峰頂，靜觀星斗，把自己沉入一片華麗璀璨的世界中。

他選擇這片空間，卜居高峰之巔，唯一願望，是更深更沉的把自己滲透入宇宙海洋底，讓另一片天地的無窮變化與無限繁複，把他精靈帶走。

至於他眞正的肉體空間，他的斗室，他卻盡可能簡單化，室內什麼陳設也沒有，僅僅一桌，一椅，一榻，幾隻白籐書架上堆積大疊大疊佛經，和一些中英文書籍。

假如說，這間獨舍有什麼特色，那就是三面白粉墻上的長方形特厚玻璃窗，它們幾乎使室內室外打成一片。他身體雖然隱居室內，感覺上等於生活在室外。一句話，他的寓所，似有實無。晴天室內一片光明，雨天屋中一片淅瀝，雪天房裡一片純白，他眞正做到那位晉代名人所未做到的：以天地爲廬舍。

四

一個人長期隔斷世界，久居絕對孤寂，會駢生一種特殊心理：常常的，於無邊漠靜中，突發奇思：

「外面是不是有人敲門？……有什麼人來找我？……」

「窗外好像有人影子晃動？！……」

「我似乎聽見遠遠的足步聲？……有什麼人走過來了？……」

「門外彷彿有人說話？有人招呼我？……」

打開門，門外無人。走出門，附近無人。只有風聲、松濤，一瓣瓣樹葉子低低絮語。

雖然有好幾次，他撲了空，但仍爲幻像所欺，繼續撲空。太深沉的空虛本身，就含有腳步聲與話語聲；驕傲的天籟中，有時也會彈射人聲或擬人聲。而且，他總相信——這好像是一種神秘的命定——或早或遲，將有人叩門。

無極無限虛廓中，似隱隱藏躲一個人，一條生命形體。

隱居大上方一月後，一個上午，遍山雲霧——那是一片突然湧起的陣雲霧氣。在灰色雲彩中，當眞出現一個人。一個老道霍然站立他窗下。這時，他正端坐窗前看書，只因爲雲氣太重，他才抬起眼，欣賞雲霧。

「你沒有想到我會來吧？我叫厲海清。這裡的人，都稱我海清道人。」

印蒂定居華山後，從道士口中，影影綽綽，彷彿聽過這個名字。但那時他只把他當做華山數不清的道士之一，正如此山千枝萬葉，他沒有任何特別理由，把任一枝任一葉特別留在記憶花瓶中。現在，經來客形象映證，以及他的聲音重複，這一枝一葉，才開始突出的浮顯。

這老道約莫五十左右，身材瘦長，骨盤巨大，披一頭長長黑髮，有一副清癯的白淨臉孔，白得似有點發青，證明他是長期素食者。他一雙小眼睛很特別，似有光，似無光，像在看人，又不像看人，介於夢與醒之間的中間視覺狀態——假如視覺也像政治，能有中立狀態。他走路，也極怪異，一般人都筆直往前走，他卻好像同時往左右走，橫走著，像一隻螃蟹。對照來客凹陷胸部，印蒂斷定他曾患嚴重肋膜炎，兩肺葉肋膜增厚，深度下陷，肋骨也凹癟了，影響所及，雙肩便下塌，彷彿一副失去支撐的骨架子，走路也形成一種螃蟹型了。可是，作爲一個道士，他整個奇突形姿，卻表現出一種獨異風格，顯得與衆不同，因而給人留下一派難以磨滅的印象，一般人不會聯想到他的畸形肉體，卻把這些算在他的修行或道行帳上。

來客談吐率直，也給主人一個深刻印象。他向印蒂自我介紹：

「你是獨個修道，我是全家修道。我一家都住在小上方。我們是鄰居，又是同道。」

他那雙似夢還醒的眼睛，現在脫離中間狀態，變成兩把鐵掃帚，左右開弓，向室內大掃一番。普通人視覺只由一個神經中樞支配，動作單一，他的視覺卻似由兩套神經系統掌握，能同時往兩個不同方向運動。也許，他的視線，受了他走路姿態影響，也變成螃蟹式的「橫視」了。

「這地方倒不壞，房子也不壞，就是太小，進出太不方便。當年我本想住這裡，可盤算一下，還是小上方好。」停了停，聲音低下來，彷彿說一個秘密：「小上方風水好，一向出眞人，要修行，還是數那裡。有空，你不妨去看看，便會知道。」

印蒂遞了一枝煙給他，他接過了，開始吸煙。

「我多年不抽煙了，現在慕名來訪我的不少，沒有煙茶招待，不恭敬。而且，主人不陪著抽煙，似乎不禮貌，我只得開戒了。」

他望望案頭：「聽說你學問很好。你看什麼書……哦，楞嚴經。……那麼，你是釋道雙修，二位一體了。」那雙螃蟹眼又回到：「中間狀態」，要修道，最好少看或不看書。要看，頂好看天書，——無字天書。」淨白臉孔轉向窗外天空：「你夜觀天象麼？你懂得星座麼？」

「有時，也看看星斗。天文學我是外行，手頭有幾本天文學入門書，我隨便翻翻。夜裡，我只是欣賞高山夜景。」印蒂謙遜的道。

「要修道，一定要學夜觀天象，一切都在那上面。」一雙小小螃蟹眼高高抬起來：「我們頭上天空，是一部無字天書，每一顆星星都是字，一切深刻的思想，全寫在那上面。……在星斗滿天的夜裡，我常常通宵不睡，靜觀星象。」

不知何時起，客人特意把話題轉到時局上，他似乎訂了一份報。他的聲音又低下去，又像在談秘密：

「我從天象上看出來：世界一直要大亂下去，二十年內，天下不會太平。我看准了：只有華山是太平樂土，世外桃源。」停頓一下。「不過，話說回來，惻隱之心，人皆有之。雖具出世之心，仍不妨立濟世之志。華山自古就出神人，眞人，現在也未嘗沒有眞人。哈哈哈哈，天機不可洩漏，有空來談談，我們是道友。總算天賜道緣。不客氣的說吧，兄弟忝長兩歲，算是你的老大哥了，見笑，見笑。你能在大上方住得下，總算有慧眼，我很佩服。以後，我們多來往來往，彼此共同研究研究。」

從這以後斷續來往中，（大多是海清訪他，迫於禮貌，有時，他不得不回拜。）印蒂約略摸清楚這個蟹型道人的身世輪廓。少年中年，他一直游泳宦海，直到抗戰後，才爬上岸。最紅時，他做過某大財閥（現在是特任官了）的機要秘書和秘書處長。後來，不知哪來的一般黑濤惡浪，（還是由於他自己游泳技術不太高明？）他沉沒了，吃了好幾口又鹹又苦的海水。照他現在說法，他是「急流勇退」，這一「退」，就「退」到華山「五千仞上」。不只他「退」，他全家也跟著「退」。小上方彷佛是他們最後一個山頭，全家死守著。按通常情形，一家大小六口，統通入山修道，實在有點駭人聽聞。後來他之所以能一鳴驚人，（這是印蒂慢慢知道的），也就靠他這點「駭」。據他自己解釋，抗戰前一年，他已從天空星象上，未卜先知，看出中原要大亂，世界要大亂。這一場空前大兵災中，能剩下來的，只是少數。爲了躲避曠古奇劫，超越凶災異禍之外，他才帶全家避居華嶽修道，也算是學陶潛筆下秦漢人物，既隱且避，定居小上方這個現代桃花源。他在紅塵裡的財產，能變賣的，大都變賣。目前，他躬耕自給，純粹過林下生活。但在局外人看來，海清道人宦囊，頗有點分量。至少，他老底子頗足，否則，一家六口，這筆桃花源搬家費、安定費和維持費，很夠瞧的——。

不過，當此「天地玄黃宇宙洪荒」之時，一個人能率領全家六口，隱居「五千仞上」，倒底也算獨具「慧眼」。從印蒂看來，這位桃花源中的道士，實在是一個精明的戰略家，他不只洞透西北大後方的重要與安全，也看中華山這座軍事要塞，他選小上方做唯一戰略據點，進可以攻，退可以守。他採取長線放鷂的策略，六七年住下來，他居然變成一個華山名人了，華嶽既是名山，遊山者又不少是名人，以名人結名山名人，是很自然的事。

海清道人儼然以太上李老君衣缽眞傳者自居，他的地位幾乎僅次於兩千前那位死於函谷關外的老子的後裔行列中。

一個上午，印蒂回拜這位現代老聃，他馬上發現這個蟹型道人的魔術手法，和他的秘密。

這隻偉大螃蟹，像一尊玉塑佛像，靜靜結跏趺坐於一株高大古松下，紅色蒲團上。他穿一件長長黑色道袍，兩腿蟠曲，兩手合十，雙目緊閉，長髮垂肩。映襯著頭上古松的蒼翠華蓋，天空的雲光日影，四山的青蔚嵐色，他那副清癯的白淨臉孔，愈益顯得透明而靜穆，眞個是仙風道骨。再加上兩個道童，年約十五——十七歲，黑眼白臉，披下長長頭髮，手執白色拂塵，一左一右，侍立兩側，簡直是一幅松下仙人圖。

其中年長一點的道童，當印蒂才攀登山灣處，穿過一棵馬尾松附近時，就遠遠前來迎迓。

「你怎麼知道我要來？」

「家父早算出你要來，特地吩咐我前來迎接。」

印蒂走入這幅「松下仙人圖」，有好一晌，海清道人閉目不語，顯出一派神聖不可侵犯的模樣，彷彿正在「呼吸通蒂座」，心靈與天上星宿共語，沉入一片神秘境界中。終於，他不睜開眼，也不更動姿勢，卻大喝一聲道（那樣子像道士作法念咒一樣）：

「怎麼樣？印先生，貧道早算准你於今天上午辰牌時分來，特別小兒前往迎迓。沒有錯吧！」

「你怎麼算出來的？」

「本道昨夜靜觀天上星象，算出來的。」

「唔，唔。……」

來客不響了，像一個朝供者，他耐心等待，等待這位仙人睜開眼睛，放下手，站起來，恢復常態。

還好，這位仙人停止他的仙人姿態，走出這幅松下仙人圖，竟比印蒂意料中快得多。大約兩分鐘左右，他就屁股一蹶，一骨碌從紅色蒲團上站起來。

「到草舍坐坐。失迎，失迎。」

這不是草舍，是一排六間瓦屋，屋後，另外還有兩個套屋，他的瘦瘦妻子，瘦瘦女兒，瘦瘦妹妹，（眞奇怪，幾個女人，都像一根擀麵杖擀出來的瘦瘦麵條），兩個兒子兼道童，分住靠東兩間，他自己佔一間，正中是客堂，西邊兩間，印蒂後來才知道，是專招待外地道友和客人的。客堂中央，供太上李老君騎青牛的畫像，兩側對聯是：

道可道非常道不道卻道

名可名非常名不名亦名

上面懸一幅橫匾

大化三千定於一

室內陳設，簡樸雅緻，清一色的籐製傢俱。招待客人的那套茶具，一律是上等景德磁器，一看，就知主人是生活過來的人，具有一份精闢鑑賞力。獻奉的茶，是六安瓜片砌的，綴以菊花，烹以泉水，眞正別具一番醇冽滋味。

談話中，主人透露：這幾間瓦屋，本屬華山道觀，現在都被他買下了。

「先看看我的菜圃吧！孔子說過：『吾不如老圃』，可見做老圃也不容易。古人又說，『嚼得白菜根，則百事可爲』。可見蘿蔔青菜滋味也好得很。哈哈哈哈！」

現在，海清道人言談，又恢復十幾天前他們初見時的直率，痛快，他不再學仙人式的談吐了。

屋後一片空地上，種滿青菜、白菜和蘿蔔。由於小上方地勢較低，植物也較易成活，菜畦內，一片青翠，與山光樹色相映，倒也不俗。

「生活就是這個樣。要獨具慧眼，披荆斬棘，開闢草萊，你才能佔有自己眞天地。」

「你這裡客人多麼？」

「這兩年，多得很。慕名來訪我的，很不少。昨天，我才送走一位，是西安大華銀行副經理。他對道教很熱心，是我們道友之一。今天下午，說不定西北鹽務局的張科長要來，向我求幾句話。」口氣轉爲自負：「遊華山的人，只要是熱心宗教的，很少不來拜望區區。」

「這樣熱鬧，不妨礙你修道麼？」

主人遞了支煙給客人，用火柴點著了，繼續自負的道：

「不要緊。他們多半白天來，我是夜裡打坐，做功夫，觀星象。沒有什麼妨礙。」噴吐出一口煙：「就是在這裡留宿，也不要緊，大家正好研究，彼此切磋，相互砥礪。

當然，我得多指點指點他們！」口氣轉為豪放。「我這個人，有個弱點：最好朋友，平生無他願，除修道外，只願結識天下豪傑，交遊四海英奇，一個人沒有朋友，是不行的。」

談到這裡，主人一再表示，希望大上方主人能成為小上方座上常客，最好同他一道夜觀天象，卜算人間禍福。據說，他有一套秘訣，非和他朝夕相處，他不輕易現身說法。

「要修道，至少要修成天眼通，天耳通。像我今天，未見你，卻知你要來，這就是天眼通。只要虔心，你也不難修成天眼通。」那片中間視覺狀態，從夢境回到醒覺，猛地冷冷瞪他一眼：「可是，必須有一定途徑，瞎摸不行，兜圈子走迷路，徒費時間，現有成軌可循，你何妨抄取近道？」點點頭：「我們這是緣。緣！千里相聚，大是不易。緣！緣！……請用茶，請用茶。」

歸途上，不只一次，印蒂好奇的想：

「天下之大，眞是無奇不有。有各式各樣生活方式，就有各式各樣的登龍奇術！有各式各樣的江湖膏藥，也就有各式各樣的打擂台藝術。想不到，在最寂寞的太華山頂，在最偏僻的小上方峰巔，也有人擺擂台，壓冷門。」

這以後，印蒂幾乎不再去小上方。海清道人來而不見他「往」，時間一久，對他也漸漸疏遠些了。

五

在溫帶、熱帶，或亞熱帶的人，常會設想：北極埃斯基摩人的生活，可能是宇宙間最單調的，除了一片冰雪，什麼也沒有。城市或平原上的居民，也會想像：一切峰頂生活，是地球上最單純的，除了一片寂靜空氣，什麼也沒有。其實，北極，自有它獨特的豐富畫幅，高峰頂上，也自有它奇異的複雜內涵。

隱居大上方後，從第一天起，印蒂就感覺，峰頂生活，眞是一個極不單純極不平靜的世界。這裡，靈魂永遠是一隻風鈴，不斷反應各式各樣宇宙聲音波浪，都市的一切變化，多半來自人工，精緻而細鏤，有時，它像鱆魚吸盤，四通八達，卑劣而黏滑。高峰生活，卻是渾然天成，粗獷而崇高，強烈而和諧，有時，幽謐似水滴銅龍，有時，狂猘如排山倒海。

這裡有千種萬樣的靈魂世界，印蒂也就君臨千種萬樣的天地境界。

經常給予他凸出感覺的，是這裡的風、雨、雲、霧、雪、日、月與星斗，靜寂與幻象。四十一年第一次，他讓自己赤裸裸捲滾於一片片奇魅的大化景象中。

常常的，這兒是風的世界，天地間唯一統治者是風。

沒有在高峰頂生活過的人，絕不會想到，地球上竟有這麼多風。各式各樣的風。光怪陸離的風。那麼長久的風。那麼神秘的風。有時候，颳兩天兩夜，沒有一秒停過，他整個人泡在風內，沉在風底。聽風、嗅風、呼風、吸風、看風、摸風、想風、抱風、觀風、戀風，——竟變成他連續兩天的獨一課程。

此間風似有本體，人可以見它，風自己也會思想、戀愛。

這兒是風的宇宙，萬物常被一陣陣宇宙風佔有。天地把自己化成一片風，叫他，喚他，搖他，觸撫他，包圍他，震撼他，進攻他。是天地自己做著這一切，爲了馴服他，把他變成它自己一部份。

天地把自己變成各式各樣聲音，借助它們，表現自己的歡樂、憂鬱、激動，和憤怒，印蒂從未聽過這樣多風。這是一個偉大的風之音樂會，他是唯一的聽衆。

一片片嗚嗚嗚聲浮起來，如萬千怨女嘆息，永遠嘆不完的氣。是一些帶墓窟味的幽靈，叫大自然溢滿奇異的恨。漸漸的，她們變成千百萬頑童，似吹蘆葦，傳出一陣陣花吻哨聲，「嘟嘟嘟！」的，於蘆葦葉片中，有一些化成牧人的蘆笛，急速的響聲，尖銳而短促，洌亮而清澈。不知何時起，有一些頑童，展顯爲雲南西部的一種美麗孔雀，「嘎喔嘎喔……」，發散一陣陣極難聽的聲音，聲聞數十里，過一會，另一些頑童則幻成劾海的雙角犀鳥——一種有著十一、二歲孩童體長的熱帶鳥，它們狂飛，發出極強大的「噓噓噓噓」聲。正「噓噓噓噓」著，「嘎喔」著，突然，孔雀與熱帶鳥沒有了，一大群奔獸猛衝過來，是一些野狼，飢火怒燒，電馳箭疾，瘋狂襲入羊群，一片噪吼聲中，夾雜一陣陣慘不忍聞的嗚咽聲，哼哼聲。慢慢的，哼哼聲與狂吼聲沒有了，一些潔白的肉體已被撕成碎片，開始消化爲另一些猙獰肉體中的血肉。於是，野獸們滿足的退去。現在，太華絕頂，是一片幽幽洞簫聲，似春似秋，如夏如冬，忽而玫瑰，忽而梅花，時而月明，時而星稀，全世界流浪的「伍子胥」們一霎那間，都集中露面於「吳市」，用一種微妙的竹器，訴說異國的語言，異國的情感。說著說著，陡然化爲一陣陣厲鬼狂笑。一些深山荒塚地帶，半夜三更，就常常猝發這種慘笑聲，充溢瘋味，說明他（她）們死得很冤，很慘。可能，是一些縊死者，被勒逼上吊，也可能，是一些溺死者，失足淹沒，或被人推入水中，也說不定是一些冤魂，被他人用毒藥活活擺殺。於是，一個美麗的星球，登時變成一座冤鬼的宇宙，天地間，充盈無限怨氣怒氣。這樣，印蒂四周，便呈顯千百座瘋人院，整個乾坤似也扮演一座巨大瘋人院。從南極到北極，從東經零度到一百六十度，若有無數千萬瘋人在亂喊、怒叫、獅吼、狂笑、嚎哭。間或也夾帶一些人似低低吟哦唐詩，或淺唱古諾『小夜曲』，或朗誦尼采哲學，或輕讀聖經。這一切，眞是怪誕詭譎，無奇不有。凡地球上一切聲音中最瘋狂的、最粗暴的、最甜蜜的、最溫柔的、最赤道的、最冰凍的、最山岳的、最海洋的，都麕集這裡，應有盡有。它們共同音色是一種歇斯地利亞的色彩。終於，一個變態的萬籟瘋狂叫宇宙消失了，漸漸的，又歸入一片幽靜的波浪喃喃聲，輕輕的、溫馨的、用柔軟舌頭舐著海灘、岩石，這是眞正的寧穆，雖有聲卻無聲，在平靜人類被折磨的心靈，這種波浪喃喃聲，恬美極了，印蒂稱它做『詩的聲音』，或『詩聲』，這是一切風籟中的眞正詩籟或『風詩』。

純粹風詩中，印蒂聽見風在開花，開最紅的月月紅和龍口紅，吐最黃的水仙花和萬壽菊，放最白的玳玳花與六角白，展最美麗的仙克萊、聖誕紅、牡丹及蒼蘭。他聽見風變成一片片花瓣，一掌掌綠葉，一枯枯細莖。空間不是花園，是風園，風就是花。風園裡，他還聽見結成果子，又紅又熟的果子。後者又被自己搖落到地上。他好像也聽見風長成樹，又美又綠的樹。後來，樹又漸化成風，在印蒂感官與幻覺裡，這些長篇風詩中的風已不是風，它已化成一切它所能幻化的。有時，它烘染著，是畫，他看見一幅又一幅最奇艷的風畫，在畫上，風轉成雨，易爲霧，誕幻爲無極無限的光，強烈的光海裡，風又變成一顆顆星星，照他、亮他、美化他。漸漸的，風又脫離星光，凝塑一片透明玻璃，那是他的窗子。風便是他的窗子。最後，風把自己凝結成山，疊織一座偉大的華山，靜穆的華山。不，此刻，風是把自己織成夢，永恆的夢，比日月星星更美的夢，這夢就開花放光在他四周，他不是聽風，是聽夢，看夢，夢夢。在夢的眼睛裡，他不只聽見，他看見風把最美的宇宙鮮味獻給他的舌尖。他不是欣賞風，他是咀嚼靈鈎這隻最壯麗最芳香的果實。

眞正，華山峰巓各式各樣的風不是風，是一種魔術，一種精靈，它要變什麼，就變什麼。當印蒂讓自己感官沉沒於千變萬化的風籟中時，他的靈魂，也經歷著和風籟一樣複雜的千蛻萬化。正是這個，叫他發痴發迷。

他必須把這峰頂大風當作奇妙的宇宙語言。他得認眞學習它、精通它、通過它，翻譯出宇宙的永恆眞理。

有時候，風的戲劇遲未謝幕，雲的戲劇開幕了。不知何時起，風海變成雲海，風的宇宙變成雲的宇宙。

華山並沒有黃山那種萬千棉桃狀的雲海，這裡的雲海，很快就化爲霧海，但在他的幻覺裡，這仍是雲海。

這時候，他整個人全被雲彩包圍。

他極喜把自己沉入雲海，作一場雲彩浴。他扮演風，化爲雲。雲就是他，他就是雲。

雲像人一樣，會走路，會冉冉跳舞——在他旁邊走著，飄舞著，似他的舞伴。望見一朵朵雲霧悠悠飄來時，他並不避開，卻任它們飄向他的胸膛，輕輕投入他懷裡，又化爲霧氣，瀰漫他腰際。那一刹那，他的頭臉探出雲上，胸膛在雲下，他看不見自己下半截，彷彿他只剩下一顆飛來的頭顱，慢慢飄游天空，翱翔雲海。他眞想拍一張相片，把這一奇景異像永留下來。

聽完兩夜的風，他又要看一整天雲彩——萬千朵的詼詭姿態。那是一個偉大的風之音樂會，這是一片壯麗的雲霧畫展。白雲不只是白雲，是一種無窮無盡的變化。白不祇有一種白，有多樣白，正像紅有多種紅。有的白透明，有的是棉花，有的是璞玉，有的是白雪，有的是淡煙，有的卻似藍似白，白中透青，白中映紫。一大片白浪靜靜洶湧，白流中升起一蓬雲柱，嬝嬝直升碧穹，這最纏綿的白色，也表現一派微微粗獷的野姿。有時候，它們偶然是一朵又一朵巨大白薔薇，一朵朵輕敲他的玻璃窗，永遠是無聲敲叩，近似情人撫摸。只要一開窗，它們就飄過來，佔有他全部斗室。於是，整個屋子和人，都沉沒於雲海底，上上下下，前後左右，一片鮮麗的光明。他趺坐白雲深處，一動不動，閉目冥想——冥想他靈魂深處那一朵朵永恆雲彩——宇宙最核心處的那片永恆光明。

但不管雲有多少種白色，或化爲雲柱，或變成白薔薇，那總是一剎那的事。很快的，它們都轉形爲一片霧氣。

假如他工作，爲了避免雲彩調皮的干擾，他就緊閉窗子，把雲彩推出窗外。有些時候，他被淹沒於一大片霧。剛才還是一天羊脂球雲朵，不一會，就天昏地暗，一個通體光明的華山，化裝爲一座灰色地窖。

這是一脈霧山、霧峰，峰巒四季本多霧。峰頂陰霾天較多，艷陽天較少。他原渴望升入多雲多彩的三十三天，結果，有時卻墜入灰沉沉霧地獄。

大霧深處，伸手不見五指，他看不見世界，也望不見自己，甚至連對霧本身的感覺，也沒有了。他的視覺，全混沌了。他的整個「茅蓬」，是霧的俘虜，他是茫茫大霧中一個趺坐靜思的瞎子。即使霧漸撤退，他也只能看見周圍幾尺，或幾丈，大部分華山，仍被霧塗抹，他是西藏石窟內自我活埋的喇嘛，四周無光，一片灰暗，熹微霧色中，他只能矚視自己肉體。不，肉體對他只是一種符號，他眞正活著的，是一片思想靜體——那種潛心直透永恆造化的靜觀。

與風世界、霧世界同富有魔力的，是雨世界。

華山多霧，多陰霾，有時也多雨。霧來得突然，雨出顯得更奇兀。一秒鐘前，一輪紅日，金光遍地，刹那間，天黑地昏，大雨狂瀉，雨聲形成此時此地的唯一宇宙音。有時暴雨，有時陣雨，地形雨，東峰還陽光灩瀲，一片青翠，西峰卻煙雨霏霏。常常的，濛濛細雨變大雨，大雨又化小雨，一連兩天，斷斷續續淅瀝著，夾一股股陰霾。他四周不只是一個灰色世界，還是一個液化了的世界，彷彿六合之內，不再有固體、氣體，它只是一汪液體世界。他不禁想起左獅的故事——印緬森林中的雨。不同是，他並不屬於一支崩潰的軍隊，而是孤身結跏趺坐斗室，獨自被一片大雨包圍。

雨世界裡，整個華山是一幅煙雲雨霧水墨圖卷。他是這幅古代畫卷中的獨一高峰生命——一個縹緲的神仙。

但大部分雨霧卻沒有這麼輕鬆。灰色天、灰色地、灰色山、灰色石，一個灰色地球。大自然是一座巨大煉鉛工廠，每分每秒製造鉛。雲是鉛朵，雨是鉛滴，一條條一滴滴流下來。他的靈魂彷彿也變成一種鉛鑄體，所蘊涵的灰色精神比鉛還重，整個形體則鉛一樣的沉，沉，沉入灰色深淵，又穿透它，昇入不透明的空間——絕對雨化的空間：雨的魂魄精舍。

狂風掃疾雨時，雨簾可東可西，橫的、斜的、長的、短的；一秒鐘前，它們還是亂線，突然變成織線；剛剛才是緯線，一下子，又化成經線。後來，經緯線與方向已不分，只交織混混沌沌一大片，彷彿方向和雨腳一樣，也是動的、變的、混亂的，東不是眞東，西不是眞西，東織入西，南織入北，千千萬萬雨絲，似在織千千萬萬蛛網；這一網被那一網衝破，前一網被後一網毀滅。雨的美麗卻是蜘蛛長腳，以八卦形舞蹈著，一面作八卦舞，一面毀滅，一面又再生。印蒂望著望著，視覺迷失於八卦陣，眞盼自己靈魂也是這一片片雨，有千千萬萬觸鬚跳蕩、舞踊，從宇宙深處湧出，又衝入地腹最核心處。假如思想也能變雨，有億兆絲絲縷縷，那將是怎樣細緻、周密。雨是宇宙分析力的偉大象徵，說明它能條分縷析，析到不能再析處。也許，氣體比液體內層更精緻、更富變化，但肉眼卻不容易抓住。只有液化後，它才畫出一幅精微顯豁的圖畫，證明每分每秒，人類是在呼吸怎樣一種神秘的元素。光的變化也微妙，也神奇，但沒有雨這種又巨大又纖細又堅實又柔軟的幅度。長久沉沒於這幅大自然的偉大變形圖後，他覺得：漸漸的，自己蛻化成蛇，沒有耳，卻用舌作聽覺，只要一伸舌，舌面某些細胞，就能探測聲音的方向和天地動靜。

各式各樣神秘感，絕不是怪誕異象，也不是雲南西雙版納太陽鳥，或巴西帝王蛾或非洲蟻山，僅僅呈顯生命奇態，它是一種純美的幻象，像熱帶大蝴蝶，像常見的葑蝶、蚍蝶，與黃袛蝶，叫他沉浸於精粹美感中。他並不認爲幻象在他身外，他自己就是幻象本體，一種色彩豐富的幻想顏色盒。他自己常化作雲朵、雲滴、霧淞、霧冰，變爲纖維狀與多角體，形成松濤，風籟，地形雨，陽光和星斗。日日夜夜，他已轉化爲天空景象一部分。他幾乎是天文學上一個不可思議的名詞。這一切變化，不只是他的肉體感覺，更是他的思想。有時候，他幾乎沒有肉體了，只有一片空靈的思想存在。他的眞正肉體是思想——是思想掛滿天星斗於他肉體宇宙中。

星斗不能思想，他代它們思想。月光不能感覺，他賦予它們感覺，雲彩不能意識，它帶動它們意識。

這樣，全部大自然，就扮演一串串活的精靈，能主動創造，演幻。一朵朵灰色雲氣，正是一個個灰衣天使，有時，從早到晚，不斷叩觸他的玻窗，繞繚他空間四周，只要一開窗，她們就鑽進來。——當他有點寂寞，需要友誼時，他就打開窗子，請她們入內。

——這種美麗的訪問，使他聯想起聖誕夜的「天使報信」（註③）的歌聲。那些教會學校，每年聖誕，半夜，或黎明前，這些歌聲大鳳蝶樣訪問每一位老師的窗子。

天籟本身也是異象，那片幽邃的高山靜穆，是一種又深湛又親切的異象。在城市太陽光下生活慣了的人，一旦宿荒野，午夜，他必然透感，四周靜寂不是靜寂，那是一種聲音，一裊裊神秘的樂聲。你彷彿轉化爲一隻貝殼，永遠反應大海的微妙音響。也許，這是你耳鼓耳膜自動反射，它像一隻蜜蜂。也許，是你自己思想彈出聲浪，神經蛛網似提琴弦線在響。但更經常的，那是純粹空間本體的法音。空間自己既有弦，自抱有奏——一種無聲中的異音。它隨思想與神經起伏。好像：你的神經弦線一顫動，思想一顫動，它立刻發出應和的音籟。在「五千仞上」的落雁峰巔，印蒂特別強烈聽到這種宇宙本體音籟。它彷彿是許多萬萬年前傳下來的聲音，發自有史以前最原始的太古音籟，——那正是當年太陽那團火燄在燒在冷結成地殼時的聲音。怪極了，從這中間又產生一派光怪陸離的岑靜，五色繽紛奇靜中，可又不靜。它似動似靜，亦動亦靜，超動超靜。常常的，一種紆徐的，幽微的、淡淡的聲音，自遠而近，似無絃琴的自動音樂，是桐木未成琴形前的植物聲音。印蒂抬起頭，問自己：是風聲？無風。鳥聲？無鳥。人聲？無人。蟲聲？無蟲。雲彩聲？月光聲？星星聲？——可能，這是星斗夜語。不，這是另一個星球的聲音，隨它的不滅光輝，從幾萬萬萬萬里處，在幾萬萬萬萬年後，才飄墜到地球上——華山之巔。

六

夏季，一個下午，正當印蒂沉醉透一片天籟時，他的心底又一次湧顯一陣特殊反射，彷彿聽見，門外附近有腳步聲。他沒有站起來，卻側耳傾聽：

這一次，不是虛妄的幻覺，是眞實。

當眞有人出現窗下。不是海清道人，也不是別的道士，卻是——

「老印，你想不到我會飛到『四千仞上』吧？」

「啊！惟實——」

來客正是范惟實。依舊是那雙幽默的小眼睛，一副白相人的神氣。他穿一身薑黃色美式斜紋絲光卡嘰開領制服，手裡是一隻草綠色大旅行帆布袋，跑得滿頭大汗，氣喘咻咻的。

「嚇，這麼高的山峰，眞虧你住得下。……我爬得累死。……手裡這個提包像遇見鬼，越走越重，恨不得摜到山溝裡才好。……喝！這條山路，簡直是閻王路，地獄路，眞難爬。我眞不知道，你住在這個地獄盡頭，搞些什麼。」

「洗個臉吧！」主人懇切的說。

來客把身上衣服，一件件脫下，撂到一邊。

「這四千仞上，總沒有女人吧！……哈哈哈！我要剝光介於我肉體與大自然之間的一切，赤裸裸『回到大自然懷抱裡』——借一句時髦話。哈哈哈哈！」

「你儘管剝吧！這裡窺伺你肉體的，只有雲彩與風聲。」印蒂笑著說。他很高興，在第一面，依舊能坦白的忘形的接待一個老朋友。「你先沖洗一下，外面是水缸。」

「啊，這水好涼快，一定是山泉。痛快！痛快！太痛快！簡直像吃冰淇淋一樣。」

范惟實用泉水沖洗他汗淋淋身子。「現在，我才明白高山的好處了。一個人站立偉大天穹下，偉大峰頂上，赤裸裸的，用涼冰冰泉水沖洗熱騰騰身體，享受和泉水一樣清涼的四周空氣與寂靜。這一切，多原始多美麗的一幅畫！……可惜我不是女人，否則，那更有意思了，哈哈哈哈！」

「惟實，你怎麼開口閉口總離不開女人，還是老一套。快四十了，還是一座火燄山似地。我佩服你的胃口。」

范惟實把全身沖洗乾淨，走到室內，光著身子，對印蒂低低道：

「在生命裡，有些事情，你永遠忘不了。它們是那樣固執。那樣頑強。」

換了一套乾淨衣服，嚕嘟嚕嘟灌下兩大碗冷開水，點起一支煙捲，來客在無邊克羅米白色眼鏡後面，輪轉那雙靈活的小眼珠，對主人又輕鬆又嚴肅的道：

「大前年是我的『戀愛年』，前年是我的『結婚年』，去年是我的『旅行年』，今年是我的『求友年』，明年，——可能是『求道年。』哈哈哈哈！」

「那麼，你到華山找我，是『求友』了，我們是老朋友，可無須『求』了。」印蒂笑道。

「說『求友年』，眞是求友，不是打哈哈。」范惟實微微帶點鄭重神情。「你知道這裡小上方，有個海清道人麼？」

「我不只『知道』，而且認識他。」

「哦，此人名氣現在大得很，全西安許多軍政要人，都知道他。聽說他道行頗高，且有孟嘗君之風，願結天下之士。我有兩個朋友，住在他這裡，算是旅行，也算求道。這位老道，聽說我要上山，他帶回信給我一個熟人，歡迎我到他那裡避暑、消夏。」噴吐出一大口藍煙。「我本想先到他那裡。後來想，我們是老朋友，不先來看你，說不過去。不過，我現場考察一下，你這裡住宿條件不夠。而且，可能你不準備招待任何朋友。回頭，我還想住在他那裡。」

「你怎麼也熱心這些事了？」

「你知道，我一向是趣味主義者，求友、旅行，或求道，這是生活中的最大趣味之一，對我太太說來，這樣一種趣味，總比我胡搞女人安全得多。」沉思起來。「我此來找你，另外還有點事，是莊隱托我的。」

「什麼事？」印蒂有點驚訝。

「等等告訴你。」范惟實臉色略有點嚴肅。

「我看今晚你就在我這裡過夜吧。我居處雖簡陋，住一夜，總不成問題。你爬了半天山，夠累了，得歇歇！明天上午，我陪你去看厲道人。」

「這不破壞你的生活方式？」

「生活裡，總有點例外，正像最準確的火車，有時也會誤點。一個火車站站長或旅客，估計未來一切時，早就該把這些算在內。」

「但願這點誤點，對你那一列駛往人生眞理的火車，沒有什麼大妨礙。」范微笑道。

「我知道，你是個生活嚴肅的人。我們是老友，我尊重你這份嚴肅。」

從旅行袋裡，范惟實取出幾隻罐頭，有黃燜牛肉、清燉蹄膀、紅燒嫩雞、雲南火腿，什錦醬菜，美味冬菇。另外，他又拿出一瓶汾酒。

「我知道，你雖不茹素，生活卻很艱苦。讓我們今夜來一個羅馬狂歡節吧！……厲道人是素食者，他不需要這些。」

印蒂望望來客旅行袋。「你忘記帶最重要的東西了。華山夜裡很冷，即使夏季，有時也要穿毛線衣，甚至棉衣。」沉吟一下。「不要緊，回頭我借你一件毛線衫。」

夜裡，滿山璀璨星斗。深藍色天窗下，暗紫色高峰上，他們舉杯痛飲。印蒂入華山後，好幾個月，沒有享受這樣豐富的晚餐了。但他仍盡可能節制自己，讓范惟實分擔一瓶汾酒的大部分，這種節制，不只爲了生活習慣，更爲了思想習慣。他很明瞭：醇精忌妒醒覺。一個高峰卜居者，假如沒有一份清明的醒覺，將如鯊魚沒有海水。

他們談了很久，也談到海清道人。從范惟實話裡，印蒂進一步證實自己過去敏感，厲道人委實是個野心家，他攜帶全家隱遁華山，茹素修道，夜觀星斗，不過是押一注冷門。他有他的賭經。但主人暫不想向來客點明這個，以免對方失望。再則，他既決心跳出一切是非狂瀾，又何必在這片四千仞上或三千仞上再沾泥帶水，惹小是小非？他們兩個，一個在大上方，一個在小上方，各看各的星斗，各舉各的灶火，誰也犯不了誰！

他們談得最多的，是西安重慶兩地老友近況。印蒂很少開口，一直傾聽。從來客談話裡，主人獲得一些更新更黑暗的瑣聞，灰色的故事，陰慘的現實動態。這些人物，除了鄭天遐，沒有一個能擺脫現實網罟，重新抓住自己的眞實信仰，或者，一個最起碼的眞實生命的起點。

聽了許久，印蒂終於笑著道：

「我看：歸根結柢，你們還是在風沙漩渦裡打滚。」

「你要我們怎樣呢？」

「你們這群人，已被命運這個導演派定了角色，只得永遠演下去，直到最後的哨子聲或電鈴聲帷綠色惟幕卸落。可是，你們當中，有兩個，甚至三個四個，並不是不能衝出這個安排好了的舞臺。」

「都像你一樣，到華山隱居？」

「不一定到高山隱居。抓住通人生眞理的路，到處都是高山流水，茂林修竹。癥結是：『入山雖有路，尋藥竟無人。』」

「我們可以從一切舞臺衝出去，就是有一樣，衝不出。」

「情慾？」

范惟實不開口，低下眼簾。

「這正是現代人的悲劇。」印蒂聲音低下來。他沉沒於回憶中，「在城市裡，一切漩渦中心是女人。假如女人不發生風暴式的力量，城市就和深山一樣，到處一片清靜了。」

范惟實苦笑起來。

「華山所以是華山，主要是：這裡沒有女人頭髮的香味。」停了停，他又低沉的道：「自然，除了女人，城市也還有另外風暴，另外的漩渦。」

「是的，另外的漩渦，風暴。比如，金圓的漩渦，政治實力的風暴。但是，就一般小市民說，這些亞當們私生活中的風流，還是夏娃。即使起點是美元，刺刀，或爵祿，終點仍是夏娃。」

「你忘記了，在城市裡，也有神聖事物？」

「一切最神聖的，不過是金錢或某些旗幟的裝飾罷了。我們這個時代，人們太嫻熟於以『正義』或『眞理』來裝璜孫二娘賣人肉的黑店的招牌了。」

「也不是百分之百如此。」

「只要是百分之九十，就夠了。剩下的百分之十，即使有生命，也被壓製成標本，表示這裡還有這一種類型存在而已。」

范惟實喝乾碗裡最後一滴酒，吃了一塊紅燒嫩雞，臉色酡紅，渾身酒意。他又沉醉又傷感的道：

「依你看來，我們究竟應該怎樣呢？——我們這些掙扎在現實沼澤裡的鱷魚。」

印蒂對那隻空酒瓶投了一瞥，視線轉向天窗，射入那片無限燦爛的群星花園。他冷靜的道——他的聲音似乎滲透星光的冰冷與華麗：

「這是一個極矛盾極複雜的時代。智識份子在泥沼裡打滾，已變成一種普遍命運。問題之一是：你們還不是鱷魚，你們只是泥鰍，假如是前者，有時仍會看准一個對象，瘋狂的滾過去。如果是後者，連一個最無知最幼稚的頑童，也會捉弄它。……首先，需要一點瘋狂，然後，是一點冷靜，終於，是一點頑強。……你看，我們頭上的星斗多瘋狂，多冷靜，又多頑強，我們應該學星光，又智慧、又美麗、又獨立，始終在永恒裡發光，放亮。當然，要從這片無比寂寞的光輝中找得永恒人生眞理，不是易事。但至少，我們應該有勇氣邁出第一步，一個最初起點，一個最低的立足點。」他沉思起來。「我知道，在人類史上，沒有一個紀元不是古老的翻版。可是，我們仍得結合那最少數求眞者，爲一個新的最純潔的時門而流汗。在我們這個時代，眞有勇氣拋棄一切，把全部生命貢獻給人生眞理或眞理找尋過程的人，並不多。……日光底下，沒有一樣事，不需要代價。但人們寧願在任何事上付代價，卻不願在寂寞的眞理上付代價。拿你來說，在你身上，純粹生物學的氣息，就嫌太重。一個人四十了，仍不想讓自己昇華一點，超脫一點。可你卻絕不願在這方面付出任何代價，雖說你常常的，爲你的純生物學風格付很大代價。」

「我也知道，我的致命弱點。可是，一尾定了型的魚，恰恰就是那樣一型的魚。你不能叫一尾河魚變成海魚，你更不能叫一尾黃魚變成梭子魚，也不能叫一隻海鰲變成一尾鯊魚。你我不同的是：你一直抵抗一種定型。至少，未獲得比較永恒的型態以前，你不甘久居於那些剎那的暫時型式中。就我看來，你這種精神生活很苦。你像一個打魚人，天天打魚，又要天天補網，而補網的時候又比捕魚的時候多。」

突然，范惟實的視線變得嚴肅起來，落在印蒂身上。

「一個人要絕對超脫，恐怕很不容易。我們把一隻橘子扔到天上，這時，橘子自己可能也想昇入雲層，但它終於仍回到大地——那定命的地心吸力毀滅了它的超脫。這裡有一封莊隱轉給你的信。你看了，就會明白。」

印蒂不開口，回到室內，點起油燈，這是姨媽鄭蘊荃女士寄來的掛號信。信上告訴他：母親病重，希望他見信即回杭州。可能，這是他們母子最後一面了。

「剛才見面時，我不想馬上把信給你看，怕它的內容會叫你不安，可能也破壞我們久別重逢的第一剎那愉快。現在，星斗都聚集中天，午夜涼颯，一頓豐富的晚餐也結束了。人在一場歡宴後，應該知道一點事實眞相了，這時候，即使獲知一個黑色消息，可能也比較容易受得住。按我們看來，目前這個時代，從千里外淪陷區寄來的任一封掛號信，大多是裝著一紙不詳消息的。」

印蒂說：「我決定回去一次。大約有一個月左右時間，就可以結束這件事了。」他望著天上星星。「在我們追求昇華的期間，有時仍得準備那些剎那的沉落。今天下午，我不是和你說過：一個精明的火車站長或旅舍，估計未來一切時，他早就應該把可能發生的任何一點誤點估計在內？」

回到「茅蓬」裡休息以前，印蒂宣佈他的計劃：明天上午，他陪范惟實赴小上方，拜訪海清道人。午前上山，他準備趕中午時分，踏上隴海路東行火車。假如范歡喜他這間「茅蓬」，這個月裡，不妨住在這兒避暑。離開時，他只要鎖上房門，把鑰匙交給莎羅坪道觀方丈，就行。

范接受他的邀請，但表示：最多住五六天，其他時間，他打算在東峰南峰和厲道人那裡消磨。

「今年是我的『求友年』兼『旅行年』。我將把我在大上方峰頂『茅蓬』裡的幾天生活，看成是我今年最重要的『精神旅行』。我希望，我今後靈魂裡，能添點『印蒂色彩』。」范惟實諷刺的笑起來。

註①　此指從華山腳下『天井』處爬上山，這是一條一般人不知道的秘密幽徑。

註②　金鎖關下，有韓昌黎痛哭投幣處。相傳韓公鼓勇爬過此嶺，回首一望，嶺際險景，觸目驚心，不禁大哭，不敢再爬回來。乃投書蒼龍嶺下求教，被壯夫裝在　袋裡揹下來。又，相傳清代大儒阮元督陝時，也曾發生類似昌黎投書的故事。這兩個故事，說明蒼龍嶺的險峻。

註③　『天使報信』，是聖誕節夜的一種宗教儀式和習俗。

第二章

一

「媽！」一個低沉的聲音，在病床邊輕輕喚著。

一剎那間，病床上的形體，發生一片極度凸出的變化。

這個字是一隻手，輕輕揭開那雙閉緊的眼皮，替乾枯的睫毛注射水分，給有點硬化的不透明的水晶體注進光澤，透明它，又柔化它，液化它，也恢復它們固有的那份禽鳥型的風格。這個字是一瓶膏油，塗潤那張失色的蠟黃臉，於是，一片病葉又閃出點生命顏色，似招展於夕陽光中。這個字又是一杯葡萄美酒，它的香味，引誘那兩片灰白唇瓣張開，再一次讓思想穿過它，踏入世界。比一切更重要的，這個字是一把萬能鑰匙，能敞啓一切靈魂保險櫃，也打開她心魂深處千重鎖，萬扇門。她不再把自己閉鎖得那麼緊了，不管是有意或無意的。世界終於闖入它，它終於也承受天空的彩虹，海水的蔚藍，森林的芳香了。

「媽！——」印蒂走前一步，又輕輕喚了一聲。底下的一些字，他暫時煞住了。依舊是這個平凡字。萬千年來最古老的字。幾乎被各式各樣嘴唇磨破磨穿了的字。一共不過十三筆。但她現在最需要的，正是這個字，不，幾百天來，她一直在等待它，以及它衝破那靜靜十三劃的聲音。可是，只有當她耳膜卵圓窗幾乎停止幅動時，這個字，這個聲音，才像一粒小石子，輕輕投來，落在她聽覺的最後古井水中。雖然如此，病床上尖瘦的形體，還是異樣饑渴。形體唯一露在藍色緞棉被外的部分：那張臉，那一頁薑黃紙上，到處反映對這個字的饑渴，以及後者的神秘的夢幻式的一撇、一橫、一勾、一點：幾乎到處在撇、在橫、在勾、在點，而那隻「馬」（「媽」字的一半）正狂馳在她意識平原上。

她睜大那雙樸素眼睛，通過她特有的植物氣氛，怔怔的而又迷魅的凝望他——她在這個地球上的唯一血緣，她自己血液的最後匯流終點。

印蒂知道床上形體要什麼。他坐下來。他伸出手。他讓她極虛弱的卻又掙扎著的手緊緊握著。他看見：這一把瘦骨頭在抖顫。他感覺：它們輕如羽毛，搖搖欲墜，但仍隱隱放射一種玄秘的熱力。他覺得，漸漸的，他粗獷的棕色大手，被放在她那尖削的臉頰上，輕輕磨擦著，溫柔磨擦著，一遍又一遍。那份神秘的熱力，正通過薄薄掌心皮膚，凸起的嶙峋顴骨，以及這片磨擦，透入他自己肉體，流注他的血液。這不是肉體磨擦肉體，是心磨擦心，是萬千年前第一個原始母親磨擦第一個原始兒子，不，是萬萬千千年前，第一個具有形體的生命母體磨擦它的子體。

一顆大眼淚，從她眼瞠深淵底泛出來，慢慢的，滴到顴骨上，又流到他棕色手指上。接著是第二顆、第三顆、第四顆，……」

這些晶瑩的淚珠，一顆顆，傳染了他。不，解除他全部靈魂武裝。不知何時起，他聽見她的啜泣。他聽見啜泣聲中的喃喃囈語。

「蒂，……我的蒂，……我的寶貝蒂！……我的寶貝蒂！……」

他聽著聽著，漸漸的，聽到的，不是她的啜泣聲、喃喃聲，而是他自己的喃喃聲，啜泣聲——一顆顆淚珠，從他強烈眼睛深處，流到他的帶有懺悔味的臉頰上、嘴唇邊。

「媽，……媽，……我最親愛的媽媽！……我最親愛的媽媽！……」

他把臉俯下來，代替自己的手，熨貼她的瘦臉，代替他的掌心皮膚，磨擦他的黃蠟臉，像小牛磨擦母牛。

突然，他小聲哭泣了。

這裡躺著的，是這個地球上最溫暖的肉體。他還沒有正式踏入這個星球時，她就用自己血液溫暖他、照亮他，比一切太陽光還早，比一切火燄還熱。她給予他呼吸，賜予他眼睛，帶給他嗅、聽、動作、思想。她還沒有看見他一個細胞一根纖維時，就愛上他、保護他。頭本是人的靈魂。有一個時候，她的靈魂，卻是她的腹部，因爲她的種子躺在那裡。那是她的田，她的土壤，一切生命從中茁長。她必須要她的靈魂的平安，因爲她必須要他平安。多少個白天和黑夜，隔著這層腹肌，她撫摸他、傾聽他、感覺他。她感到他的心在她心裡跳，他的肉體在她肉體裡動蕩、伸手、踢腳。她不是用她的肉體，是用她全部靈魂，把他帶到這個星球上。多少個黃昏和破曉，她跪在聖像像前面、聖經旁邊，爲他禱告，祈禱他在這個星球上平安、幸福。他的存在、成長、動作、思想，就是她自己的平安、幸福。

她不像其他許多女人。這一切，她從未對他提過一個字。她從不提起她爲他失眠的那些夜晚，爲他焦灼的那些黃昏。但他完全知道。即使他在最高山峰頂，最深巖洞內，甚至在最狂猘的大海浪濤裡，也完全知道。正是這個又平凡又樸素的女人，給他生命、給他光、給他熱、給他最紅最大的太陽，給他最豐富最結實的大地祝福，和天堂希望，以及凡是生命所能給予的一切，所能得到的一切。

不管他在哪裡，她的眼睛看見他，它們能穿過嶮巇的岩石，茂密的森林，洶湧的河流。不管他是在巍峨的巖巔，或廣闊的大海，她的鼻翅能永遠呼吸他，通過雲霧、雨滴、葉子的搖顫、陽光的明耀。不管是在熱帶、寒帶，她永遠聽見他，通過熱帶的氣旋、寒帶的寒流。他還未走進這個星球以前，她就感到自己有兩顆心跳著。即使他完全忘記她時，她也鮮明記得，感覺：她胸膛裡曾有、正有、將有兩顆心跳著。她盡可能使自己生活安排得很簡單、樸素，她所攢積下的一些物質享受、方便、安定，統通獻給他。她再沒有別的話語能表達，只能藉這些僅有的有形事物，非常形相的表現她的心跳、她的希望、和祝福。雖然，即使沒有這些，他也同樣深刻的感受到她對他的全部感情。每次回來，只要一看見她那件穿了二十年的破舊黑色嗶嘰夾大衣，或者，那件經歷十五年的黑色嗶嘰夾袍子，或者，她那頭越來越白的髮絲，或者，她額上越來越深的皺紋，這就很夠了，儘夠儘夠了。

幾乎沒有一個母親像她這樣：能深深嵌在自己兒子的皮裡、肉裡。他們永遠共有一套血液循環。

心裡、眼裡，她只有一個他。她是如此需要他。但他每一次毅然離家時，她從未吐過一句怨言。一次又一次，他離去又歸來，歸來又離去；每一次離去，她把平日節省下的全部零用錢，都偷偷塞到他箱底。上路以後，他才發覺。每次歸來，她只用同樣充滿母愛的眼睛，追隨他、包圍他、撫摸他。她恨不發明一種針藥，一秒鐘內，把全部母愛，一股腦兒注射進他血液。只要他一跨進門，他就感到她無所不在的形體。她整個生命，隨他旋轉。她整個光與熱，隨他發亮，燠暖。她似乎有一千隻眼睛，每隻眼睛都無時不在深刻的凝望他、透視他。

她是那樣忍耐的接受他的一切決定。她幾乎是無窮無盡的，海洋一樣的忍耐，又海洋一樣的期待著，期待他的船舶歸航。

這個女人，從未傷害過任何一個人，連一隻螞蟻、一隻螟蟲，都不忍心踏死，揉死。六十年來，她無害於世界，世界卻給她千般萬種損害。對於做母親的，這眞是一個最殘忍的時代。它奪去她的丈夫、她的兒子、她的空間、她的時間，現在，卻讓她靜悄悄躺在這裡受苦，不久，又將奪去她自己的最後生命。而且，甚至將奪去她故墓中的和平。這次歸來，旅途上，他一路看見被炮彈炸成大切八塊的墳墓與棺材，這就標誌這個星球的最高殘忍紀錄。

「啊！……媽媽！……媽媽！……我的媽媽！……我的最親愛的媽媽！……」

他貼住她的病臉，眼淚雨樣落下來。他不敢大聲哭。他害怕自己，也害怕她。他更害怕那片奇異的感情。這種感情，他本以爲早被華山五千仞上雲霧風雨埋葬了，此刻，卻突然從墳墓底衝出來，表現出無比的強烈，無限的粗獷。

也許，這是這個星球上唯一的生命，她有權要求這種感情復活。

二

「還好，你終算趕回來了，我們本來擔心，怕你不能見最後一面了。為這件事，媽媽一直痛苦著。」

瞿槐秋興奮的說，話語中，帶點黯然。他瘦長的身子，深埋在衰敗的花廳的一隻破舊沙發裡。假如說，從前，他瘦得像一根棍子，此時，簡直是一根蘆管了。他稍顯耄意的蒼白臉孔，正是一朵蘆花。實際上，連他的鬢髮，有十幾莖也變成蘆花顏色了。瞿槐秋簡略敘述病情。她患冠狀動脈栓塞。發作時，心窩部有劇烈壓痛，心音失掉正常韻律，調子高而尖銳。大夫在聽筒中聽見第一音分裂，造成奔馬性節律。她面色灰白，發青紫色，淌冷汗。他們請熟識的李醫生診治，實施皮下注射嗎啡，並由靜脈注射 Amion ophylline 和 Auropine Sulfate，漸漸的，症狀微見改善。但前幾天又併發心房纖維性顫動症，心律不齊，脈搏快，時間和力量都不一致。據李醫生說，這是心力衰弱徵兆，預後非常不良。

「冠狀動脈栓塞這種病，老年人很容易發。因為，老年人的動脈，本有漸趨硬化的傾向，假如沒有併發症，它並不是絕對沒有希望的。」他的聲音低沉下去。「可是，現在她又併發了心房纖維性顫動，據李大夫說，希望很小，……很小，……」他的定定的無神的眼睛，望著他的母親。「這個年頭，對老年人，——特別對老夫母親，簡直是一場無期徒刑。……嗯，簡直是苦刑。……在這種時代，她們的心臟，如何能長期抵抗得住？」

「這是什麼日子啊！簡直像從前充軍到新疆或西伯利亞，啊，比充軍還苦。」瞿太太聲音放低了。「完全是土匪世界，一點人味也沒有。不是我說句喪氣話，活著不如死了好。」她又輕輕加了幾句：「我把蘊如接到杭州，本想讓她享幾年清福，你這個做兒子的，既然長年在外，我這個做妹妹的，只好陪陪她了。想不到她竟一病如此。她信了那麼多年基督教，這回上帝卻不保佑她轉危爲安，這眞是命。」

多少年來，印蒂還是第一次聽見姨媽說這樣灰色的話，一支烏鴉的喪歌，居然會從她這樣的喜鵲嘴裡唱出來。其實，只要看看她們母子兩個面孔，一切就夠明白了。它們是兩部大英百科全書，詳敘出她們天地一切變化。鄭蘊荃女士那張臉，即使不像她姐姐一樣難看，也好不了多少。不過，一個躺著，一個走著罷了。自然，這是指內質，無論躺著的走著的，生命都浸透死的陰影。如就外形說，瞿太太雖比姐姐大不同，但也黑髮半白，臉頰清瘦，額上多皺，大顯老態了。

「照這樣看來，只有把她送醫院了。」

「我也這樣想。」瞿槐秋說：「這兩天，你再不回來，我本準備送她進普慈醫院。那是教會醫院，李主治醫師是我們熟人，和姨媽很要好的劉牧師，也常在那裡走動。有什麼事，方便得多。」他的尖瘦手指抓抓零亂長頭髮，長長嘆了口氣，像一個在泥沼裡掙扎的受難者。「你不知道，找醫生多麻煩。一到下午五點，所有店家都關門，街上幾乎一個人沒有。不，一個好人也沒有，只有日本兵、僞警、流氓、土匪、燒毛黨。靠城郊湖墅一帶，下午四點，店家全上排門，夜裡有點事，找個醫生，眞是萬難。我們這一帶偏僻，最相好的醫生，也不敢黑夜出診。」聲音有點痛苦：「不瞞你說，在家裡辦個後事都不容易，要把死人洗乾淨，穿上衣服，抬出大門，不毀你小半個家，也要毀你銀行半本存摺。我一個朋友母親死了，單是從洗屍起，到進墓穴止，他就花了十一道錢。『買水』洗屍、給死屍穿『老衣』（註①）、抬棺材進門、屍體入棺、釘棺材板、抬棺材出大門、從大門口抬到墓地、下墓穴、封土，一共十一道手續，道道要錢，而且要很多的錢，簡直是大敲竹槓，藉死人發財。這還不算，治病、吃藥、棺材費、『老衣』費、墳地費、挖穴修墳費、做佛事費、辦喪筵費，你看可怕不可怕？本來，從前資本家也不好，富而好禮，事事鋪張，一些趨炎附勢的人，便興了這些名目，蓄養一批專靠死人吃飯的閑人，借死人斂財。這些閑人中，原就雜有不少流氓，現在，這批流氓地痞，正好藉機會大敲特敲，非把你弄得傾家蕩產不可。……好在姨媽是基督教徒，又歡喜火葬，一送進醫院，由教會幫忙治喪，許多錢都省了，免得受那些燒毛黨敲詐，被那些流氓大刨黃瓜。」

「這個年頭，管什麼火葬、水葬、風葬、土葬。人一死，眼睛一閉，兩腿一直，就算了。你不看見葛嶺山麓，印蒂住過的那一帶，一個屍首（大約是被殺死的）曝了三四天，也沒人收，幾乎被野狗嘴了一大半。」瞿太太嘆息道。

「你們怎麼說，怎麼好。這些日子，多虧你們辛苦，我心裡眞不過意。我母親是最仁慈的人，一定會體貼我們做活人的難處。」

說到這裡，印蒂停住了。漸漸的，他的思想從死亡岔開去，眼睛遊視花廳四壁，想找尋舊日痕跡。眞奇怪，幾乎沒有一件原樣舊物事，也沒有一件像樣的東西了。不說別的，單是那些方皮子窗櫺，好幾扇玻璃破了，沒有了，竟也未補鑲。廳外院子內，那隻大荷花盆，也沒有了，——現在正是荷花時節。

晚上，他守在病床邊。低低問：「媽，你心口覺得好點嗎？你需要什麼嗎？」

印太太搖搖頭，面色有點苦痛。她用手指指胸口：「這裡還是心悸得很，悶塞不過，有點痛。」

她睜大那雙誠懇的樸素眼睛，深深凝視他。有好一會，才低低道：「給我唸點聖經，唸『詩篇』五十六篇以後的，和『以賽亞書』第九章以下的。」

從床頭茶几上，印蒂拿起那本大聖經。還是二十幾年前那一本，黑色羊皮面子幾乎有點變色了，略似深灰夾黑色。

兩分鐘後，寧靜的秋夜，只聽見一片流水樣的誦經聲。

「上帝啊，求你憐憫我，因爲人要把我吞了，終日攻擊欺壓我。我的仇敵終日要把我吞了，因爲逞驕傲攻擊我的人很多。我懼怕的時候，要倚靠你。我要倚靠上帝。我要讚美他的話。我倚靠上帝，必不懼怕。血氣之輩能把我怎樣呢？……」

「上帝啊，求你憐憫我，憐憫我，因爲我的心投靠你。我要投靠在你翅膀的蔭下，等到災害過去，我要求告至高的上帝，就是爲我成全諸事的上帝。那要吞我的人，辱罵我的時候，上帝從天上必施恩救我，也必向我發出慈愛和誠實。我的性命在獅子中間，我躺臥在性如烈火的世人當中。他們的牙齒是槍箭，他們的舌頭是快刀。上帝啊，願你崇高，高過於諸天，願你的榮耀高過全地。……」

「世人哪，你們默然不語，眞合公義麼？施行審判，豈按正直麼？不然，你們在心中作惡。你們在地上秤出你們手上所行的強暴，惡人一出母胎，就與上帝疏遠，一離母腹，便走錯路，説謊話。他們的毒氣，好像蛇的毒氣。他們好像塞耳的聾虺，不聽行法術的聲音。雖用極靈的咒語，也是不聽。上帝啊，求你敲碎他們口中的牙。耶和華啊，求你敲掉少壯獅子的大牙。……」

「但那受過痛苦的，必不再見幽暗。從前上帝使西布倫地和拿弗他利地被藐視，末後卻使這沿海的路，約但河外，外邦的加利利地，得著榮耀。在黑暗中行走的百姓，看見了大光。住在死蔭之地的人，有光照耀他們。你使這個民繁多，加增他們的喜樂。他們在你面前歡喜，好像收割的歡喜，像人分擄物那樣的快樂。因爲他們所負的重軛，和肩頭上的杖，並欺壓他人的棍，你都已經折斷，好像在米甸的日子一樣。戰士在亂殺之間所穿戴的盔甲，並那輥在血中的衣服，都必作爲可燒的，當作火柴。因有一嬰孩爲我們而生，有一子賜給我們。政權必擔在他的肩頭上。他名稱爲奇妙、策士、全能的神、永世的父、和平的君。他的政權與平安必加增無窮。他必在大衛的寶座上，治理他的國，以公平公義使國堅定穩固。從今直到永遠，萬軍之耶和華的熱心，必成就這事。……」

印蒂抬起頭，床上人已睡著了。他放下聖經，站起來。似乎爲了減輕心底巨大沉痛，他慢慢走到窗口，凝望窗外。他很想看看：窗外天空，是不是仍舊閃爍那些星星？那些大熊座小熊座還亮不亮？

然而，這是一個漆黑的夜。有風。天上只閃射極幽微的幾顆星斗，像流星在搖顫、幻滅，似要墜落。

一個聲音在他心底低低響：「沒有了。……什麼也沒有了。……連這裡的星星也變成黑的了。……黑星星。」

第三天傍晚，印太太的衰弱身體，躺在普慈醫院一張白色病床上。她又一次要求他，唸聖經，是詩篇八十一篇、八十二篇，及以後幾篇。唸著唸著，她又睡著了。這一天，她的神態有時清、有時濁。

半夜，他聽見她的聲音。

「媽，你要什麼？」

她睜大那雙失神的眼睛，怔怔的，似醒似睡的，睇望他。有好不會，不開口。最後，他聽見她微微抖顫的，但仍舊充滿仁慈的聲音。

「蒂，我問你一句話。」

「什麼？」

「你還記得爸爸臨終前最後和你說的話麼？」

「嗯。」他點點頭。

她不響了。

過了一會，他又聽見她的誠懇聲音，極低極低的，斷斷續續的。

「蒂，答應我！……去找她！……不管那一天。……去找她！這樣，我即使在天堂裡，也眞正平安了。……爲了你父親。……爲了我。……爲了你姨媽。……去找她！

……」說到這裡，聲音更低了，有點在喘息，掙扎：「她一點沒有變。……她還是從前那個她。……」

印蒂不知說什麼才好，他只能「嗯」著。他不忍心再說什麼。但他又無法眞能說什麼。他只能用一個模糊的「嗯」字作唯一回答，正像他過去在父親病榻前一樣。這個「嗯」字，正像前天午夜他所看見的那幾顆黑星星，似有光，似無光，在明，又在滅。

他又聽見她仁藹的聲音，比剛才更低了，這是她最後的聲音，一朶火焰將熄時的最後亮光。發出這些聲音時，她的心情，可能與她前幾天要求唸聖經時的心情，有點不同了。

「記住：要永遠愛，不要恨。……愛你的朋友，也愛你的敵人。……寬恕他們。……寬恕那些罪人。……他們只是一些可憐的羔羊。……可憐的無知的豺狼。……誰也不知道自己在做些什麼。……愛！愛！愛！……愛是光，……愛是熱，……愛是火，……愛是生命，……是幸福，……是太陽。……爲了主，……爲了人類，……愛吧，……永恒的愛——吧！」

最後的語音，幾乎變成喃喃。喃喃中，她又睡著了。

這是她最清醒的，最長的一次喃喃聲，這也是她在這個地球上最後一次有系統的聲音。

三

「……求主憐憫我們，給我們以光、以智慧、以幸福。主的仁慈，廣大無邊。主的恩愛，大如海洋，永遠保佑他的女兒，讓她早入天國，追隨主，幸福無疆。……阿門。」

跪在床前的劉牧師，一個板刷頭髮微微灰白的中年人，說完禱告的最後一段，終於站起來，用一種安閑語調，對印蒂道：

「我走了。有什麼事，隨時通知我。我已經和施恩堂接洽過了，明天下午，給她做喪事禮拜，由我講道。……願主保佑她。願主保佑我們大家。」

劉牧師的神情，非常寧靜，甚至有點悠閑。這種場面，他見得太多了，正像大夫見過很多很多病人，見過她（他）們的痛苦，以及她（他）們的死。

印蒂送牧師到醫院門口，回來時，聽見護士張小姐的聲音，她——正按印太太右碗：

「她的脈搏快停止了，……一分鐘只有十跳，……」過了三分鐘：「現在只有八跳。……」兩分鐘後：「啊，只有兩跳了，……啊，停止了。……她的呼吸完全停止了。……我去通知太平間。」

護士一走出病房，旁邊瞿太太和趙媽，都大聲哭了。瞿槐秋也悄悄流淚。他的兩個女兒，瞿小蝶、瞿小蝴，見大人哭，也哭了。（關於他已婚，下面我們再談）

印蒂沒有哭，只是不斷流淚。他究竟是華嶽大上方下來的人，多多少少超越了紅塵萬象。他靜靜站著，靜靜凝望病床上的死者。

是的，他沒有哭，也因爲他不知道怎麼做、怎麼聽、怎麼表示才好。眼淚雖然不停流但淚水是不太容易太輕便的工具，太不足以傳達他現在感覺了。這是一個如此微妙的時刻，又是如此深沉的時辰。也許，在一個人一生中，這是一個眞正沉默的時辰。即使一個毫不相識的陌生人，一個性格最粗暴的人，走進這一空間，也會在大聲哭泣和沉默流淚二者中選擇一樣。只有這一刹，言語才眞正死了。人們又回到幾萬萬年前阿米巴時代，一種沒有言語、沒有聲音的生命。必須無聲，一切聲音將破壞他心頭的眞正沉痛。對他說來，至少是如此。是無聲的生命凝視它——死亡。這是一次最赤裸裸的面對——生與死的面對。正如古代達摩大師十年面壁，死正是一扇石壁。他在華山頂上，面對的是一座玄學的死壁，現在面對的，是一堵現實的死壁。眞怪，此刻他是這樣靜。幾天前，他還那樣激動，想到她的一生，父親的一生，自己的一生，甚至這個民族的一生。他覺得，幾個月來，華山頂上峰巔式的梵靜，一時似乎還不能完全壓下他這片激動。他知道，在他一生中，可能這是最後一次激動。即使父親的病和死，他也沒有這麼激動過，前者是一個特殊智慧的典型，死亡或生命的奔流都不能衝激他，他有足夠的境界及活力，君臨最後時辰。這裡躺著的，卻是一個女人。即算四十幾年來，她是個老基督徒，她也還是個女人。想到這個女人帶給他的一切，以及他自己的等於虛無的回答，他不能不懺悔。這是一個人之子的最低最短的懺悔，耶穌在十字架上，可能也這樣懺悔過，釋迦當母親將死時，也可能這麼秘密激動過。

然而，今天下午，這個明藍的澄靜的初秋下午，他卻像藍天一樣澄靜，他的靈魂幾乎也是藍色的。

他曾見過那許多死，這一刻，卻彷彿開天闢地以來，頭一遭邂逅死。他發現：死怎樣慢慢爬到活的軀體上，影子似地，漸漸佈滿她全身。他第一次洞透：死亡怎樣與生命結合，死亡怎樣變成生命，佔有生命，生命又怎樣變成死亡，佔有死亡。眞微妙，這似乎不像死，一點不像。因爲，死並沒有一個特殊巨大符號，像痲瘋有一副可怕的臉，梅毒有一個爛了的鼻子或額頭，它幾乎什麼也沒有。她還像平時一樣，靜靜躺著，只是眼睛閉得更深一點。她不是死，是在睡。沒有鼾聲、沒有呼吸，卻又是一個深沉如古寺死寂一樣的熟睡。他不相信，生命已離開這個軀體。這裡仍是她的樸素眼睛，那裡仍是她的誠懇額頭，中間是她俊秀的鼻子，下面是她雅緻嘴唇，躺著的似不是死，也不是生，而是他的母親。她好像是死與生之間的中間體，現代畫家追求的那種神秘的中間色，介於有色無色之間的。也許，她又是生死兩岸之間的一座橋。

他不相信她死，因爲他不願她死，他相信她不過在睡，一個短短小寐，或長長鼾眠。

他站在床邊，靜靜守著她的睡，他似乎沒有聽見旁邊的哭聲。

不知何時起，漸漸漸漸的，有什麼在變。這個生與死的中間物在變。睡不過是一條擺渡船，通過它，她從岸這邊渡到岸那邊。它不只是在變，把她從這一點變到那一點。一些黝黑的影子，漸漸濃起來，一些明亮的光、色，漸漸淡下去。

僅僅相差那麼一點點，就相差那麼多。這一點，眞正是生死交關的一點。他守望著，總覺有什麼不對勁。不是這麼個睡法。生命即使睡著時，依舊是生命，哪怕它還剩下最後一口氣、一點呼吸，例如哮喘患者的最後的斷續哮喘，甚至眞正是最後一次哮喘，不管它怎樣可怕，或微弱，那還是象徵生命。但這裡躺著的，卻如此謐靜，靜得遠超過生命所能給予的，或所需要的。她的形體，一點也不動，即使把她放在最狂的暴風裡，最瘋的海浪中，她本人也不會動。她身上雖然覆罩一層白色毯子，籠蓋白色被單，但這片澳大利亞的毛織品，絲毫沒有能掩飾它下面的一切，她的生命或非生命，依舊赤裸裸呈顯著。每一絲羊毛纖維，每一縷白色，每一條摺皺，都透露它下面的奇怪內容：那種遠超出生命所能給予的和平，怪誕的和平。它還洩漏它下面的一種僵硬，一片漸漸凝結著的冰冷血液。這種僵硬與冰冷也傳染這一片白色，和每一條紋皺摺疊。他不是看見她眞正的軀體，才發現這種僵冷的。他是看見這條羊毛毯及白色被單，就發現的。這種僵硬與冰冷感是神秘的，他甚至不是用肉眼看見，是憑一種特殊意識直覺的。也許，她的眼睛閉得太緊了，凹得太深了，她的鼻子——一切聲音的中心，靜得太沉了。她的面孔，和平得太帶沙漠味了。特別是她的嘴。一個人的嘴，最鮮明的表現一種古怪神態，即使生者為了叫死者的嘴好看些，用手把它閉緊，叫它顯得自然些，像在眞睡一樣，但它仍有點張開，合不攏，而且帶點歪扭，彷彿一個頑童扮鬼臉。這不只說明，兩片唇瓣已失去彈力、平衡，也註釋了：它的主人精神核心深處，已喪失最後平衡力。這種力量，人就是熟睡了，也下意識的流靈。只有缺少思想者、蠢人、低能者、白痴，或者死屍，才露出這份怪態。以嘴做圓心，畫一個圓圈，漸漸的，他發現圓周內的一切，慢慢也呈異相。慢慢的，額頭有點陷下去，太陽穴也在陷，臉色越來越蒼白、蠟黃，兩隻鼻孔似乎特別大、黑、深，在朝天。連那最不易變化的頭髮，一根根的，好像也裸現死態，缺少彈力、光澤，也許，疾病早就使它們如此，但現在才突然凸出於觀者視覺內。

也許，她並沒有死，也沒有塗上任何死的色彩。自從張護士報告脈搏的聲音響起後，特別是，那最後一個聲音以後，他心靈裡有關她的某一個決定性的意識，才塗上死的色彩，彷彿一支大軍進行曲突然變成喪曲或安魂曲，音響還是音響，調子卻變了。他對她的意識，演奏的調子也變了，即使他剛才不在室內，是在室外，聽見張護士的聲音，他還未眞見她一眼，他也會同樣下意識的感到，他的一個最親的生命已經停止生命了。死在她身上並不僅是形體的變化，也是時間的變化。從不知何時起，他已經用過去格的動詞記憶她思想她了。所有關於她的一切，行事、生活、記憶、概念，無形中，他已在敘述它們的動詞中加上英文字的「ｅｄ」，或者，按照英文動詞變化表，一個一個改成過去式了。從前，他書篋內有一些照片，有的是他的友人，有的是當代名人。當這些人還活著時，照片上的他們總是栩栩如生，即使他和他們多年不見，甚至從未見過面。但當他們中的一個變成古人後，哪怕是昨天才走的，哪怕他從未見到他的最後形體，那張照片上的他，也馬上變了。雖然還是那樣的眉毛、眼睛、鼻子、嘴唇，但昨天卻是兩條有生命的眉毛、眼睛，一付有生命的鼻子、嘴唇，今天卻是毫無生命的眉毛、眼睛、鼻子、嘴唇了。昨天，它們是屬於今人的，今天，它們卻屬於古人了。一夜間，一個活的照片就變成死者的攝影，彷彿照片和它的主人一樣，也停止呼吸、心跳。他明明知道，這是自己感覺中斷的魔術，可仍相信：是照片本身在作祟。不管怎樣，每一看見它，他不再想，這是一個生命的照片。實際上，這也不是「現在」了，它是「過去」。昨天或昨天的昨天，或昨天看「昨天的昨天」，它還是「今」，今天，它卻變成「古」。同樣，假如這個友人已經死了，但他不知道，他仍會感到的是有生命的照片。然而，一個電報、一封信、一個消息、一秒鐘內，它就化爲死亡的照片。一個人死在廿四小時內，只不過停止呼吸，形體並沒有巨大變化，然而，在生者感覺裡，卻是天翻地覆。與其說，這是對死者形體的反應，不如說，是生者感覺的自我意識反應。僅僅由於意識一沾上黑色濃彩，整個觀念——在生死界線上徘徊的觀念，就全部改了樣。死還沒有深深擊打死者時，已先猛烈攻陷生者了。死似乎並不深刻的反映在死者身上，卻無比深刻的反應於生者身上。彷彿不是死者表現死，而是生者表現死。

是的，它現在開始強烈的攻打生者了。

他突然打了個寒噤，宛若赤裸由跌入北極冰洋中。

在白色被單下，不再是一個梵寂的形體，是一座沙漠、一片荒原、一汪戈壁、一片塔克拉馬干、一幅撒哈拉。

猛然，他一切感覺停止了，只感到一陣麻痺，從心底麻痺起，似乎剛注射過麻藥針，他匍跌到床上。

隱隱約約的，他聽見一個聲音，壓倒一切哭聲，那是一片巨大的新的哭泣聲。

四

這片哭泣聲，其實並不是從現在才開始，也不是從這間病室裡才開始。

不管華山頂上光風霽月怎樣美麗，他一踏入杭州市，在第一步、第一秒鐘，他似乎就聽見四周哭聲，以及自己的哭聲。

甚至當他還未踏入杭州市前，他早已深深感到，這次重新歸來，完全懷著一扮掃墓心情。他的家譜裡，並沒有本座祖墓在這兒，但他確確實實覺得，他正拜訪一座墳墓，墓內埋葬他生命中最象牙、最黃金的一段感情：他最幸福的昨天。他也會找尋另一座墳墓，那裡將長睡生他的母親，——他先知式的預感，他將留不住她。比這一切更重要的，是那第三座墓——西湖本身這時就是一個大墓園，所有重遊者，不是來訪舊或探新，而是懷著一份深邃的喪葬心情，遙憶它過去的幽靈，憑弔它此刻的屍骸。

整個杭州市就是一個大墓窟。

不，全部淪陷區，都是一座大墓窟。

即使最熱鬧的群衆集會中，也散溢沉痛的殯葬氣氛。

印蒂下了火車，一出城站，就有點感到天崩地塌。他自己記憶裡的全部過去幽靈，那些華麗的形體，以一種柴可夫斯基第六交響曲式的旋律，向他撲來。這份近於古希臘悲劇的情緒，幾乎出於他的意料。他絕想不到：相隔十二年，這兒的每一條街、每一幢房子、每一棵樹、每一朵花、每一草、一石、一磚、一瓦，還給他如此強烈的反應。強烈！因爲他曾在這片空間，割斷過他生命中最珍珠的一部分。那是一種巨大喪失，永不可彌補的破裂。正是那個隱於最深處的壯麗傷口，現在突然又呈顯一縷縷血絲，一片片破缺肉體。一些變紫發黑的肌理，叫他悵惘，甚至沉痛。他本以爲：他早忘記這一切了。可是，這塊土地上，每一掌樹葉子、每一片花瓣、每一立方厘米空氣，都發出過去的又瑰麗又憂鬱的迴聲。他能扼殺一切，卻不能縊死記憶。它像一頭陰險野獸，藏在最深草叢中，乘你不備，撲過來，猛噬你一口，有時幾乎是致命的一口。此刻，他正遭遇它的猛撲。儘他所有力量招來，也只能打個平手，而且，他只能被動的防禦，無法主動還手。

加強記憶魅力和哀感頑艷的，是這方土地的現實殘破、血腥。正因爲它幾乎不許可他再釀造純粹的抒情與透明，只鼓勵他又粗獷、又陰慘，記憶魅力才分外顯得又綺麗、又沉痛。幾個月來，他在華山大上方修鍊得的一點冷靜及超越，似乎沒有多大效果。

有時候，個人燈塔總突出於時代海洋，又寂寞、又淒馨。

有時候，時代海洋又淹沒了個人燈塔，一片蒼茫，浩浩蕩蕩。

印太太火葬時，翌日下午，印蒂獨自枯坐蘇堤盡頭一棵柳下，凝望湖面。離開華山，二十幾天來，他還是第一次這樣沉迷於純美的形體中。他又一次暫忘記自己與世界，以及自己的記憶和世界的火光。

淡色雲影，在水中粼漾，影映波浪，也溶入波浪。它在漣漪內乍離乍合，似聚似散。兩片浮雲，直如情人，迅速擁抱，倏然分開，又若兩片白練，不斷舞蹈，忽右忽左，忽上忽下，忽隱忽顯。無限搖擺中，那花朵樣瑰緻的雲片，神秘極了，朦朧極了。雲彩蕩漾，日影日暈，也在水面打鞦韆，無限晃展，閃來掠去，彷彿一朵白色鮮花不再是花，卻幻成花的幽靈，數學上的變數。一切倒影，現在也由原體的固體轉形液體，在水底不斷顫動。無休止的顫漾中，人獲得一個印象：山、樹、花、葉、亭臺、樓閣、水榭、塔影、石柱，以及柱與柱之間的鐵欄杆，沒有一樣是固定的、靜止的。這一秒的雲，不是下一秒的雲，這十分之一秒的日光，不是下十分之一秒的日光；這百分之一秒的綠樹，不是下百分之一秒的綠樹。沒有一片葉子，在每千分之一秒裡，不是無窮閃蕩、幻演變化。

「整個世界也正是這片水波蕩漾中的雲影和日暈，在巨大盪變、漾展、幻化……。」他喃喃著。

他點起一支煙。他站起來。他沿著湖濱，由清波門向旗下走去。

他聽見街上斷續汽車聲。他看見街側法國梧桐樹椏的彎形。穿過綠色、黃色樹叢的一條條身影，他凝視秋天的陽光，湖上的船，船上的靜，船篷的白色掠影，山的巨大倒影。他又聽見金黃葉子在枝頭搖顫聲，槳柄撞擊鐵環的金屬音，水面的灩瀲音籟。於是，他沉浸於，湖水碧綠，陀螺形的泡沫，魚在水上划破的浪紋，斜落的樓閣水榭的倒影，尖尖的塔，紅色的廟，綠色樹的圓周形，……。這一切，似乎照舊，又似乎不照舊。白堤的長虹似地肉體姿態，外形上彷彿依舊，內在旋律卻不再是依舊。沒有什麼火燄能改變這片湖藍、山綠、白光、船的靜、倒影的圓。但同樣的顏色與線條，卻不再能畫出十二年前的幻畫；而同樣的有聲與無聲，也再彈不出十二年前的迴聲。正像蕭邦的同樣一曲瑪佐加，在一雙拙劣手指下，不再震響起布那貝手指下的妙音，彈出的，卻是一片不諧和的嘈音。

十二年前，那些飄蕩於空中的猩紅唇，射自古巖窟的眼睛，那黑鬒鬒的頭髮，豐富的胸膛，飽滿的胴體，紅海落日一樣紅的吻，狂風暴雨的吻，颮線雷雨式的擁抱，那些糾纏月光的夜，炭黑的夜，水晶的早晨，狂猘的正午，甜綿的午後，麝香的黃昏，那些星斗的語言，月亮的聲音，夢的思想，夢中的音樂，……曾在這片綠水青山間奔流、馳騁、閃爍，輻射銀河系式的不滅光輝。現在，都杳無蹤影可尋。他走在湖邊，不管費多大力氣，也無法再捕舊光、捉舊影、追舊夢、逐舊香。更可怕的是，此地時連一點捕捉情緒都沒有。他走著，走在殘山剩水邊，凋落黃葉間，只是一片惘悵、酸辛、惘然若失。他不知道，他爲什麼還沿湖濱蹓躂？還訪紅尋綠？讓視覺擁山抱水？讓記憶這樣記？讓思想這樣想？讓感覺這樣感？一切不都是灰燼？一千年、一萬年，千千萬萬年的灰燼？

他應該找灰？追灰？撥灰？弄灰？賞灰？

還是叫他的幻想從餘燼內再燃燒一片幻象？一片沙漠蜃樓？

創造灰燼的，不只是時間。它更可怕的創造主，是現實烽火。

他只是睜著一雙華山巔五千仞上的眼睛凝望，才偶然能抓住這一點山青水綠，紅花碧樹，夢明夢滅，影起影落。假如他用五千仞下的視覺透觀，這正和兩年前他面臨N大城一樣，依舊是一個毀滅了的迦太基。

它也像櫻島矮人製造的另多許多東方迦太基一樣，一點也不容許純粹美的存在。

五

「這裡的燒毛黨，簡直是洪水猛獸。下午兩三點鐘以後，蘇堤一帶，你還是少去好。」這天晚上，在飯桌上，瞿槐秋悄悄對印蒂道。

「漢奸，僞吏，僞警，爾不到餉，就組織燒毛黨，專門綁票。他們把人綁去，用繩子扣牢兩手兩腳的姆指，吊在半空，脊樑朝上，胸膛向下，下面燒稻草，用一大片熊熊火光燻你，向你要錢。你不給，就把你燒得半死不活。」他搖了搖頭。「我就吃過他們的苦頭。」

他被綁去後，知道他身體文弱，吃不住，就懸空吊起，吊個七死八活，他暈厥過去。幸虧世交李董事長得到消息，托熟人及時趕到，花了不到半根大黃魚，總算贖出來。李在上海金融界吃得開，由他介紹，把後面那幢花園洋房，白送給一個高級僞警官住，算是保鑣，保證燒毛黨與流氓地痞們不再來干擾、礙事。逢年過節，還得豐厚的孝敬他，額外巴結他。

「要不，我們哪裡能在這裡住得下？稍微有點錢的人家，早逃到上海去了。……你看，這就是這批魔鬼在我身上留下的痕跡。」

他伸出雙手，兩隻大拇指四週，有一圈圓圓疤痕，彷彿戴了兩個古怪的棕黑色戒指。這個保鑣，是僞警局督察處處長，也是當地青紅幫大頭目之一，手下徒弟衆多，在地方上，頗有勢力。抗戰前，這個人在李董事長銀行裡掛過名，他們本有點交情，平日卻少來往，因爲，李極度厭惡他。此刻，爲了苟延殘喘，不得不走他的門路。否則，生命、財富隨時可以化爲灰燼。

「城外更可怕了。從武林門到拱宸橋，不到十里，倒有十三個稅卡。走路，不管你帶什麼，都要上稅，連帶一刀大便紙也要交稅。左一卡，又一卡，結果稅款比你大便紙價錢還高。……有時候，連你身上好一點的衣服，都要剝掉。」聲音更低了點。「他們還有一個籌餉辦法：拆房子。把磚頭、木料、門窗拆下來，拿出去賣。舉個例子，『和平軍』（僞軍）燒飯，幾乎從不買柴火。到處是民房、到處是柴火。假如被拆的戶主有點勢力，去控告，上面知道了，最多把軍隊從這座房子調開去，不敢眞追究，怕譁變。哪裡是軍隊，簡直是活土匪。」

說到這裡，他舉起酒杯，慢慢呷了一口，兩隻陰暗的眼睛充滿血絲。

他給自己注滿一杯，把印蒂和瞿太太那半杯也加滿了。他夾了一隻油爆蝦，慢慢放在嘴裡吃。

瞿太太嘆息道：

「這哪裡像人的世界，簡直是野獸叢苑，傾家蕩產的人到處是。不少熟人全完了。戴經理三次被綁票，弄得傾家蕩產。寶豐銀行經理祁輔城被搶過兩次，等於抄家。唐鏡青那個化學廠，早破產了，副經理尤光哲，秘書褚少美，都被綁過，等於洗劫。只有商翰文翅膀長，早飛到大後方了，聽說在昆明。李董事長也是沒法，才在S市拉了黑關係，要不，早已『門前清』了。你們大後方的人，也要多多原諒我們。太平洋戰爭前，上海還有個租界，稍稍可托庇。現在，租界取消，到處一樣。假如我們一走，搬到上海去，祖宗所留下的這點房子和一點私蓄，早毀了。不能動一動，在路上露了相，什麼金銀細軟也帶不走，只能藏拙，忍氣吞聲，死守著老家。好歹還算有個保鑣。可一切也難說得很。正像大海裡撐採菱船，誰知道何時會餵海龍王爺？」

鄭蘊荃女士滔滔數說，不時喝酒。「聽說曾鏡青在廣元翻車死了，眞想不到。他的妻子繆玉蘭還要去找他呢！」喝了口酒。「還是死了好。活著眞是捱日子。假如在大後方，當然不同些。」

印蒂不開口，只是喝酒。有許多話，他不願說、不能說。他抬起頭，問瞿槐秋：「商翰文和景蘭究竟在哪裡？」

「聽說在昆明，商還是在銀行裡做事，據說是交通銀行裏理，很得意。」

「唔。」印蒂再度沉默，舉起酒杯。

瞿槐秋舉起酒杯，傷感的道：

「在這樣的時代，這些都是小事。這個年頭，不是傾家蕩產，家破人亡，就是進黑水潭——黑漆缸，一種變相的毀滅。留在這裡，反正沒有第二條路。像我，就算是在兩條夾縫中，苟延殘喘。也許，可以勉強算牆頭草吧！……很多人恨沒有早到大後方去，冒點風險。我呢，卻是一尾金魚，只能活在杭州這樣的金魚缸裡，離開它，放在大江大河內，馬上就死。」

談到這裡，瞿槐秋忽然想起一件事：

「有一件事，我忘記告訴你了，我和媽昨晚詳細研究過了，決定把我們的『壽墳』讓給姨父姨媽。」

他補充說明：杭州有錢人家，有個習慣：還沒有死，就先請裁縫製就屍衣，叫「壽衣」，找木匠割好棺材，叫「壽材」，叫泥水匠築成墳墓，叫「壽墳」。這些年來，許多人窮得沒辦法，賣壽衣的賣壽衣，賣壽材的賣壽材，一些壽墳，也給僞官、僞軍、和流氓們霸佔了。瞿家也有個壽墳，在劉莊附近。他們的保鏢已暗示過一次，想借用它。（其實是想拿它們變賣，因為它築得考究）。他們答應不好，不答應也不好。瞿家既沒有死人，空著它，原也無用。但瞿太太實在捨不得出讓，因為，看陰陽的說，那是一塊絕好風水地。

「現在，你正為姨父、姨媽葬事絞腦汁，找不到適當地方，而且還要大興土木，動一番人工。我們決定把我家壽墳讓給你，先安葬了再說。這樣，我們保鑣也找不到借口了。以後，等我們需用時，再在旁邊多挖一口塋穴好了。那裡本有兩口塋穴，我的妻子已佔了一個，還剩一個。至於我自己，有一天躺下來時，就和她睡在一起好了。」

他苦笑起來。

「這，我怎麼過意呢？」印蒂道。

「我們是至親，這又算什麼，姐姐和我要好一場，我沒有別的孝敬，她走了，讓她好好睡個志枋，也不枉她對我一番心。況且，姐夫前年故世，我們也沒有盡一點力。現在，算是補一下，也讓姐姐帶來的他那個骨灰盒子有個著落。天可憐見，姐姐搬到這裡後，省吃儉用，一個錢也不肯花我的，倒送了我不少東西。我還欠她一大筆情呢！」

瞿太太一面說，一面又流下眼淚。

印蒂怕她傷心，連忙答應下來，決定後天就安葬。接著，他把話題岔開去。

不久，他們三個再不開口，只默默舉起那不冷不熱的酒杯，把它放到不冷不熱的嘴唇邊。

這時，趙媽蹣跚著悄悄過來，給他們送上一壺熱的花雕。

「來，趙媽，你坐下來，也喝一杯。」瞿太太帶點酒意說。「眞難爲你，這些日子，你辛苦夠了。」臉孔轉對印蒂。「我們以前那位趙媽也不錯，只是年紀太老，做不動了。大前年，姐姐帶這位趙媽來，我給了她一些錢，要她回鄉養老了，她家裡有兒也有孫。」

「哪裡的話！服侍太太，是當然的。這麼個大好人，你滿街敲鑼打鼓，也找不到。可想不到——」趙媽還未舉起酒杯，眼淚卻簌簌落下來。接著，彷彿事先約定似地，她也沉默了。

只有小蝴、小蝶不識大人心思，有時還嘰嘰咕咕說幾句。

六

好些天來，印蒂就感到，瞿家空氣裡，有一種秘密元素，隱隱瘞藏著。特別是繚繞於姨媽四周的那片氣氛。每一次，他覰見她，心中總有一股說不出的味兒。母親病中、死時、喪事期間，他還可以假借另一種情緒，代替這個感應。喪事辦完，連印太太最後一根骨頭也化爲灰燼，終於安眠在地底後，一切形形色色的外部掩飾物都搬空了，只剩下一個孤零零的他，和孤零零的她。兩人之間的中間煙幕沒有了，他們倆開始面對面，於是雙方的原始感覺，不得不赤裸裸推出來。多少年了，他一直敬愛這位老婦人，像愛自己母親一樣。在她身邊，從不覺得自己是她血緣以外的存在。無論十三年前或現在，她永遠以一副明朗的慈祥眼睛凝望他。外形上，這雙眼睛、雖和十三年前大不相同，但它們爲他開放的那派特別情調，（也許這十二、三年內曾關閉過），仍與從前沒兩樣，是一種含有奇異鏈鎖性的注視。稍稍不同的是：它們從前的開放，毫無保留，目前，卻有所克制，且蘊涵了點神秘東西，一點無法用任何凝眸或光輝表達的事物及情愫。平日言談上，也是如此。他常感到，她有些話想說，又說不出。因此，這些日子裡，有時，她說話像一個青衣花旦道白，不管怎樣自然，腔調仍帶相當程度的戲劇性及抑制。是這種欲開又閉，欲張又翕的神態，才叫他幾乎無從措手。

每次遇見她，他不敢多看她的臉孔，這個被歲月摧殘得如此明顯的肉體的核心。有時，他甚至不敢正面看她一眼。他們倆都知道，是什麼因素，像北京閒人手掌似地，使他們中間耍弄一種琉璃球，此起彼落；同時，又是怎樣的關山雲霧，卻近在咫尺的阻斷他們視線，雲霧是這樣輕薄，彷彿一戳就破，有時節又那樣濃厚，生命要衝進去，卻衝不進。一切嘗試，都有點白搭，像和太陽賽跑，徒勞無功。常常的，當他的強烈眼睛一遇見她的暗澹眸子時，總覺自己曾對她犯過一種秘密罪行。他是以罪人姿態出現她面前。從她的睇望裡，他知道，她雖然早已寬恕他，可她內心創痛，不是任何耶穌澆在馬格達林腳上的香油所能洗得掉的。不只一次，他很想赤裸裸捧出什麼，像捧一盤新鮮水果，把一切全捧到她面前。然而，人與人之間，就是這樣微妙，儘管中間分界線只有千分之一寸薄，可也沒有勇氣衝破這條紅線。它不僅是他們自己的特殊空間線，也代表一條社會的特殊平衡槓杆，一道歷史的秘密橋樑，永遠不通行人的獨木危橋。

瞿槐秋曾經自畫招供，並沒有畫錯。金魚中，有一種蛋球魚。這一型的魚，不管它們叫「藍蛋球」、「花蛋球」、「銀蛋球」，或「紅蛋球」，都有一個共同特點。它們吃得胖胖的、四四方方的，連動作也是胖胖的、四四方方的，一派福相。它們很美，那派自負又傻氣的高貴相，討人歡喜。但那派四四方方有時卻不免給人以「土方」印象，那份享福相，也含有點蠢相。瞿太太本屬於類蛋球品種，儘管在這些紅蛋球或藍蛋球中，她是最無蠢相最可愛的一個。所以成爲蛋球品種，並不是她自己有意的選擇，是由於養魚人的蓄意培養。但這一切早成陳跡。現在，她已不能歸入蛋球型。而且，根本連金魚也做不成了。那隻大玻璃缸已被打破，那一缸靜寂的水，早已流乾。像她這類金魚，即使還剩有少數幾隻魚缸未被敲破，換水人卻沒有了，水漸漸變爲腐水，慢慢的，金魚哮喘著，終於翻了肚皮。

黃浦江邊的炮火，毀滅了她一批股票。太平洋的暴風雨，毀滅了又一批，剩下的殘餘經濟力量，只能叫她勉強維持小康生活。她一家冒極大冒險，還能株守一角最起碼的偏安，主要靠銀行一點存摺，箱底一些積蓄。此外，一些歷年的古董、古玩，字畫，比較名貴的，抗戰以前，不少早變成女兒瞿縈到印度與歐洲的旅費和用款，其餘的，以及質量差一些的，這幾年來，也陸續扮演交換柴米工具。她原想搬到S市，圖個耳根清靜，就捨不得這點房子、傢具，和箱底最後一批細軟，古玩，字畫。它們實在也經不起再冒路上風險。後面一幢洋房，算是白送出去了，前面一些老式建築，前後三進，依然是一份可觀的不動產業，也是瞿家唯一的老窠。抗戰後，兒子結了婚，留戀西湖山水，更不願搬走。四年前，媳婦產後發熱，死了，他們曾一度考慮遷居。但印太太移來後，姐妹倆團在一起，她又不願動了。一動不如一靜。目前，她和兒子守著兩個孫女兒，照她說法，不是過日子，只是「撞鐘」。究竟「撞」到哪一天，誰也不知道。當然，印太太的死，對她是個大打擊，叫她連「撞」的勁兒也減少許多。可是，既然鐘在、手在，少不得還要「撞」下去。家裡包車夫、娘姨、廚師，早辭退了，只留下一個多年的楊嫂，幫助照料，加上印太太帶來的趙媽，人手勉算齊全。她的一雙從未碰過油鍋與洗碗水的手，有時也不得不開始沾上油垢。一些花草樹木連帶園子，暫歸那位僞方新貴。鳥籠、金魚缸及一些盆景，也相繼成爲孝敬這位保鑣和其他顯貴的貢品。一個成日養鳥、賞花、觀魚、游湖的閑散人，突然跌到柴米油鹽陷阱內，她的精神與肉體發生巨大變化，是很自然的。

十三年前，印蒂到杭州時，她頭上一根白髮沒有。此刻，卻也半頭蘆花。那時候，她的臉孔又白又胖，白裡透紅，肌膚細而潤，連一條最纖微皺紋也無，看上去，不過四十左右。這時，一下子，卻突然老了二十多年，不折不扣，是六十開外老婦了。她癯瘦的黧黑面孔，粗糙而乾縮，額上呈顯一條條水浪形皺紋，眼角也刻劃著魚鱗紋，橫一條豎一條，彷彿一個雕刻家有意要賣弄工力。言談舉止中，他依稀仍像從前活潑，可她話語卻少得多了，有意無意間，露出一份說不出的暗淡，宛若一片濃密黑雲，隨時在追逐她，逼她幻化爲一輪雲層裡左躲右閃的冬月。所好精神還算健旺。也許，艱苦刺激了她生命活力，肉體勞動平衡也改造了她多年的懶散悠閑。

印修靜夫婦安葬後，第三天下午，印蒂準備離杭的兩天前，一個難得艷陽天。瞿家花廳內，空氣第一之顯得異樣輕鬆。瞿太太似乎也有點恢復十幾年前的風趣、風韻。不管死亡力量怎麼大，總壓不住生命本身的衝動、活力。也許，她知道：印蒂就要走了，有意叫他高興些，好讓他沖淡、甚至暫忘記內心創傷。

「印蒂，你現在究竟是和尙呢？道士呢？還是教士？」她微笑著問。

「我一樣也不是。我只是個『人』。」

「你爲什麼住在五千尺高的華山頂上？」

「我們老祖先不是從帕米爾高原下來的？那裡還不止五千公尺哩！」印蒂笑著說。

「那麼，你想重新過我們老祖宗在高山絕巖頂上的生活？」

「也許是這樣。」

「你想永遠做野人，和豺狼虎豹野獸同群？」

「華山頂上沒有虎豹，我住處也極少豺狼野獸，那裡只有星星、月光、雲彩、天風。」

「成日成夜，你和星星在一起，能把星星當飯吃，當水喝麼？」

「對某些人，星星不能飽肚子。但對另一些人，星星卻是麵包，也許比麵包更重要。因爲，它能叫人更像人些。」

「你這一下又回到十三年前，你初來杭州時的那一套？」

「十三年前，我只是單純享受它們，現在卻試著想從裡面找一些深刻東西。」

「找什麼呢？花還不是花？月還不是月？水還不是水？星還不是星？風還不是風？雲還不是雲？」

「不，正是找花不是花，月不是月，水不是水，星不是星，風不是風，雲不是雲。」

「你這太玄？我不懂。」

瞿槐秋在一邊聽了，對母親東盤西詰，似乎有點不耐煩，他解釋道：

「蒂表哥在過悟道生活。這不是三言兩語講得清的。」停了一下。「星星固然不能當饅頭啃，但它卻能叫人更美麗點，更聰敏點。」

「什麼叫『悟道』？『悟』什麼『道』？『悟道』有什麼用？它能當衣服穿，當飯吃麼？」

「媽，要是你能明白這些，公雞也要下蛋了。許多人耗盡一輩子苦功，還弄不清楚呢。」瞿槐秋苦笑起來。「媽媽口口聲聲，這也當飯吃，那也要當麵包啃，好像餓了一輩子似地。人難道是個專吃大米麵粉的動物？除了啃饅頭，再沒有別的好做麼？」

瞿太太聽了兒子挖苦話，毫不介意，放低聲音，繼續盤問印蒂道：

「你爲什麼不乾脆參加抗戰呢？」

「我參加過了。我流過血，受過傷。我已盡過一個公民應盡的義務，假如他必須服兩年兵役的話。……我的靈魂不能滿足於血。過去，我曾厭倦過血。對祖國的義務，只是義務，不能強迫我改變信仰，叫我重新歡喜我早已厭倦的東西。我不能違背自己良心。」聲音放低。「主要是，現在戰爭前景非常明顯，最後勝利幾乎業已蓋棺論定了。中國只不過是一個坐在候車室的旅客，等待就要等站的國際凱旋列車罷了。」

瞿太太聽了這番樂觀話，倒是高興，有好一會，不開口。可是，過了一會，她似有所思。

直到現在止，他們雙方都知道：這些談話，應近多餘。一個人，本想談西瓜的紅瓤黃瓤，卻談了地質學上的岩石分類。另一個人，本想談雲南山茶花的花色花形，卻談了樓外樓的西湖醋魚。一塊火成岩或水成岩，代替不了一片紅色或黃色瓜瓤。一片魚腥也代替不了一片花香。他們兩個全明白：這種代替，不過是變相的充塡與延宕，爲了塡補他們間的聲音的空虛，拖延他們內心那股濃密感情水流的沖激。對印蒂說來，這種代替，可能只是數學上的十除三，他可以讓那個「點三」無窮盡的除下去，延宕下去。可是，他又醒覺的看出，另一個卻不願這樣延宕。她得換個直截了當的算式，四除了、或除六除三。火成岩不能解渴，一片魚腥也不能裝飾房間，到頭來，她仍要尋覓那最液體的，最芳香的。她的靈魂深處，需要一杯甜液，一瓶香氣，即使這液體和氣味早已屬於歷史陳跡。

他聽見她的低微聲音，語調很輕，極含蓄，彷彿她有意要壓制自己，不像剛才那麼放野馬馳騁了。

「……你爲什麼還不結婚呢？」

「結婚有什麼好處嗎？」他馬上舉起古羅馬武士的角斗盾牌。現在，他需要這副盾牌的刹那效果，並不考慮它究竟能防敵多久。

「這就是好處。」她指指身邊兩個孫女兒：瞿小蝴和瞿小蝶，馬上回他一劍。她自己也知道，這是極直截卻又倉促的一擊，因爲，她一時想不出別的劍法，更怕她們之間再度墮入沉默。假如再沉默，那就有點嚴重了。

兩個小女孩偎依祖母膝前，文靜得很，父親的安閑性格，似乎遺傳給她們。對於祖母和表伯的談話，等於聽外國語，她們一點不懂。但她們仍細心傾聽，宛似我們對於一場古希伯來語的對白很感新奇，雖然一竅不通。

印蒂也害怕他們之間的再度沉默，有意無意的，想把話題岔開，至少轉到另一種氣氛中。他望著兩個女孩子，冷靜的道：

「把這些孩子們從母親子宮裡帶出來，再送他（她）們躺在子彈的暴雨裡，泡在血水的溪溝中，這對世界有什麼好處呢？」聲音顯得很嚴肅。「千辛萬苦，把這些孩子們帶到個星球上，再讓他們做孤兒，做寡婦，做失掉兒子的母親，做夭折了哥哥的妹妹，讓他們嚐盡饑餓寒冷，人世的炎涼，社會的訛詐，鄰人的欺騙，甚至魔鬼們的姦淫，侮辱——這有什麼好處呢？」

在另外時候，這段莊嚴談話，可能會達到轉移陣地的效果，至少，能改變氣氛。但此刻，它的一些沉重字眼、詞彙，出於發言人意料的，產生一種反作用。他看出來，她黑瘦臉上，一片更黑的陰霾正慢慢佈開，像梅雨天常出現於西湖群山後面的黑雲，漸漸的，把一片青山綠樹吞沒了。那是一片又黑暗又美麗的奇景。以前，他泛舟西湖，一望就望個好久。後來，他去重慶，在蘭素子的畫上，又一次看見它們的神韻。這一刻，想不到竟在一個女人臉上，第三次，曾見這片水墨圖。他感到歉疚。這張臉變得這麼厲害，是對他的一種有形譴責。假如命運的舟子悄悄換一個姿勢把舵，這一家的舞臺場面，可能早換了一套佈景，更不用說他自己的了。他是一顆巨大殞星，無意的落到地球上，又偏偏擊中一大群羔羊中的一隻，眞是那麼湊巧。爲什麼牠偏偏在那一刹墜下來？爲什麼羔羊又偏巧在那一刹那一空間吃草？時間是偶合的。時間是殘忍的。但它自己卻又無可奈何。此時，隔了四千六百多天，牧羊人還是沒有忘記那顆流星，那隻受傷的羔羊，那些難解的謎，那個把生活劃分成兩堆的力量。他究竟應該怎麼辦？任何懺悔，任何聲音與動作，已無法彌補那顆殞星的一擊。而且，儘管張果老反常，驢子卻仍在前進。東流大海的水，不能西流。月亮也不會從石頭內冒出來。花不會開在無縫鋼管上。他面對這卷西湖水墨圖，這幅長達十三年的月蝕，他能創造什麼天文學奇蹟，叫青山綠水仍是青山綠水？叫月亮仍是月亮？

他能做的，他唯一能做的，只是忍耐。他必須傾聽，不管這片煙雨雲霧究竟要把他怎樣——

突然，他聽見一陣低沉的語音，一片充滿感情的音籟，一個比大隧道裡火車更具猛烈性和潛伏性的聲音（他不敢再看她的臉）：

「蒂，十三年前，你爲什麼突然出走呢？……你爲什麼……」

底下的話再接不下去了。

他聽見她低低哭泣聲。她用一方棕色手絹遮住臉。

這個晚上，他悄悄潛入後花園，在那排尤加利樹下，站了很久，矚望二樓那一排白色玻璃窗臺。十三年前，最黑的夜裡，最亮的早晨，他常常這樣窺視它們，爲了那兒有一顆他最愛的靈魂。

今夜，窗內不再出現那個美麗的白色形體，也沒有任何高貴的痕跡。他所看見的，只是一片和汽油燈一樣傻亮的電燈光，一桌囂張的筵席正在展開，「五魁」「八馬」聲，幾乎鬧徹整個花園，收音機播送著東洋藝妓的淫蕩小曲，代替過去鳥語花香的，是一片濃烈的酒氣和血腥味。

翌日下午，一個濃厚的陰天，他到裡西湖尋覓他的舊居：那兩間古雅茅屋。然而，什麼也沒有了，拆得精精光光，連一塊石頭也找不到。院子裡那棵高高的七葉子樹，也不留半點痕跡，連一根枝葉一片葉子也沒有了。誰知道它是被當做一鍋牛肉的燃料，還是一鍋粳米飯的柴薪？

他兀立那塊精光泥地上，痴痴望了好一會。終於，他獨坐地上，點起一支煙，慢慢吸著，一面噴吐藍色煙霧，一面對四周的空白發怔。

七

「這些年來，你突然出走，是我母親最大的秘密苦痛之一。對於她，對於她唯一的女兒，一種天上少有、地上絕無的巨大幸福，陡然崩潰了。她絲毫不能了解你出走的理由。她是一個母親，又是一個孤孀，你當然能體諒她的心情。」瞿槐秋頓了頓，沉思著。

「不只她，就是我，直到今天，也還沒有徹底弄明白你當時的心理幕景。」

瞿槐秋吸著煙，一面噴吐藍色煙霧，一面慢慢的敘述他內心感覺。這是印蒂和瞿太太談話後的第三天中午，他在清和坊一爿小酒館替印蒂餞行。

「在我們年輕時，總有一些荒唐的古怪事。有時候，我們歡喜毫沒來由的砸碎自己心愛的東西，正像孩子常常砸碎心愛的陶器——也許，那是一件宋朝柴窯或汝窯磁器，價值連城。世界上最殘忍的，是孩子的天真。歷史上最殘忍的，是羅馬皇帝尼羅，他正具有這種孩子式的天真的殘忍——一個頑童的天真與惡意。」印蒂沉思一會，慢慢道：「自然，我當時的出走，也不完全是純粹『天真』的作品。那裡面含有我自己的人生眞理和嚴肅的生命觀念。……縈沒有把我那封信給你看麼？」

多少年來，這是他第一次，又用一種溫情混合著感喟的聲音，吐出她的名字。他說完最後一句時，心房開始「卜卜」加速跳動速度。

瞿槐秋搖搖頭。他望著印蒂的泛紅臉孔，繼續傾聽後者嚴肅的聲音：

「也許，它是殘忍的。也許，它是玄學。也許，它是虔誠的。」

印蒂扼要敘述那封信的內容：他只奉獻那些靈的部份，卻翦芟一些肉的枝葉。

「十三年來，我從未向第三人眞正轉述過這封信。每一個朋友問起，我只是捧出另一個理由：那種魔鬼主義的誘惑。其實，這是以後的事。當時心理空間，極少可能存在魔鬼主義的軍事基地。」他舉起酒杯，喝了一口花雕酒。「眞奇怪，今天，在這個暗淡的正午，在她的哥哥面前，我精神狀態中，似乎又一次掀起當日寫信時的感情和矜持，它誘惑我向一個第三者呈獻這個秘密。」他又呷了口酒，帶點回憶的道：「自然，那是一種驕傲自大的產物。」

表弟聽了，好一晌，不開口，只默默啜酒，啃那隻板鴨頭。終於，他慢慢道：

「我理解你這封信。……也許，當時我不能理解，（因爲我是她哥哥），現在卻理解了。……我深刻了解，促使你寫這封信的原始觀念：那種對絕對自由的無限追求。」停了一下。幾乎喃喃自語。「道理彷彿是這樣：假如眞理能給人最大幸福，也一定能給人最大自由。不過——好，我們還是不談這些吧！」

瞿槐秋陰暗的視線，停在印蒂臉上。「你願意知道我妹妹近況麼？」

不等對方回答，他就簡略說起來。

歐戰爆發前，那個夏天，她回歸大後方，在昆明一個師範學院教鋼琴，又兼一個大學的法文課。她的美麗形象出現在哪兒，哪兒就激起一陣浪花，跟著必然準備應付一些麻煩和糾纏。她是孤獨慣了、幽靜慣了的人，實在不習慣這些塵世紛擾。兩年後，她轉到川西蓉城，在一座教會辦的C大學附屬師範中學裡，專授鋼琴，兼輔導附小與幼兒園教師們鋼琴。這片教會天地，規範綦嚴，所輔導的，大多全是女孩子們，極少出現社會荆棘，她才安居下來。校園規模巨大，有一份異常美麗的空間，而蓉城又富有北京的謐靜情調，它的平原風景，更帶點江南風味，足以綰繫一顆高潔的孤獨靈魂。

「去年來信，她說C大學外文系缺少一個法文教師，一定要聘她做講師，她辭卸不了，只好擔任了。這樣，或多或少，可能她又要捲入她所不歡喜的一些關係。」瞿槐秋的話聲特別低下來。「她曾寄過幾筆巨款來，一合這裡倒霉的匯率，她寄來的錢，等於白白送給日本人和僞政府。我們只得去信，要她停止匯款。她希望我們搬到她那裡，這麼遠的路，怎麼可能呢？再說，我母親根本就不願離開老窠。」

聽到這裡，印蒂一直默默不語。突然，他好奇的問道：

「爲什麼她到現在還不結婚呢？她的境遇是這樣順利？」

一向落寞慣了的表弟，神色竟嚴肅起來，他一雙黯淡眼睛，幾乎有點責備的望著他：

「她來信說：一個『純粹』的女人，一生只能愛一次：第一次，也是最後一次。在這個宇宙裡，對她根本不可能有第二次。她是孤注一擲，在作一場最艱巨的賭博，要麼全輸，要麼全贏。」

「那麼，她承認自己輸了。」問這句話時，印蒂的心理是離奇的，他的聲音帶點抖顫。

「不！她絕不承認已經輸了。」表弟的話，像刀子，猛刺著印蒂。

「……」

「這些年來，她一直打聽你的行蹤。我們把所能知道的，全告訴她，主要是從姨父姨媽信上所知道的有關你的一切。過去，有時我們也函詢兩老。最近去信，我告訴她，你已隱居華山五千仞上。」

印蒂再說不出話，也不可能說任何話。表弟這番話，雖不像前年韋乘桴敘述她在巴黎的那番話刺激他，但至少至少，也只有上帝才明白他此刻情緒。爲了安靜自己，他刻意努力，把自己思緒岔開去。儘管這樣，這些兩千里外的消息，仍像一片神奇音樂，有好一會，使他陷入莊嚴沉默中。他偶然想起，他旅行川陝道上，兩次經過蓉城。它距重慶也不過兩天路程。當他在寶光寺陪伴梵燈古佛，搭公路汽車，只離她一小時半旅程。這樣近的距離，卻似咫尺天涯，有千山萬水橫隔他們中間。正想著，他又聽見表弟的聲音：

「我這裡有縈妹的幾封信，你要看麼？」

突然，印蒂堅決搖搖頭，堅決得出於表弟意料。「不！」

他喝了滿滿一大杯酒，馬上把話岔開去：「槐秋！我看，我們不要再談這些了。你知道，目前的我，不是一個常常歡喜回憶的人。這一點，我要深深請你原諒。」

八

一小時後，瞿槐秋喝得有點醉醺醺的，付了酒菜帳，對印蒂道：

「你回來後，還沒有划過船。我們泛舟，到水竹居去吧！」加了兩句：「在船上，我們談話方便。」

印蒂不表示反對，隨他信步踱到旗下第一碼頭。

在船艙內，表弟似乎不大拘束了。湖風一吹，他酒意醒了些。喝酒時，一些沒有說出的話，也說了。他望了望船夫——一個貌似忠厚的中年人，帶點酒意道：

「……也許，造成我目前畸形生活型式的原因，正和你十三年前有點相合，那份原始觀念：對生活絕對自由的渴望。不同是，它終於把你高貴的帶到華山五千仞上，卻把我低級的推入泥河中。」

他噴吐了一口煙，口味中混合強烈酒氣：

「我的妹妹和我不同，她從不相信，一個人會餓死。十七、八歲時，她就有勇氣跑到南洋和其他地方。當時，她幾乎沒有帶錢，但她並沒有餓死。抗戰後，我們說明家裡困難，以後不可能再大量接濟她，要她回國。她說，琴還沒有學好。這以後，幾乎不靠我們接濟，她獨立又支持了兩年。據說，她常在法國報紙雜誌上寫文章，介紹中國古典文學，換取稿費。回國後，她生活豐裕，不時寄錢給我們。我眞不知道她是怎樣生活過來的。一個年輕女人，單槍匹馬，無依無靠，無家無友，闖這麼許多地方。而且，她現在生活比我們好得多。這一切，我簡直不敢想像。」

他仍掉煙蒂頭，換了一支新煙，繼續噴吐煙氣與酒氣：

「我從不相信：一個人離開自己根生土長的老巢，能夠不餓死。我最怕的就是餓死。一尾金魚放在河裡，絕不能活，更不用說放在大海裡，我正是一尾金魚。現在，魚缸早已破碎，再沒有那一層透明的圓圓玻璃，也沒有那麼安安靜靜的一缸水。但我仍選擇家裡的水缸或水池，拒絕凝視大江大海。實在窮途末路時，寧願躺在街邊臭水河裡喘氣，也不願找那渺不可測的大海。

「我常常想，眞正的海洋，只是叫人看看的，幻想的，不是叫人航行的。」

他陰暗的眼睛，瞭望遠處淡淡青山綠樹：

「也許，人不是那麼容易餓死的，可是，有些變化，比餓死更可怕。一切苦痛中，最大的就是改變一個人多年來的基本生活概念，這等於凌遲碎剮。這絕不僅僅是一種抽象觀念，卻有一套血肉筋骨附麗於它。比如，每天早上，我必須等太陽光完全照上窗子，太強的光亮迫得我無法做好夢時，這才起床。晚上，我必須獨自守著燈光，躺在籐椅上，靜靜燃起煙捲，慢慢啜飽一兩杯好龍井茶，瞑想個一兩點鐘，快到深夜，這才爬上床。我怕聽見任何不調和的聲音：車輪聲、喇叭聲、狂喊聲、鐵鏟子刮鍋底聲、錘子敲白洋鐵聲，以致女人吵架聲。我一頓晚飯必須吃一點鐘，甚至兩點鐘。我必須喝點酒，而且得慢慢喝，一小口一小口喝，而且，習慣用一兩隻鴨頭或一碟油爆蝦或一碗清炒螺獅或一盆海蛤蠣或一盤蔥烤糖醋小鯽魚之類下酒。之後，我一定要抽一支白錫包或三炮臺，喝一杯雨前龍井，眞正是獅子峰十八棵樹的。泡茶的水，一定要用天落水，並且用江西景德鎭的瓦壺燒水（這種壺，除燒茶外，再不燒別的），這才沒有雜味。杯子也一定用江西磁蓋碗茶杯，雪白的底子，這才顯出茶葉的碧綠。平日，茶葉一定要包好，放在石灰缸裡，上面加一個蓋子，這樣，葉才不會受潮濕，永遠翠綠、新鮮。我必須睡棕棚床。室內必須窗明几淨。我不能忍受一雙補過的襪子。我不能容忍一件老龍頭布的襯衣或小衫。我不能忍耐蒼蠅與蚊子（我的房間是茜紗窗門）。我不能呼吸腐臭的氣息。

「只有在這隻破闕的金魚缸或舊水池中，我才能保持這些『必須』和『不能忍受』。離開它，也許我不會餓死，但爲了不餓死，我就必須放棄這整套『必須』和『不能忍受』，那等於五馬分屍我的靈魂。三十多年來，我已被西湖水氣水氛培養成這樣一尾金魚，從現在起，再回到原始的金鯽種野魚或草魚，已不可能。這也是爲什麼，許多像我這類金魚，在這樣一片天崩地坍中，並沒有游泳到黃河、長江、或嘉陵江，仍株守那個破魚缸和小水池。（魚缸上一段破了一塊，下一大段仍可蓄水。）我比什麼人都尊敬正義，卻又比任何人更害怕一件老龍頭布襯衫。

「讓世界崩潰地球翻身吧！且讓我安安靜靜喝完這杯獅峰茶再說。」

喝了一口船上泡的龍井茶，茶具茶葉和熱水瓶，都是他自己帶來的。他把煙蒂頭扔到水裡，看它隨木槳拍起的漩渦打轉轉，很快沉下去。

「我正是這個煙蒂頭，不斷在沉，沉。早在十年前，我就知道：我是沉定了。剩下來唯一的事，是等死。」

他用焦黃的右手指掠了掠他那永不梳齊的長髮，深深嘆了口氣。「我也知道，在這樣的時代，這種思想，就是犯罪。但讓我這樣的人生下來，其實就是犯罪。是那一大堆股票和房地產，叫我變成罪人的。」停了停：「也許，是美麗西湖叫我成爲罪吧！不要再對別人犯罪。」聲音變得更加沉痛。「時代是這樣的時代。土地是這樣的土地。黑暗是這樣的黑暗。我又是這樣的我。一個徹頭徹尾窩囊廢，一堆一錢不值的髒垃圾！我能怎樣呢？只有沉！沉！沉！往酒杯底沉！往西湖髒水中沉！我痛苦，我破裂，我掙扎，但我長了這麼大，除了S市，哪裡也沒有去過，現在連到S市的勇氣，全沒有了。城站那一帶，已成爲一片惡戰場，到處是流氓，地痞，沒有一個好人。我眞怕。你知道，平常我一巴掌連蒼蠅都打不死。——嗯，後天你去買車票，就知道那裡情形了。」

有時，假如旅客自己去買車票，說不準會被打個半死。必須托麕集於附近的流氓去買，要出兩張車票錢。平日，車站這邊流氓黃牛們打人，那邊僞警睜眼欣賞，管也不管，假如你要帶點東西出門，那更得出駭人的運費，才能踏上火車。「是這樣粗獷的現實，我仍舊保留那一套蒼白的習慣，保存那麼多的『必須』和『不能忍受』，你說，我還能做什麼？」聲音顯得異常絕望：「人眞是一個可怕的適應環境的動物。只要他一倒下來，他就永遠倒下去。只要他一放棄靈魂，就沒有什麼不能忍受的了。爲了我那些『不能忍受』和『必須』，我就『必須』『忍受』一切黑暗的風雨——只要它們還沒有打進我的小小窗戶，我的破舊門扉。現在，我才明白：爲什麼晉朝懷愍二帝能忍受青衣行酒的侮辱了。因爲，雖然這樣受辱，他們到底和一般僕人不同，依舊能享受一點舊日殘羹。人只要活下去，什麼都幹得出。」

印蒂一直在旁傾聽。終於慢慢道：

「槐秋，我覺得你太悲觀了。事情不盡如此。」他的話聲低下來：「今晚我想和你們談點正事。回頭我們再談。」

這時，船已到劉莊，他們登岸。

瞿槐秋道：「劉莊，所有陳設都完了，我不是陪你來遊玩，是帶你憑吊的。」

不用說，這是一次淒涼的憑吊。

這一晚，是印蒂留杭最後一夜。晚飯後，他對瞿槐秋低低道：

「雖然這裡報上什麼也沒有，但你當然聽見：盟軍早已從諾曼地登陸。現在，盟軍正在迅速前進，德國軍隊潮水樣敗退。看樣子，明年的地球，又要變個樣子了。你已苦撐了這許多年，再撐一年，總沒有問題吧？」

「可是，這裡報上說，日軍已進入貴州，打到獨山，重慶已受威脅。」

「這個，不成問題。日軍目前已從獨山撤退了，並且要從其他地方撤退。退一萬步，就算中國變成暫時的波蘭，捷克，也不要緊。波蘭現在不又光復了麼？」

「你看，我們這個國家還有希望麼？」

「希望是有的。不過——」印蒂沉吟一下。「我並不擔心這個戰爭。我們當然有乘國際勝利列車的權利。」他的面色陰沉下來。「我只擔心，將來的天空會出現新的陰雲。……我們這個國家的掃帚運似乎沒有交完。……不過，那是以後的事。……目前，天空暫時總算還飄著白雲。」他的眼睛望著窗外天空，語調很冷靜的道：「你當然知道，我現在已不是僅僅關心一個國家命運的人了，我關心的，是人類命運，是整個地球，以及它所隸屬的宇宙。我們單單希望一個民族只解決自己的問題，是不夠的。要整個地球問題解決，我們才有眞正的永久和平。我們今天所碰到的許多麻煩，表面看來，只是由於一些現實衝突。實際上，它的幕景，都是全宇宙性的，整個地球的。正因爲人們——特別是那些決定歷史命運的人，缺少眞正的宇宙智慧，地球這才出現一片片臭水溝。當我們拒絕美麗星光指導我們生活時，我們怎麼能希望生活得美麗呢？當我們對我們的眞正父母的意義——那些星球對人生的意義，還沒有弄明白時，我們怎麼能明白自己呢？連自己都不明白，又怎麼能明白鄰人呢？當人們相互不了解時，又怎麼能有眞正的愛與和平呢？」印蒂臉上充滿莊嚴的光輝。「可是，人類總會弄明白這一切的？……一種新的地球哲學——星球哲學，必須產生。……一個新的星球信仰，必須出現。許多年前，我就大膽預言過：那些舊先知們——從最古老的釋迦牟尼到最現代的激進派，早已不可能再成爲我們未來的恆久的光與熱了。……我們必須找尋新的恆久光熟，新的太陽。」

九

歸途上，火車過N大城，印蒂下站。他想著一個人，一個空間。一個在他記憶中佔有深刻位置的人。一個他的生命的最初空間，他的呼吸和思想從那裡傳播出來的空間。他走往他的古宅。這裡已經不是「他的」了。但血緣上，他總覺得仍是「他的」。正像一個嫁出門的女兒，早不是娘家的了，但母親仍覺得她是。這是第多少次「歸來」呢？他爲什麼老忘不掉這塊地，這裡幾個人呢？這幾個人，大半已離開這個星球了，他爲什麼仍感到他們活在這裡呢？這塊地，這幢屋子，也早不姓印了，去年已賣出去了，他爲什麼仍以爲它是他的空間，他的永恆搖籃呢？

站在那熟諗的黑漆大門前，他不知道：究竟該不該按門鈴？這兩扇大門，漆得又濃、又厚、又黑，是眞正的福建漆。這黑，這漆，活了七八十年，還是這樣黑，這樣充滿漆味，使他聯忌起那些漆過六七遍的楠木棺材，它們在地底瘗埋兩三百年，始終毫不腐爛。甚至連棺內衣冠，屍體，也不走樣，原封原蓋。其實，這一片漆黑色，和別的千百扇大門上漆黑色並不兩樣，黑總是黑，漆總是漆。但他總覺得有點異樣。這一大片矩方形黑色上，似瀦匯著他過去幾十年的千千萬萬次凝望。此刻，從這上面，他彷彿還透視出當年那些親切的眼色，——那時，他佇立門前，等待門內走出來的親切的腳步。一扇大門的黑色，往往似乎只是黑漆的黑，還攪混著叩門者的眸子的黑色。

這裡面究竟有什麼東西，如此吸引他？把他硬生生從火車上拉下來？難道他永遠就是這樣一種人：只要在一片空間踏足一次後，就永忘不了那裡的腳跡，只要在一條水流中喝過一次水，就永忘不了那一段河水，雖然原來河水早在他嘴唇離開後的第一秒就消失了？

門鈴突然響起來。他不知道是它自己響的，還是由於他迷戀的手指。

一個中年男僕走出來，有一張幾乎和大門一樣黑的方臉。印蒂楞了一下。他的思想，立刻從一片熟悉的記憶內，被擲入一片陌生的現實中。

這條站立他面前的黑色生命，是古宅迎接他的第一個生命，也是他完全不認識的第一個現實。

他被禮貌的接待進去。印蒂用幾句最簡單的話說明：他是古宅舊主人的舊友，特來看園丁么虎的。

才一踏進門，像遭遇一次雷殛，他不禁怔住了。他感到一種巨大暈眩。

「這是我的屋子，我們住過的古宅。」

他睜大眼睛，用盡一切力量搜索，卻找不到一件他所熟悉的舊物。

像遭逢一次妖術──或者說，阿拉丁神燈的魔法，那座古老宅第完全從地上消滅了。

他驚訝的視覺裡，再沒有古色古香的廊廡，有著紅色望柱和迴紋欄杆的廊廡，再沒有那些古剎情調的捲曲的飛簷，那一排排鏤空花葉的多格子雕木窗櫺，那些紅色榱題，斗拱，再沒有那些充滿陰影的空間，那西下的斜陽，以及斜陽中他最愛斜躺著的破舊籐圈椅。朝南三大間，正屋，已改建成一幢嶄新的杏黃色洋房，三樓三底，東西兩排廂房，也變成兩幢兩樓兩底的小洋房，一律嶄新，杏黃。他早年的書房與寢室沒有了，生物學家的書齋和標本室，也毫無蹤跡。連兩間廚房及柴房，也拆得乾乾淨淨，絕無影跡可尋。院落中央的葡萄架沒有了，修築成一條水汀道，好讓汽車一直從大門口開到台階下。因爲妨礙停汽車，連階前兩棵蟠槐，和靠近它們的桂樹、碧桃樹，以及藤蘿架外側的骨里紅，都砍掉了，連根也不留。四周染著點點青苔的斑駁古牆，也煥然一新，全粉刷成黃色，牆面三合土呈崎嶇鋸齒狀，這是一種時髦型式。不用說，爬在舊牆上的那些綠巴春藤早拔掉了，主人怕它們染污那幾堵煥新的時髦圍牆。

費盡九牛二虎之力，他總算在院子內（其實這已經不是院子，是都市水汀大道了），發現殘剩下的唯一舊日遺跡：那棵高大古槐，那棵像游泳池邊花傘一樣撐入天空的綠色古槐——這片光滑水汀汽車道，使他從這株古槐樹聯想起游泳池畔的一座花式傘篷，而不聯想到一支舊式的雨傘、或綢傘、或絹織西湖傘。然而，這一株花傘，這些圓圓的葉子，又能在他思想裡攪起什麼？當構成記憶建築所有柱子與基石的種種，已化爲一片荒沙時，沙漠上，偶然留下一棵草，或一棵樹，又怎麼能推翻整個沙漠給人的感覺？

從前，每一次靜觀這棵圓圓綠色古槐時，他常常記憶起：他曾和生物學家在這株圓樹下爭論過瘠螽眼睛的顏色，這一次，他的記憶卻無法再現這片聯想了。

沒有什麼聯想的。一看見這幅圖景，一切記憶似乎都死了，記憶像花，一碰到沙漠，馬上憔悴。這三幢洋房，並不是沙漠，但在他現時視覺內，卻是一片黃色沙漠，把他情緒裡所有要滋生出來的植物，都弄死了。其實，也不該再聯想再記憶了。當前一切，就是生命最簡單的答案，也是最好的答案。生命給予這個答案，而不給予別個，正是生命本身的智慧處。游巴比倫舊墟的人，曾遇見這個答案，旅行雅典、長安、張掖、武威、玉門關的人，也曾碰過這個答案。然而，在巴比倫答案中，還有幾根圓柱；在雅典答案中，還有半個巴特農神廟；長安尚有大雁塔與興善宮磚瓦；這裡，卻幾乎什麼都沒有。那棵殘剩的古槐，是大自然的，不是他的。

陡然間，他似乎明白一個字。他常常寫它，看它，讀它，聽它，談它，但從未眞懂過。此刻，隱隱約約的，也像豁然瞭解了。

這個字一湧現，這裡就不可能產生記憶，而且，連它的任何一點萌芽，也不可能。那個方臉中年人，——那個黑色生命，站在他旁邊，不斷用懷疑眼色瞪著他。假如他兀立這裡，對這株古槐樹再凝望個兩分鐘，對方會當他是個神經病患者。這整個空間，正似這條水汀汽車道，是讓他過路的，不是叫他駐足懷舊、思想的。他原以爲，至少，他可以在這兒呆個半點鐘，甚至一小時的。

一個更大原因，叫他不能停留的，是三幢洋房內所發出的可怕聲音。正是那一幢，在舉行下午茶舞會，騷囂的跳舞音樂和東洋歌曲，不斷衝出來，像一隻隻又黏又滑的大爬蟲，纏在他身上。東西兩幢，看樣子，至少有四副牌桌劈劈拍拍聲與喧鬧聲，連整個幽靜天空都攪渾了。他再勾留，全身非長痱子不可。假如不是因爲這些可怖音響，至少，他還會多花幾分鐘想想：屋主把他舊宅全部拆建，是因爲白蟻？還是因爲一陣颱風？還是他自己要擺闊？或者，他本書中這一帶清靜，而古宅售價等於半賣半送？——但現在，這些，他連想也不願想了。

他幾乎要逃走似地，迅速往後園門口「遁」去。

他唯一最後希望，放在一個人身上。他對舊日古宅空間，是完全失望了。但對那個人還沒有。他像一個落海者，得抓住最後一塊木片——這就是么虎。

當初老園丁死活不肯離開園子。印蒂和母親怎樣勸說，他也紋風不動。也難怪！七十歲以上的人，在一個地方定居四五十年，像棵老樹，竟在那兒生了根，唯一能拔掉他或者勸他永遠搬走的力量，只有棺材。么虎既如此固執，印太太賣屋子時，只好和承買人談妥，後花園暫不出售，仍讓么虎住著。他死後，承買人有優先承購權，作價時並予特別優待。老人原有點積蓄，印家又另送他一筆豐厚養老金，仍叫他守著園子。按他們如實估計，老人在這個世界，不會再停留五六年以上的。

印蒂終於推開那扇月形圓門。

十

才一推開門，他就大吃一驚。一個無聲的卻最粗獷的「啊」，掠過他全身。

他幾乎不是走在中國，而是踏入中東，巴格達或利亞德，幼發拉底河畔國底格里斯河邊，到處奇光異色，輝煌鬲新，一個色彩絢爛的阿拉伯世界。那一棵棵樹，是奇裝異服的阿拉伯人，閃耀著刺眼的黃色、金色、淡紅、暗綠、深棕、淺赭。葉子本該是一片單一的綠色海，現在都幻化成各種怪誕油彩。但壓倒一切的主和色，卻是黃色。這黃色又翻演出各式各樣的黃，彷彿是一個黃色展覽會。他是進入「黃金世界」。然而又絕不是一個象徵生命巔峰的黃金世界。這是一片死的黃色宇宙，一本比亞滋理的世紀末黃色畫冊，黃得很陰慘，悲劇，且有點恐怖。

這一大片黃色是一團團金燄，隨時會燃燒十丈大火，把四周燒成灰燼。沒有一片完完整整的舒展、搖擺，一葉葉都七歪八倒，橫九豎十，像爛醉酒鬼，腳朝上，頭朝下，手掌抱住屁股，膝蓋與鼻子連在一起。一棵棵樹的全部黃色披掛，只要一陣陣狂風，隨時會解除裝束。沒有一片葉子不是黃著最後的黃，綠最後的綠，圓著最後的圓，橢圓著最後的橢圓。四十年來，這是他最熟悉的一座花園。在童年，在青春，在記憶中，在夢裡，它從未死過。即使是最深的秋天，它也從未眞正毀滅過。可是現在，它卻一片混亂，複雜，荒涼，比海底沙漠還寂寞。

金風起處，一片片葉子爭先恐後，死著最先的死，彷彿一些擁擠於南京燕子磯頭的絕望者(註)，「撲通撲通」的、搶著投入那巨大長江。

一些矮矮灌木叢樹，深埋在荒草堆裡，草差點和樹一樣齊，樹也只剩下個頭部，下半身全刖掉了。隨著風颾，到處一片蕭瑟聲，如蝮蛇嗞嗞鳴。櫸樹帶有鋸齒的長卵形的葉子，落了一半，一些枝條早已折斷，只剩下大半個頭顱。它光光禿禿的衰老樹身上，左一個裂口，右一個疤，到處是傷口，血漬斑斑條條。幾棵棕櫚，在印蒂記憶中，一直昂挺如古代紀念石柱，充滿莊嚴與沉思，現在，它們的岩石身軀，宛若風化了，老毳頹敗，半死不活，隨時要坍塌的樣子。它們的一隻隻綠色手掌，也變成枯黃的木乃伊手掌，醜惡得很，連倔強的針葉松，也綠得異常陰慘，是半夜燐火，鬼蜮蜮的，它的枝條大半砍去。只剩下稀疏幾枝，是癩痢頭上的幾根短毛。另外一些樹：棗樹，梅樹，李樹，桃樹也幻化成一些僵屍，樹皮有點像陳舊的鏤刻雕板，再沒有鮮活氣味，它們只是一種記憶的枯寂回聲。另外有幾棵樹，一部分樹皮已有點脫離樹身，彷彿每一陣狂風都會判決它們活剝皮的殛刑。人不能希望它們再帶來花朵與果子，蔥茂的綠葉，及繁密的枝條。

有幾棵樹，被那些綠色的、赭色的、黑色的蚜蟲吸乾葉子汁液，只剩下半萎的殘葉。

兩株巨大槐樹，乾脆倒臥枯草叢中，宛似兩個自然切腹的日本武士。

他記憶中的紅花綠樹，不只多半凋零，簡直是幾近死亡了，而且是獰惡的死亡。

靠東牆一帶翠竹，竹葉落了不少，似鋪了半地麥穗子。部分篁竹，歪歪倒倒，橫七豎八，如孩子初學寫字，每個字都站不正。一些竹子斷了，躺在地上。牆上春藤，大部凋萎，不時有一片死葉從枯藤上撕開，飄墜入地，是一隻隻黃色死蝴蝶。靠西牆一帶，蔬菜瓜類，也形成荒畦，顯然許久無人整理了。黃瓜架坍在一邊，蕃茄架只剩空架，預示早就沒有一隻紅色蕃茄或一片綠色葉子了。這些空架子上，再看不見往年繁茂的扁豆藤東牽西攀，像一條條美麗小蛇。紅色的扁豆花，綠色的扁豆，一樣也沒有。青菜畦地裡，只殘餘幾支零落斷艮朽株，似乎被「地老虎」咬嚙過。不管人們視覺怎樣探險，左尋右覓，這兒什麼果實也看不見，只在靠牆根亂草堆裡，發現一只大南瓜，赤裸裸躺著，似一和尚喝醉了，跌倒在牆角，睡懶覺。可是，這個和尚頭，已被地老鼠和烏鴉吃掉一半。

沒有一朵鮮艷的花。沒有一株瑰麗的草。藤蘿架上的苜蓿和薔薇，殘餘著死藤條兒。牆的一角，那紫色的玉蟬花、白色洋繡球、幽靜的白薔薇，僅顯殘幹，即使春天重臨，這些花屍身上，也再不會開綻花朵。鳩將不再來低咕，美麗大蛾子將不再飛來撲去，連那些青麻色蒿雀，也恐怖於這片荒涼，不會鉛彈式的射進來。到處是長過人膝的野生植物：莒、蕪、艾、蒿、發散苦澀的氣息；一個中國草藥的氣味，把這個園子裝扮成一座「苦菜園」，或「苦園」，彷彿花園患了重病，正喝巨量苦藥。然而，就是這些草，也大半荒蕪，而這碗唯一象徵生命的苦藥，可能眞正是最後一碗了。長長的車前，金錢草、雀米草、大半黃萎了。一切綠色都枯乾了。

這是一片黃色大地，黃色地球。

只有幾隻黑色蝙蝠，不時飛來飛去。它們的黑色翅膀沒有黃，也沒有枯。它們的生命，也沒有凍結。這些騎牆動物，是這片黃色世界的唯一眞正生命。

一些最後的草蟲，蝍蛉子、金鐘兒、紡織娘，偶爾在草叢中低低啜泣。

這些荒蕪景象，雖說多少是由於季節下黑手，或由於今年冷得特別早，但大半倒暴露了管園人的可怕精神狀態。

印蒂望著這幅荒蕪園景，有好一會，痴痴站著，兩腿似乎有點軟，動彈不得。終於掙扎著，邁開步子，向么虎住處踱去。

才到門口，他就聽見一片奇怪聲音——正是老園丁的聲音。

「哈！哈！哈！哈！哈！哈！哈！哈！……喝呀！爲什麼不喝呀？……爲什麼不喝呀？……人生在世，不就是喝一點，吃一點，然後兩腳一伸，去找閻羅王，一點不含糊？……哈哈哈哈！……一點不含糊。……哈哈哈哈！……王八蛋才含糊。……含糊個卵！……含糊個卵！……」

印蒂從虛掩的柴門縫裡，往內覷了一眼，只見老園丁正用那枯枝一樣的手指，指指那樹皮樣的腦門，大聲嚷嚷著：——這樹皮和園裡枯朽梅樹一樣，似乎一揭就落。

「你個老光棍！你個王八蛋！你個雙料壞蛋！……你怎麼不喝呀？……嗯！喝！喝！喝！（舉杯喝一大口。）……是葉子就落。是花就黃，是果子就爛。……落吧！……黃吧！……爛吧！……是時候了！……要到門了。……去吧！……去找閻羅王算帳吧！……他還欠我一塊勾魂牌呢！……哈哈哈哈！勾魂牌！……哈哈哈哈！好一個閻羅王！好小子！好王八羔兔崽子！……你在地底下享福，倒叫我們在地上受罪。……你個兔崽子！你忒沒良心，你忒邪！忒毒！……忒歹毒！……陰險！……去！去！去！……（學京戲腔調）一馬離了西涼界！……哈哈哈哈！……我好比淺水龍，被困在沙灘。……喝！喝！喝！（一口氣把杯裡酒喝乾，敞開衣服。）嘿！嘿！嘿！好涼哇！……涼極了。……我要開扇子店啦！……大家都來乘涼哇！……這個世界是一爿大扇子店。……個個來買扇子。……個個愛搧扇子。……他媽的越涼越好。……大冬天，雨雪淋淋的，一個個還要搧扇子。……嘿！嘿！嘿！涼！涼！涼透心啦！……涼透骨啦！……哈哈哈哈！（指指酒）還是這個熱，……還是這個熱，……這是一杯火。……這是一口火爐。好舒服呵！……媽的，我不要扇子！我要火爐！來！么虎！你個混蛋！給我生個火爐。……（學樣）是，是，小的就生。……小的就生。……哈哈哈哈！……哈哈哈哈！……（又倒滿一杯酒，喝一大口）：好！好！……好極了！好極！……這才算眞熱。……媽的，滾你媽的！十二月天搧扇子。……滾，媽的！滾！滾！快給我滾！……媽的，外面一園子風。……這大園子就是一柄大扇子。……媽的，這個大世界就是個大扇子。……搧啊！搧啊！搧啊！……（突然哇哇哭起來，一面哭，一面數說）：天啊，涼透心啦！……寒透心啦！……到處是冰天雪地。……冷透啦！冷透啦！……」

印蒂站在門處，望著，聽著，簡直聽呆了，這老園丁的整個形象，比這片的凋零敗殘的園景，更叫他深深顫慄。

這是么虎？這是那個舊日老園丁？他童年的好友？他成年後的畏友？就是這個人，多少年來，帶給他大自然某種標記？生命的某種象徵？不過兩年，他頭頂完全髹禿了，比一面皮鼓還光滑，韌實，彈上去，似可咚咚發響。鼓四周，冒嫩蔥芽一樣，綴著疏疏落落幾十根銀色短髮。他那彪悍身軀，本是一株老槲樹，現在樹身坼裂，中空了，被時間蛀空了，歪歪斜斜，搖搖晃晃，隨時會被巨風吹倒，被暴雷劈倒。他那張紫棕色臉膛，一個樹雕品，本來有章法，筆法，風韻，此刻卻棼亂成一團。那些線條，形象，龜裂了，枯萎了，坍塌了。那雙小眼睛，不再閃爍於眉毛下，卻與鼻子纏在一起。那兩條叢密的眉毛，不再凸在眼瞠上，卻與銀髮蟬聯成一氣。他那一大蓬兜腮鬍子，白花花的，彷彿不是滋生頰下，頰邊，而是蔓生到耳輪後面，它們也不再像過去那樣繁茂，卻稀疏多了，有些小撮已轉成暗紅色。在這一切龐大變化中，唯一沒變的，是那份抽象氣氛。他那雙小眼睛，冷冷的，仍燧石樣堅硬，似隨時可在鐵器敲擊下發出古代火光。他那瀕於坍塌的身軀，依然透出一種最後的堅忍，倔強，像一隻原始冰鹿時代的巨象，幾萬年前埋藏于西伯利亞冰雪底下的，它倔強的抵抗著無邊凜冽冰凍，使自己肉體永不腐爛。

印蒂推開門，突然出現在他面前。

「老孤獨！您怎麼啦？……」

老人睜大那隻小眼睛，冷冷瞠視來客。他蒼老的樹皮臉上，湧起一片狂烈的酒紅。他歪著那顆樹雕品的頭，望了一會，似乎認識他，又似乎不認識他。接著，他突然狂笑起來：

「哈哈哈哈！……你個西裝朋友！……你是誰？……你是誰？……你是你？……你是我？……你是他？……哈哈哈哈！……（聲調突然嚴厲）你們穿洋裝（啐了一口）來路貨大賤賣！……（聲音突然極其嚴厲，兇狠。）滾！滾！滾！……快給我滾！通通給我滾！……」

印蒂憐惜的望了他一眼，溫和的道：

「是我，么虎！是印蒂來看你了。你不認識印蒂麼？」

老園丁偏著那個皮鼓腦袋，看了一會，吐了一口氣，——一股洶湧的酒氣直衝出來。

「呸！『硬』的！（『印』與北方話『硬』同聲）……什麼『硬』的，軟的……哈哈哈哈！……什麼『硬』的，……一個軟嘟囊！跟我褲襠裡面的一樣！……（聲調忽嚴厲）滾！滾！滾！……我么虎要你滾！……這個園子乾乾淨淨的。……你們通通給我滾，……哈哈哈哈！……哈哈哈哈！」

拿起酒瓶，咕嚕咕嚕，一口氣喝下去。狠狠把磁杯子摔在舊木桌上，它一跳，幾乎滾到地上。他跌跌晃晃的指指睡在桌上的杯子：

「就這個！我么虎就認識這個。……別的我全不認識。……這是我的好朋友。……它不會出賣我。（用手做個杯形。）就這個還像人。……他媽的！……哈哈哈！……我一點也沒有醉！（指印蒂。）你個王八蛋兔崽子！……我一點也沒有醉。……我么虎是個酒罈子。……『人逢知己千杯醉！』……（又指指睡倒的酒杯。）我逢到它，千杯也不會醉。……」

印蒂凝望著，起先是戰慄，繼而發怔，終於沉思。

他知道：對於活著而又希望不活著的人，酒是最高上帝。它能叫你肉體活著，感覺死亡。從這裡面，你能捕捉住死的最大解脫，呼吸到它的最強芳香，卻又不用付最高代價——停止呼吸。當世界把你當做死人時，你的心臟卻仍跳動於世界。當人們把你當活人時，你的腦子卻跟死人一樣，這是最廉價的天昏地暗法：宇旋宙轉，高山和海洋顛倒，太陽黑暗混沌，人變成最原始的單細胞阿米巴，一條野蠶，一隻昆蟲，一個蝸牛，一枚螺螄，官能絕對單純化了。從前是五音六律，現在只有一個最單調的聲音。過去是五色繽紛，此時只有一片最單純的顏色。那最大的負擔——意志的韁繩，也一下割斷，你讓自己變野馬，變野狼，變老虎，變獅子，你發洩七十年來一切埋藏的苦痛，卻又不感到它的「條件反射」。你走在大地上，像走雲霧層，一種無窮的美。於最憒濍最爆炸中，仍有一片最愉快的美。這時，一切最複雜的也轉成最大的統一。即使有時思想與感覺形成兩撅，前者飛翔，後者凝定，你卻不准你任何思想負責。你說出的，你不會感到。你赤裸裸的，雙手捧火，兩腳踏水，但你肉體卻毫無火感、水感。人踽行在地球上，又飛出地球外，這是人類最古老的魔術：至少，有一個時辰，人得讓自己從這可怕大地上遠遠飛走。至少得有一刻，人得讓自己活著而又不再感到地球痛苦。

正沉思著：一個巨大聲音，陡然打斷他的思路。那老園丁猛撲過來，一把抓住他，大嚷道：

「啊！你是閻大哥！……正好！……我正要找你！……你怎麼來的？……你的勾魂牌呢？……來！來！來！……我們先喝一杯！……先喝一杯！」

他抓住個酒瓶，套在嘴上，咕嘟咕嘟喝著，才喝兩口，忽然嗆起來，劇烈咳著。接著，『哇』的一聲，把酒吐了印蒂滿臉滿身。印蒂才想把他瓶子拿開去，他已滾倒，酒瓶也跌落地上，一些酒流出來。他躺在地上，喃喃哼著，仍不斷嚷，指手畫腳的：

「死了！……都死了！……都去了！……都到酆都城趕集了！……我也快來了。……人窮命不窮。……我也能趕集。……啊，到鬼門關趕廟會，那裡什麼都有。……什麼都好。……就是這個天這個地不好。……就是這個太陽可怕。……㑚媽的！太陽是假的。……天是假的。……地是假的。……花草樹木也是假的。……假紅！假綠！假開花！假美！臭美！……他媽的！……一個圈兒都是假的！……假！假！假！假！假！……」

印蒂好不容易才把他扶抱上床，讓他睡好。老園丁仍指手畫腳，嚷嚷了一會。漸漸的，他的兩隻眼睛閉上了。

印蒂守了他一會，終於站起來，掏了一捲鈔票，留了個字條，都塞在么虎枕頭下面。他悄悄掩上柴扉，靜靜走出去。

才出門，他又聽見老人的聲音，是在夢囈……

「啊！啊！啊！……眞苦哇！……苦哇！……苦死我了。……我眞是要找閻大哥去啦！……請他幫忙。……就讓我先登個記，掛個號。……別叫我再活受了。……這是什麼稀里糊塗爛豆腐世界。……一個紅燒豆腐。……媽媽的！……苦哇！……苦哇！……苦死我啦！……哈哈哈哈！……哈哈哈哈！……魚上山，虎下海，……男人學烏龜爬！……女人不穿褲子！……哈哈哈哈！……是什麼世界！……這是什麼國風月？」

這天傍晚，在車站附近郵局，印蒂寫了封快信給瞿槐秋，請表弟接信後，就來N大城。信上，他簡略敘述么虎情形，結論是：這是老人，已漸喪失獨立生活能力，看樣子，活不長了。他本人必須北上，由於一些原因，他無法出面，處理他這點最後房地產。他請求表弟代表他辦理。好在房地契全在他們那裡。這兒的新房主人對後園子本有優先承購權，只要他們隨便出個稍稍過得去的價錢，這塊地，那兩間破房子，和一些殘賸樹木，就算統統歸他們了。賣掉的錢，除貼補老園丁生活費和喪葬費外，其餘款子：正像她母親留在瞿家的那些箱籠、行李、傢俱一樣，全請他們保管。對於姨媽與表弟這次協助他辦理母親後事，他表示深深感謝。由於他們大力幫忙，他的喪費支出、僅僅花掉母親一小部分遺產，而他自己還能從這裡面抽出一部分硬貨和外匯，貼補自己今後生活。這一切，非得感謝他們不可。最後，他請求，無論如何，看在他面子上，把老園子帶到杭州去住，反正他的日子是快了。他和趙媽本是老相識，後者可以便中照顧他。他自己本有些積蓄，印家也送過他一筆養老金，生活絕對無問題。假如他固執，可以找趙媽在N大城工作的兒子和媳婦幫著勸他，反正後園子已賣出去了，他不走也得走。他自己已留了個信給老園丁，上面說明這份決定，他酒醒後，會慎重考慮的。

印蒂發了信，仍搭北上火車。

三個月後，他在華山接到表弟覆函。信上說：後園子代他賣掉了，仍是那個新房主買的，價錢還合理。么虎也接受他們勸告，到了杭州，但活了沒兩個月，就死了。死於一場肝炎。據醫生說，這可能是多年酗酒的後果。

老園丁的遺囑很簡單，自己所有積蓄與養老金，除作喪葬費外，（他頑固的堅持用火葬，葬費不許超過他指定的數目。）剩下的，全贈給印蒂和趙媽，作爲他對這位小主人和老相識的「最後一點心意」（這款子，瞿槐秋暫代他保存）。表弟信上說：老園丁臨斷氣時，還喊著印修靜、印太太和印蒂的名字，說：到陰曹地府後，一定要找尋那兩位老人，仍要給他們在陰間管園子，做園丁，等等等等。

印蒂把這封信和他父母的遺像包在一起，放在箱底，作爲他自己家族的最後一份遺跡與紀念品。

（註）燕子磯俯臨中江，自殺者每選此處跳江。

第三章

一

印蒂又回到華山，他的大上方，他的四千仞上。

又一次攀越，躋昇，昇入最高天穹，攀向那無窮無盡的白雲。一朵朵蓮花似的盛開的白雲。現在，他必須人居住白雲深處，在天穹間散步，在雲海裡沉思。這不是一種幻想生活，也不是一叢新鮮軌跡，這是古典東方追求眞理者的傳統生活，現實軌跡。而且，也是最地球性的軌跡。人想得到天地間最重要的，首先要放棄最重要的。人希望獲取一切，首先得甩掉一切。

終於，他與那些偉大智者們，遙遙相對了。隔著歷史窗戶，時間畫橋，那些偉大聖者們，菩提達摩，青原行思，石頭希遷，南嶽懷謙，馬祖道一，百丈懷海，洞山良价，臨濟義玄，從前是怎麼追逐的，找過來的，他現在也在追，找。他不只是極古典的追求，也是極現代的找尋，讓一花一石全照明在思唯顯微鏡中。不錯，他曾投拜過約旦河畔的先知，也曾下跪於另一些輝煌大師膝下，但滾滾的約旦河水，太渾濁了，另一些西方火炬，也太煙火悶塞了，他寧選這片東方四千仞上的高峰明靜。他也無需重複那位印度大靈魂彳亍於恒河畔，日食一麻粟，他儘可擁抱自己的血胤系統，亞洲大陸腹地的古代大師。要苦艾汁，更要水明雲靜。有時候，人生眞理含有蘆薈味，但更成熟的人生眞理、卻是金黃色的波蘿，必須在一片片芳香甘美中採擷下來。

上昇！上昇！再上昇！超越！超越！再超越！人眞能超越於人類麼？人必須再回到洞窟野獸時代麼？但野獸也不是孤獨的。人必須再扮演魯賓遜麼？魯賓遜是被命運海浪偶然漂送到荒島的。多少年來，他總覺自己太城市，太人間，太下沉，太大地，他從未眞正昇入高空過。過三峽時，他是那樣羡慕西陵峽巓、瞿塘峽頂的雲彩變化，他自己卻從未眞正披雲戴霧過。他聽過世界上許多美麗音樂，但他最缺少的、卻是眞正宇宙音樂。彷彿太陽只與他一人相伴時，他才感到它眞紅，眞亮，眞熱。似乎月亮只抱吻他的孤獨影子時，他才覺得它眞明，眞靜，眞圓。他猛烈渴求的、是獨自佔有這個宇宙，單身諦聽地球旋轉。他要試試看，在這場絕對化的人與宇宙擁抱中，肉體會彈出怎樣的樂曲？開出怎樣的花朶？他不想否定一切，只盼自己佔有一份絕對的嘆靜，地球剛冷結地殼時的那片原始靜穆，好讓他閃爍這顆星球上第一雙原始生命的眼睛、來觀照星球與人的血緣，愛情，好讓他思想那思想的思想——思想才形成時的第二次胚胎原型。

人類一切智慧都從這片原始模型中澆鑄出來。

他渴望巨大，不是個人的巨大，不是肉體的巨大，不是社會性的巨大，也不是歷史性的巨大，而是內在心靈的巨大——一種靈魂的巨大自足精神必須滿足於自己的巨大王國，沉醉於王國豐富燦爛。即使這一切只有他自己軀殼知道，印證，也行。除他自己細胞外，他不希求任何其他外在生命的了解，同情。甚至有一天，他自己也遺忘於自我忘卻了，那也不要緊。

在城市鴿子籠裡，抬頭望不見十丈高，舉眼看不見三丈遠，低頭瞧不見一丈深，肉體被空間深深綁縛，像緊緊裹小腳，靈魂也就只能是三寸金蓮。必須在這樣偉大空間，抬頭是萬千丈雲海，舉眼是千萬丈平原，低頭是幾百丈深谷，他的心靈才能如莊子筆下的鵾鵬，翱遊四海八荒。要深沉思想，先得給它準備一個巨大背景，任何丈二金剛或巨大如來佛像，必須供在一座巨大廟宇中。

這一星球雖大，他卻常覺沒有一席可住地。假如可能，他眞想搬到另一星球上，到土星或火星上去。也許，那裡的空間感和這裡不同，那裡的時辰，可能是另一種顏色的時辰。然而，目前，他的五尺九寸長的軀幹，只能住在地球上。這個四千仞上或五千仞上，是他唯一可隱遁的最後空間。如果這兒高峰空氣還不能叫他肺葉滿足，世界上就沒有更能叫他自在如意的場合了。

現在，他隔絕二十億人類，也阻斷一切野獸蚊蚋。在這樣大隔絕大阻斷後，他的靈性中，會產生些什麼？他可能要思想些什麼？感覺些什麼？經驗些什麼？又收穫些什麼？這些，他暫不先作估計。反正，四十一年第一次，他在過一種絕對宇宙性的生活，絕對自我化的生活，在這片偉大空間，自我稍稍向外擴大一寸，便變爲宇宙，宇宙略略向他擴大一寸，便形成自我。

無比的高、無極的寬，無限的廣，無窮的深。他像一個神，把全宇宙當一隻籐椅，躺在上面，沉思，觀照。這整個華山，全是他觀念圖片的背景，正如荷花以綠葉與湖水爲背景。

他坐在「五千仞上」，仰天地邊，佇視身前身後朵朵白色雲氣，以及那光明的天頂，漸漸的，一片壯偉感覺，像雲彩一樣，上昇又上昇，美麗又美麗。這個感覺，告訴他一件事：他是在做一件極抽象又極莊嚴的工作。他在與這個宇宙的最高統治者相鬥爭。

是的，他與他最心愛的——那個萬萬千千星球的最高統治者相鬥爭，後者是那樣無窮無盡巨大，有時卻又像疊一塊手帕，被他暗暗摺疊起來，放在口袋內。這個魔術式的東西，他愛它近三十年了，也和它鬥爭近三十年了。二十幾年來，爲它，他拋棄家，扔掉那最芳香最親切的一切，投入荒原。爲它，他又投入火，踏進刀叢，下海，上山。爲它，他摔開最美麗的象牙與玫瑰，那最透明最宋瓷味的手臂與胸膛。爲它，他苦行，嚼荆棘，囚禁自己。他幾乎爲它獻出自己一生，但直到現在，這個他夢著又恨著的它，仍沒有使他眞正解放。

一生中，每一個與它獨處的時刻，都是他最紫羅蘭的時辰。每一個午後，黃昏，深夜，或黎明前的黑暗中，他常常沉浸於它陰影中，無比的沉醉著。他與它交談，擁抱，廝纏在一起。這是一些最苦的日子，又是一些最銷魂的時間。一杯茶，一支煙，他躺在樹蔭下，它來了，消磨半個或一個下午。他與它如此親密，二十幾年來，從未有一秒鐘分離過。他和它的結婚是命定的，永恆的。他不能沒有它。他寧可沒有自己肉體，也不能沒有它。

這眞是一個司芬克斯的謎：比司芬克斯更司芬克斯！是這樣一片空無所有，卻又佔有一切。它沒有一粒沙的空間，卻又佔領千百個王國。它無形，沒有三個與多角，沒有四方，沒有渾圓，卻又以山爲自己的四方，以水爲自己的流，以果子爲自己的圓，以紫籐爲自己的曲線。它沒有一個名字，卻又有千千萬萬名字。它沒有血，沒有軀體，卻又喝千萬人血，嚼千萬人骨。不管你怎樣恨它，到頭終得愛它。至少，你得匍匐於它膝下。

現在，他旋滾於它的最高核心，找它，抓它，喝它，鬥它，唯一渴望是：解放！他必須從它太悠久的囚牢中解放。午夜，星光下，巖洞內，溪澗邊，大樹葉子蔭影中，藍色天穹下，他狂烈希望解放自己，掙脫它那巨人手臂式的繩索。

人要從宇宙最高統治者那裡獲得徹底解放，贏得絕對自由，眞不是容易事。是的，這眞不是一件簡單事。一切先得回到那最遠最遠的，最古最古的。人先得回憶自己最初的形相。

……他曾看見過一幅畫：石器時代的尼安達他耳人。他當時幾乎不敢相信，這就是他的祖先。那猩猩樣的軀幹，魁壯如熊，龐大如象，凸出的胸膛如巖石，粗獷的腿是兩根巨柱，渾身上下，到處是極可怕的長毛，比獅鬃還毛毿毿的。這不是人，簡直是一座青銅巨雕，假如畫像下沒有字，他會以爲，這是另一種獅子，一種能直立的老虎，一種最可怖的野獸。但這是——人，是他的祖先，是地球上最早的創造者。

人這隻野獸，眞夠野獸的，桀悍的。像一顆造父變星，他變化萬千，出現於太古野獸時代。他有他野蠻的競爭者，深棕色的，熊長著獠牙毒齒的劍齒虎，具有極堅韌表皮層和三尺長角的野犀牛，遍體長毛的一丈長的長毛象，生著和人體一樣大的巨牙的巨象等等。人得和牠們格鬥，剝牠們的皮，遮蓋自己，吃牠們的肉，營養自己，喝牠們的血，以解口渴。人喝野獸的生血，正像現在我們喝鮮果子汁。

單靠形體，人並不能超越它們。可是……

是多少萬年了，多少人死於野牛與劍齒虎及其他群獸的毒牙下，於是，一個和地球誕生同樣偉大的奇蹟——思想，出現了；有一個原人漸漸的把一塊四五寸長的燧石磨成尖銳的拳斧。

在與野獸的鮮血鬥爭中，又是多少萬年了，漸漸的，另外一個原人把這尖銳的拳斧發展成長矛。

第一柄拳斧，使人類成爲地球統治者。

當第一柄武器——拳斧，被握在人手上時，也正是人第一次掌握另一個更可怕武器時——思想。正由於後一偉大武器，人才戰勝毒蛇猛獸，成爲萬獸之王。

從第一柄石頭拳斧到第一朵紅色火光的燃燒，這是多少萬年的事呢？

幾乎花費幾個一千萬年，人才懂得把石頭磨得尖尖的。又經過多少萬年，人才懂得把石斧改進爲長矛。又再過多少萬年，人才燃燒起第一朵火。又再過多少萬年，人更明白圍攻熊穴，用火與煙把它燻出來，再用刀戮，用毒箭射，把它們殺死，再把死熊頭裝飾起來。

在我們老祖先時代，一個極簡單的小小思想，竟耗費一萬年，十萬年，有時是一百萬年，甚至一千萬年。思想的步子，如此緩慢，以一萬年十萬年爲單位。十萬年可能邁出一步，也可能連半步也跨不出。

現在，我們一秒鐘所能抓住的思想，我們祖先花費好幾個一萬年，還不能抓住。

思想，這是人成爲地球之王的武器，它給敵人帶來無比災害，但也給自己招來塌天巨禍。武器的對象——野獸，快毀滅完了，它便反過來毀滅自己。過去幾十萬年，人與千萬野獸鬥，這四五千年來，人卻與自己鬥。人藉以消滅敵人統治地球的拳斧和長矛，在敵人幾乎死光後，它們便發展爲更新式的武器，轉而對人類自己心窩反戈一擊，正中要害。

人類正開始自殺。這四五千年的人類歷史，幾乎是一部自殺史和反自殺史。目前，整個地球，也正展開一片人類集體自殺與反自殺的鬥爭。雖然反自殺，但所用的手段，也仍含有自殺性。至少，在永恆觀點看來，是如此。

原始野獸對人類所沒有完成的鬥爭，現在，人類自己正替牠們完成。人類早已忘記自己祖先最危險的時代，這是人類最大的愚蠢與自私。

人類已苦於思想太多了，後者像阿特拉斯肩膀上的地球，把他壓扁了。一群人正以思想作拳斧，作長矛，作毒箭，來毀滅另一群人，幾十萬年前，人給野獸造災禍的，現在變成自己的災禍。我們同住在一個星球上，同屬於一個太陽家族，同在一片銀河的星光下，但我們卻要毀滅我們所住的星球。野獸做不了的，我們來做，而且做得比野獸加百倍徹底。

「難道思想太多，太豐富，太複雜，我們應該再倒退到幾百萬幾年的原人簡單狀態麼？怎樣倒退法呢？要眞正進步，得幾萬萬年，要眞正倒退，也得幾萬萬年。」

印蒂苦痛的想著。他又一次感到自己置身於幾十萬年前，那片洪荒時代。他四周的一切生命，卻比那些劍齒虎與野犀兕猛千百倍。

「不管怎樣，思想一絲開始，就不會結束；一經存在，就不會消滅；一經自由，就不會再做奴才。」

他喃喃著。他坐在一塊岩石上，凝望對面那座玉女峰，他的神色，是石器時代我們祖先中第一個思想者的神色，當後者向內——而不是向外，找尋戰勝野獸的方法時。

目前印蒂的苦苦追求，正像他的太古祖先，試著要在無窮無盡的岩石堆積中，磨削出第一柄拳斧，要從無邊黑暗與寒冷中，用鑽木摩擦出第一朵火。這是極艱辛的，也是極幸福的。因爲，他自知自己和這一時代許多眞正無私的關心人類命運者一樣，大家在各個不同條件下，嘗試追求地球新史代的第一柄拳斧，第一朵火光。

在生命中，只有一樣東西，是人對大自然最偉大的恩賜：思想。人唯一能自比於上帝的，是思想。刪掉思想歷史，人類幾乎沒有眞正歷史，芟除思想，就幾乎沒有人。在這種情形下，人類歷史將和魚歷史蟑螂歷史一樣。

大自然最偉大的花朵是人。人是最偉大花朵，是思想。是思想照亮無窮黑暗空間，把一切黑夜變成白晝。

二十多年來，他苦苦探索的，正是他遠古祖先花多少個一千萬年所找尋的。他要摘的，是生命中奇麗的玫瑰。比起這朵花來，其他一切，全不足道了。

拿人的現實說，人只活在感覺裡。可是，感覺的歸結，不是一隻蘋果，一片女人胸膛，一塊波斯織飾，或一隻茶杯，一柄茶匙，它的歸結是這些物象所喚起的感覺叢簇自己，上述物象不過是媒介。人的痛苦與歡樂，不停留在一隻鴿翅上，一片柳葉上，一塊岩石上，卻碇泊於心靈中。感覺的船，航過一切形勻海洋，仍回歸自己海灣。起點是感覺，終點仍是感覺。杯碗桌椅，日月星辰，僅僅是梯子，讓人從最初的感覺爬到感覺的最後總堆積：一片精神空間，一種調子，一種大氣，一種思想氛圍。人感覺痛苦，人思想痛苦。人感覺歡樂，人思想歡樂。一切感覺的最後港口，是思想。後者是海軍最高司令官，檢閱精神領域中每一條船，每一個水兵，每一件武器，每一柱煙筒。

人起先是官能人，接著是想像人，漸漸的，是記憶人，最終而且最困難的，才是思想人，從官能到眞正思想，是從嬰兒到成人。一切精神的總和，只不過爲了成全一種理想，一種思想原則，一種信仰。

在印蒂此刻看來，超於一切的整體——那是一種最最純粹的思想，以及由它而產生的最偉大最透明的意象或境界。一個人，假如能獲得這樣一種純粹的永恆思想，這樣一種偉大的意象或境界，那麼，他就有可能從宇宙最高統治者那裡獲得徹底解放，贏得眞正的絕對精神自由。

再從另一角度說，這種人生眞理整體的最高極限，可以和宇宙生命整體相貫通。這時候，人從自己靈魂的無限昇華中，將把自己提高到和宇宙最高統治者一樣崇高的地位與境界。

二

拿最純粹的思想與意象說，當印蒂午夜夢迴卻仍帶點睡眠味時，它們最清醒。當他眞正爬下床後，它們倒又開始昏睡了。他得設法把它們搖醒過來，一遍又一遍。但在白晝亮光下，它們像染上昏睡症，如此易於沉眠，他不得不以它們帶睡的姿態，當作它們眞正醒覺的容貌。越是午夜，最深的黑暗中，它們越活躍，眞是一尾尾鮮鯽魚，在陽光下，它們卻靜止了，凝成一條條畫魚。太陽光愈強，它們畫魚味愈重。越是黝黯的背景，它們越光亮，在強烈的天光下，它們倒黑暗了，褪色了，消失了。它們的濃度與四周陰影的濃度成正比，他的眼皮一開一闔之間，就是兩種濃度，兩種色調。

當他從一次長眠中初醒時，清晨，意識糢糊，睡眼惺忪，人在半夢半醒間，在最黑暗的幻覺與堅硬的現實岩石之間：飄蕩、徘徊，這時，常常的，許多思想與意象的花朵繽紛撲來。他急跳下床，坐到桌邊，提起筆時，它們又突然凋謝，他能迅捷擷取到手的，只是萎黃的殘瓣，枯片，那最鮮艷的彩色，早已遺失了。他作這些心靈記錄時，有點像用雙手捧泉水喝，捧起來滿滿的，到了嘴邊，剩不到半口，假如是捧到附近大水甕裡，可能只是一滴，兩滴，有時連一滴也沒有。當想像的泉水湧起時，他如不火速搶著捧到手裡喝，可能連一滴也喝不到。其實，他所飲到的那一滴，兩滴，已不是原來眞泉水。當他以筆代手，捕捉它們時，那只是他坐著時感覺到的泉水，與他躺著時所感到的不同，與他剛坐下來最初那一剎，也不同。陽光強烈時的它們，又與天氣暗淡時的它們不同。他用筆作捕蝶網，撲捕那些飄忽流閃的幻象蝴蝶時，這些美麗昆蟲的顏色、形狀、光亮，與未舉捕蝶網時幾乎完全相異。午夜時是一批蝴蝶，清晨時又是一批，躺著時是一批，剛坐下時又是一批，坐定了時是另外一批。第三批不是第二批，後者又不是第一批，它們只在程序上有最形式的承繼關係。

他躺著時，腦子裡裝滿一大片一大片雲彩形狀，無比緻麗，它們誘惑他摘取下來。是那樣豐富的雲朵，當他兀坐書桌前時，一朵也沒有了。如果他必須把它們記下來，或畫下來，他所記的，不是閉眼時游泳於他黑色眼簾陰影中的明亮雲彩，而是他抬頭看見的窗外雲彩，以及他坐下時偶然浮顯在、或反映在書桌台面上的雲彩，和白紙上突然湧出的幾朵雲彩。棕色桌子變成天空，白紙化爲大氣層，藍字扮演藍色閃光，筆桿變成風。然而，這一切，完全不是他躺在床上時的風、光、大氣、天空、雲彩。他不能再抓回那些已失去的雲彩，正像他不再能抓回那些已失去的錶聲，他的聽覺的手指，只能抓住此刻此分此秒在響的。但這個錶聲滴噠只是這個錶聲滴噠，不再是已失去的那個滴噠。形式雖近，內涵卻各異。也許，他抓失去的錶聲，要比抓失去的雲彩容易得多，前者先後還有共同外形，（假如聲音也有外形，或：在聽覺裡喚起一種外形感），後者與當前所湧顯的，卻連一點眞正共同因素也沒有。最致命的是：他現在所透視所拍攝下的雲彩，是一些一半藉文字一半借助於一種盲目憧憬的雲彩，它們完不是先前那種眞實的充滿醒覺的雲。後者是從明亮，前者卻是從黑暗到明亮。當他有意識的想泡在靈感中時，靈感沒有了。正如魚在水裡，不知惜水，只當躺在竹籃時，它才珍惜籃底每一滴水意，濕意。

午夜臥睡床上，他用走內線的眼睛看幻像，思想，感覺，一切似乎五色繽紛。白晝他坐在桌前，所看見的只是白紙黑字，於是，眼睛只能走外線，不能走內線。這時，有一種新的光亮的絲在流，在瀉。是不是由文字的蠶本身吐出文字的絲，從字到字？從白紙到白紙？而文字一身兼二職，又是蠶，又是絲？這簡直不是絲，是一種新的噴泉，可能，泉水新鮮，發出甜味，但無論如何，卻不是他閉眼躺著時所感覺到的那片泉味與水意了。

他懷疑，他睜眼後，是否能再把閉眼時的幻象翻譯出來？他更懷疑，任何文字是否適宜翻譯這一切？

經過許多日子沉思後，他開始發覺，目前他不只活在幻象雲彩內，也活在窗外雲彩中。他不是分裂它們，而是再組合它們。不管它們能否織成一片，他的課題卻是一個紡織女工的使命。

這也正是高峰生活的特點。否則，假如純爲捕捉夢境幻象，他並不需要獨居於高峰上，他生活在平原或城市空間都行。

他不是在創作或撰寫，他是找尋人生眞理，是修鍊悟道者所渴望的那種一擊即中，不是瑣碎的分析。對於生命眞理說來，他是個批發商，不是零售商。

他將放棄那種細緻得有點變態的心理分析，他要抓住的，是宇宙大自然的渾然整體。一句話，他必須眞正沉沒在高峰宇宙生活中。

三

就印蒂看來，高峰生活不是別的，它只是給人類靈魂一次最徹底的高峰浴，大氣浴，予精神狀態一次最完整的雲彩浴，星星浴，也替肉體作一次最華麗的日光浴，月光浴。經過這一長串深沉沐浴，靈魂將從極複雜的化爲極純粹的，從極昏暗的變成極透明的。人不會只能鍛鍊出一顆肉體心，那唧筒式不斷噴出血液又運輸它們的心，人還可以修鍊出一顆類似千萬星球的原始狀態的心。心徹底星球化了，靈魂徹底幻變成生命原始狀態了，它們的境界也就大大提高了。宇宙間有多少星球，心就有多少變形。星球有多大，心就有多大。宇宙原始狀態，多少複雜，深邃，心就有多少複雜，深邃。

這顆再造的心，和鯨魚座、天鵝座、船帆座星雲一樣旋轉於無始無極的大空間，緊緊擁抱無頭無尾的大時間。它能溶入那最初最初的無數萬萬萬萬年前的時間流，也能飛入最後最後的無數萬萬萬萬年後的時間流，它又能和諧那超最初的，和超最後的，把它們統一起來。

心只有這點小，但他可以把它鍛鍊得無窮大，訓練它能擁抱萬有，佔有銀河系宇宙的總和。

正因爲心能被鍛鍊成一片白雲，它才能那麼美麗，不雜一點塵土，超越一切的飛翔著。正因爲心能被錘鑄成星星，它才能夜夜光亮，照明自己，也照亮四周。正因爲心能被創造成一輪明月，它才能自映映人，也映見千百條江河海洋。必須先修鍊成這樣一顆充滿奇麗感覺與偉大空間的心，它才能更瀅徹的照明人生眞理海洋，能經受更多的風，更強的火，更冷酷的冰雹雨雪。心的成熟時代，和干將莫邪寶劍一樣，起舞處，只見一片銀光，不見劍身，殺人也不見一點血。火燒煉到最後，沒有火花，只迸出一片純粹幻美的白色光燄，心燒煉到最後，也沒有心波心浪了，只顯出一片美麗的透明。

智慧能洞燭無心之心。靈異的耳朵，能從無風聽聽風。銳利的眸子，能從無雲處見雲，無星處見星。

把一切高峰神話芟除，把一切山岳傳說洗脫，把一切雲裡霧裡的迷信蕩滌盡淨，高峰自高峰，山岳自山岳，雲霧自雲霧。從這裡昇華起來的心靈，是絕對高峰化的心靈，正如出水蓮花，是最純潔的花朵。

然而，這一切只不過是一種理想。印蒂所苦苦尋找的、不只是一種理想，卻是一種眞實的心靈境界。

要把這片理想翻譯成現實，把這片境界化爲他靈魂的血肉，要把畫幅上那朵出水蓮花簪插在他自己現實的心靈花瓶內，還得費他九牛二虎之力。

在古代東方，少數哲人，曾摘取到這朵蓮花。印蒂腳下所留下的，並不是第一個東方足跡。不同是，現代畫幅背景，畢竟闊大多了，必須多費許多線條與色彩，才能把那片擴大了的空間塡滿。也許，描畫蓮花的方法和風俗，也和古代有點不同了，雖然誰都知道，這是一朵蓮花，但現代花朵的形相，到底是現代的，（可能是經過移接的）。不過，不管怎樣形式的蓮花，它們的眞正模特兒只有一個。

這整個追求過程，不只是一個美麗的過程，也是極痛苦的過程，因爲，他必須放棄過去一切，重新開始。幾乎連過去的起點也拋棄了，他必須重新肯定一個起點。

比一切更叫他痛苦的是，他這時完全是個倒在地上的人。不，他是一個病人。他是一個患重度「絕緣症」的病人，他與整個世界絕緣了。假如他不能從絕緣後的新空間得救，他將全部毀滅在這片眞空中。

要得救，他必須先在自己空虛的肉體架子裝置上一個頭，一顆完美而光輝的頭。自有歷史以來，人類不斷找尋這個頭。他們曾找到各式各樣的頭，放在這類肉體支架上，可從未眞正合用過。有的頭太大，有的頭太小，有的太圓，有的太方，有的太寬，有的太狹，有的太多脂肪，有的太貧血，有的太粗獷，有的太纖麗。希臘的頭，羅馬的頭，埃及的頭，以色列的頭，印度的頭，蒙古的頭，阿拉伯的頭，大不列顚的頭，新大陸的頭，俄羅斯的頭，都曾裝置於這個肉架子，但從不能與它眞正和諧過。他現在不需要這些，他只要一個中國的頭，眞正中國的頭，卻有上面這些頭的優點，特點。從所有這些頭部造型上，捕捉那些動人的線條，輪廓，光澤，色彩，凸凹，明暗，再綜合雕成一顆純粹中國的頭，純粹東方的頭。

但這又不該是古代東方的頭，而是很現代的頭。

有些頭，應該放在曲阜聖廟。有些頭，應該置於秦始皇陵寢。有些頭，應該擺在漢墓裡。有些頭，應該與昭陵八駿爲伴。有些頭，應該藏入明代孝陵衛。應該如此的，讓它們如此。印蒂可不願做考古家，把這些頭骨再從墓窟內發掘出來，裝在自己肉體上。他雖然也曾崇拜過希臘的頭，羅馬的頭，以色列的頭，印度的頭，或俄羅斯的頭，現在卻一個也不要，他寧要一個眞正自己的頭，卻又是最中國最現代的頭。

超於一切的，它應該是一個最眞理的頭。

這類頭可不易找，他已找尋二十多年了。

莎樂美找尋一顆所愛的人頭，只付出一舞代價，印蒂所付的代價，卻巨大得多了。

然而，不管付出怎麼大代價，他必須找到它。他也相信，他一定會找到它。假如太空萬有引力從未叫地球失望過，那麼，這個宇宙也不會叫人類——以及人類中的他或他這一類人失望。

一種偉大的生命眞理整體，是一個遼遠的箭靶，容許各式各樣的箭從四面八方射向它，也准可各種各樣射擊過程環繞它。

印蒂的精神理想，正是一些箭，而他的各種官能過程、感覺過程、和思想過程，正是一些射擊過程。

四

永恆音符也好，那個最眞理的頭也好，那個眞理整體——最偉大而最透明的意象或境界也好，對他說來，只是一艘船。踏上這條路，它將把他帶到一個奇異美麗的港口。從此，他將過一種絕對嶄新的靈魂生活。

即使當他尚未找到這條船以前，他已醒覺的感到：他與東方古典大師們的分歧。大師們不把這當船，卻當做港口或彼岸。他們把船上的一切，當做彼岸的一切。他是現代人，他有無數理由，試著使自己比這些大師們更往前走一步，把他們已得到的只作爲一個階石，從而踏上一座更堅固的建築。

不過，這只是他嘗試擬就的靈魂工程藍圖。此刻，他連大師們早已竣工的那一部分，他還沒有砌完磚，蓋完瓦，運完木石呢！

最艱苦的時辰，終於來了。

正像蹻登華山，他現在已躡臨千尺幢隘口，轉入極險峻的旅程。只許上，不許下，只准前進，不准退後。他二十幾年的追求，幾乎全集中於此。他畢生心血，也孤注一擲於此。

比起一生中任何階段，他目前最是艱辛，最是嚴肅。假如可能，他眞願無日無夜，完全沉浸於思想工程，放棄那僅有的睡眠。他不願整個白天所抓住的一星、一點，因睡眠而又失掉。他希望永遠在醒覺中。

常常的，他通夜不寐，結跏趺坐，不知是夢、是睡、是醒。偶然捉住一條閃光，像沉海者捉住救生艇纜索，他死不放棄，從早抓到夜，渴望從這一閃一亮裡，能帶來千閃萬亮。終於，閃光消失了，他又被扔入黑暗中，但他的堅韌如鋼的意志，永沒有眞黑暗過。它像太陽，在雲霧中左衝右突。

每天除看書外，幾乎有十小時左右，他花在思想中。走在林叢間，他沉思。坐在樹葉陰影裡，他沉思。欹著岩石看雲，他沉思。點起每根火柴抽煙時，他沉思。端起每一杯水時，他沉思。捧著飯碗時，他沉思。蹲著時，他沉思。躺著時，他沉思。醒著時，他沉思。睡著時，他彷彿也在夢中沉思。做夢也變成他思想的另一種方式。不只一次，醒後，他記錄夢中和友人的哲學對話，它們幾乎與清醒時一樣準確。

有一次，點火柴抽煙，他突然陷入沉思中，直到火柴燒焦手指，他才驚醒。

他的肉體似乎已沒有了，只剩下思想，他整個人也變成一片思想，像窗外雲朵，飄遊天空。這雲朵又是一種精靈，到處飛翔，無所不在，它鑽入宇宙深處，每一個孔隙，每一角罅縫。

他的生命不算離奇，他只不過抽掉那些蕪雜的糟粕，留下那純粹的精華。

他沉思，像幾十萬萬萬年前地球上第一個原始人，第一次獲得這樣一柄利刃：思想。他沉思且焦慮，以無比渴望，衝往靈魂最深最後謎底——他的永生窠巢。

一個巨大聲音，不斷在他身內身外響：

「我必須得到它，我必須抓住它，我必須擁抱它。」

這個聲音，就像十四年前追逐愛情一樣，不斷纏繞他，包圍他。其實，他對他的未來情人，還一無所知，也從未見過。她有怎樣的眼睛，怎樣的眉毛、頭髮、鼻子、嘴唇、肩膀、身材，完全不曉得。但他卻堅信：「我一定可以獲得她。」

這個追逐過程，微妙極了，也複雜極了，神秘極了。

像一個檢驗員，通過顯微鏡觀察血液圖片，片上所表現的紅血球或白血球的方格子，常常的，他通過自己靈魂顯微鏡，捕捉那些最細微最飄忽的感覺，絲縷，最迅捷的思想波紋。他很容易用肉體一部分，抓住一朵紫藤花，一片浮萍，更容易抓住一個人的臂膀、肩胛骨，但他怎能捕捉那最輕風絲，最倏忽的電光，最剎那的夢幻？他又怎麼能摸觸那最閃電式的思想跳熌，最靜寂如死的感覺沉澱？

也許，他可以從一個人的眼球光芒上，面部肌肉紋理上，捕獲對方最內在的靈魂閃光，但那只是他粗獷的一面，一種最輪廓的色彩，彷彿教堂彩色玻璃上的一片模糊色彩。終究，他擒不住感覺花玻璃上每一條最纖細的花紋，凸凹線、鏤刻線，每一個弧彎、曲折、唧接。沒有一架能拍攝星光的天文臺照相機能攝下這些。

他可以從樹葉動、花朵顫，知道風。但葉動、花顫並不等於風。窗帘的飄起，也不是風，正像寒暑表上的紅線，並不就是熱或冷本體。他可以從眼球與水樣液裡抓一閃思想或感情，但眼球只是眼球，水樣液只是水樣液，它們不是思想或感情眞體。

文字像眼球一樣，可以映射一芒一熌感覺，但文字本身不是感覺纖維。語言如窗帘，可以象徵一陣思想風飈，但語言本身並不同等思想眞體。

思想旣不是感覺，感覺又不是那最後的宇宙妙色妙音——生命之生命的眞體。現在，他想捕捉的是生命眞理的最閃忽的形體及眞體，最神秘的光和色。而且，他想，一次——直接衝進去。

他不想學一個破落戶買豬肉，今天割四兩，明天稱半斤，後天再買十二兩。他得一次買——把全豬買來。

他想起，許多年前，他患病前後的感覺。當時，他和左獅爭執一場後，在家裡病倒了。那時，他有許許多多感覺：對生命的感覺。平常，他活著，能蹦、能跳、能吃、能喝、能唱，從不覺得活著是一大奇蹟，生命是如此突出。可躺在病床上，忽然，他感到生命如山峰一樣矗立，凸出這樣刺眼。後來，漸漸的，他能坐了、能下床了、能走了，而且能走出房門了，到園子裡散步了。終於，他居然又走到揚子江邊，面對滾滾長江水。

他怎樣坐，怎樣爬下床，怎樣走，而且走得很遠，這一切感覺都屬於生命建築一部分，卻又如此分歧，一節又一節，一段又一段，前後雖有連貫的節奏，可仍又錯綜複雜的平擺著。彷佛一個人變成七八層樓，或者，更多層的樓。最低的第一層是死，第二層是病床，第三層是從病床坐起來，第四層是走下病床，——最高一層——是一個光輝完整的生命。他極少可能突然同時擁有許多層樓的感覺。必須一層又一層的感觸著、爬著，每一層全有不同擺設、佈置。雖然直到登上最高一層——那最飽滿的生命，才算眞正離最低的第一層——死，遠遠遠遠了。

現在，他試著狩獵人生眞理整體，也有這種爬樓感覺。像病人熱烈追求生命，他現在狂猘追逐生命眞理整體性。

然而，此時，他不只要一節節、一層層往上爬，最重要的是，一刹那間，同時穿貫這許多層。從動作和節奏說，人生眞理是這麼許多層，但從擁抱說，它只是一個整體，即使是眞理的死亡，也是眞理生命的一部分。

自然，這一切只是一種暫時的假定或約定。要把這暫時的化爲眞正永恆的，把這個假定或約定眞正變成眞理，那還需要一段艱苦鬥爭，幾乎是生死肉搏。一切攬來容易，其實卻並不容易。一朶花，從高高樹枝上拉下來，看看要到手了，眞正去摘時，卻又飄開了，仍然在高高枝葉叢間搖漾。捕捉人生眞理，是一場奇幻的捉迷藏：那被捉者，是睜著眼逃避，你卻閉著眼追逐。這一切困難，不亞似捕捉閃電、星彩，和螢火在空間所劃過的光跡。

在他生活中，他身邊，有許多極平常的形相，他知道，只要突擊入其中一種，它會就會起連鎖反應，一切迷底將豁然洞開。但他儘管握緊長矛，千百次向它們衝去，卻一次也衝不進去。

比如說，在他目前肉體感覺世界，綠色是重要節目之一。從早到晚，從春到秋，只要一睜開眼，他就看見它。甚至在睡夢中，他也有綠色的夢，夢見極多極多濃密的綠色。但他挾著智慧長矛，眞正向這大片綠衝過去時，他卻不能眞正衝入它的色彩迷宮，到達它眞正的眞理核心。

他目前生活中，綠是極少數最主要色調之一。特別是春夏之際，當他站在東峰或中峰頂時，回頭一望，到處是綠，綠得簡直叫人恐怖，彷彿綠是一種流動液體，突然爆發一場「綠色」洪水，一切空間都塡滿綠，滿山滿谷滿坑滿窪，到處畫綠。空間自己就是畫家，把自己全身畫得綠綠的，幸而這是一個代表神的畫家。假如是人間畫家塗抹這麼多綠，早被送入瘋人院了。

這種綠與花布或綢緞的綠不同。許多人間顏色模仿自然，常有異樣成績，像粉紅、朱紅、大紅、杏紅、鵝黃、天青、明藍、深棕，都是。獨有一種顏色，人工永遠追不上天然，這就是綠色。從沒有一種綠布、綠綢緞，甚至綠呢絨，能叫他眞正滿意過。即使把所有人間的綠堆成山，也比不上一片樹葉子的綠——特別是款擺在風中的綠，每一條人體上披掛的綠色紡織品，總是那麼庸俗、輕佻、造作，它們千年萬世也抓不住樹葉子綠的空靈、縹緲、超越、溫柔。一個女人，不管穿一襲怎樣美的綠色袍子，用怎樣昂貴的綠色質料，卻總比不上一株穿著綠色樹葉子的樹。

不管人的靈感怎樣狂馳、疾走，永遠不能追蹤大自然的原始綠。

常常的，他坐在峰巔想了解這裡面的秘密。

他想，假若他能探索出它的哲學秘密，他就抓住整個生命的哲學秘密。

在自然一切偉大秘密中，綠色是最莊麗的秘密之一。整個宇宙謎底，似乎蘊藏在這一大片海洋綠中。

他曾許多次遭遇這一大片綠。他回憶十四年前的綠，西湖邊的綠。那時候，綠只活在他感覺中，很少闖入他智慧空間深處，即使門外響著「綠色」強烈叩門聲，他也漠不關心。他就沒有像現在，能用這樣冷靜的眼睛凝望綠色。大巴山脈的綠色、重慶山中的綠色、南洋的海綠、S市或N大城的綠色、廣州的綠色，即使在戰場上，也有綠色，但沒有一種綠色，能像此刻這樣完全佔有他。即使在西湖時代，它也只衝入他精神建築的二樓，或最多三樓，從沒有踏上四樓或五樓。

就這樣簡簡單單一片綠，內裡就涵有如此複雜的變化。仔細挖掘下去，一石、一木、一風、一雨、一雲、一星、一蟻、一蝨，十五年前、二十年前、十年前、八年前、五年前、三年前，——現在——明天——明年——十年、二十年後，在他眼睛裡又會呈現怎樣驚人的變化，他的靈性似一架鋼琴，將彈奏萬萬千千怎樣多變的樂曲。

他必須找尋這一切之中最終的——那惟一的永恆音符！綠有綠的永恆音符，一石、一木、一蟻、一蝨，也有它們的永恆音符。一切永恆音符的永恆音符，只是唯一的一個永恆音符。

他能聽得見這個音符麼？他必須聽見它麼？究竟什麼時候，他才能聽見它呢？是今夜？明朝？後夜？明月？明年？是月亮照見他思想時？是野玫瑰映入他意識時？是雲彩撲入他窗口時？是雨點打入他心房時？

五

風聲越來越狂，雨點越來越響，在印蒂一生大追逐中，現在眞正到達雲從龍、風從虎的時刻。雖然他呼吸於太華絕頂，此刻卻又君臨極大危機，對人生眞諦最深渴望的危機，非啜飲到那神聖的一杯，危機不會解除。他又重演寶光寺七七期間那一幕，含辛茹苦，千嚴萬厲，非了卻生死不可。不，他非擒獲那永恆的「牠」不可。

狩獵人生眞諦整體的全部過程，比躋登太華絕頂的路程，複雜得多，艱苦得多。

有些僧人，畢生致力於此，熬盡近萬個紅燈黑火，炎日冷月，卻毫無所獲。有的人，並不專力於此，甚至並不自覺自己在叩擊一座通天石門，結果，卻石破門開，昇入天頂。

印蒂兼有些二者。

未出教會前，他毫不自覺自己在遵循一條古老的東方軌跡。這以後，他才漸漸意識到，許多西方大師所以不能俘虜他，主要是因爲：他心靈深處，盤踞一列列自己血胤系統裡的東方大師。

要追溯最初的腳步痕跡，和它們路徑，那是一段漫長的旅程。

紅灩的色彩叢，他濾視到一抹灰。明亮的白晝，他感觸一片黑。頑強的陽光中，他敏感一星寒意。蜂蜜味的飲料，他覺得一份金雞納霜味。漫長的夏季午後，他耳畔共鳴時間的剎那。芳香的蘋果，他呼吸到腐爛氣息。溫柔的友人臂膀裡，他感觸冷硬。富挑釁性的酒液，他舌尖漠然。熱鬧的舞場，他咀嚼寂寞。刺激的群衆集會，他只覺孤獨。最圓最鮮的樹葉子，他看見陰影。奔流的江河，他覺得凝固。當他的想像擁抱南極時，他心靈眼睛斜覷北極。一種極爲奇異的分裂魔術，一直緊緊伴隨他，糾纏他。

無論是華麗的春天，或芬芳的玫瑰花簇，或仲夏夜森林，似夢的大海濱，或秋風秋雨秋窗秋燈下，純潔的白雪季節，一個神秘聲音常在他心內響：「這一切究竟是什麼？爲什麼？它們眞是那最後最後的麼？」清晨、午後、黃昏、初夜，特別是深夜，這時聲音分外燃燒得狂猘。總有些不安在祟惑他，總有一件空虛在包裹他，總有一個永恆的「？」在他眼前畫。最凸出的是午夜夢迴時，夢與醒像兩扇波浪，不是這一扇攪滾他，就是那一扇把他推送。朦朧恍惚中，他突然有點恐怖。恐怖的不是午夜，是一種比午夜更可怕的，比四周黑暗更黑暗的黑暗，一種形容不出的深淵——一汪巨大無比的空虛，猛然吞噬他。他覺得自己沉，沉，沉，比一片毛羽更輕更無骨無肉的沉，沉，這是一種比死刑更猙獰的懲罰——墮落，因爲他不知道將落到什麼空間，他會有什麼樣的最後結果。

醒覺——太陽起來了，他想，找尋這片黑得要吃人的深淵，卻找不到，但他心中明白它確實存在，在他四周，也在他肉體核心。一切外界黑色會從核心來。一切黑色中，最殘忍的黑色，是午夜猛醒後那片迷離混沌的黑色。世界上再沒有比這更帶猙獰味的黑色。一切黑色，或多或少都是實實在在的黑，獨有這個，卻無比空虛又空虛，當你感覺它時，你自己也化成一片空虛，無影無跡，連皮帶肉全變成比空氣還虛無的虛無。從反面看來，正如那可怕的點金術，凡你手指所觸，都變成黃金的實在，他所遭遇的，可說是「點黑術」、「點空術」，凡人一遭祟，所感所觸的，都是一片黑，一片空。

當他靈魂內部發出上列一束信號，當他發現這片比午夜更黑暗可怕的深淵，決心探尋它獰惡秘密時，其實這時他已在追蹤那位古印度大師在恆河邊的足跡了。當初他入寶光寺，不過把他多年踏過的痕跡，重新加以厘定，加以歷史化，體系化罷了。聽方丈「開示」後，他所呈獻的那首偈，是他對那扇通天石門的第一次強烈叩擊聲。

正是如此，這整個艱苦旅程，確如叩擊一座堅固山巖。這山這巖，是從搖籃中帶來的，當他柔嫩的孩提眸子、第一次睜開，看見地球上第一個顏色：光明或黑暗時，當他的細小耳鼓第一次幅振著，彈射天地間第一個聲音時，當他從未咽味過的舌頭、第一次顫震——嚐到第一滴生命奶汁時，這山這巖就屹立了。也許，當他還是血肉一團，在母親子宮裡蠕動時，這山這巖就展開了。不，當生命還是單細胞時，它們已構成一片巨大朦朧，包圍他了。它們告訴嬰兒的潛意識或本能，外界確實有一些或一大堆東西。即使當它們最恍惚最模糊時，也仍叫生命產生一種倚賴感，好像人躺著，必須倚賴床，坐著必須倚賴椅子。他必須倚賴這些柔嫩的或堅硬的實體。也正由於這種倚賴，他的眼睛才是眼睛，耳朵才是耳朵，鼻子才是鼻子，嘴才是嘴。做孩子時，最大懲罰不是一頓籐條或戒尺，而是一間什麼也沒有的空空大屋子，被幽囚的他，會馬上感到比一切恐怖更絕望的恐怖。人生眞理的一部分起點，也正在這裡。生命越是成長，這座證驗外界實在的山巖也比例著成長。感覺如一杯酒，酒精越加強加濃，這座山巖也越堆積越巨大巍峨，終於峥嶸嶙峙，高不可攀。它們成爲他不自覺的倚賴體，他也從沒有懷疑過它們的堅固。這種幾乎從單細胞時代就存在的實在感，從沒有一秒離開他。

直到二十四年前那個春天，當他決心離開師範學校時，他的年輕手指，才第一次叩擊這片又黑又巨大的山巖。他開始感覺，它並不如他所想像的那麼堅固，永恆。那些最富有黏液性的土層，也會迸裂，那些嵌巉的岩石，也會風化，粉碎。而且，眞正形成這座山巖的，究竟又是些什麼？環繞它的外面的黑暗大海，每分每秒不在波蕩運動，隨生隨滅？一個看不見的崩毀過程，不幽靈樣永遠伴隨它們？因而一團無極無限無始無終的大空虛，不陰影樣死死尾隨他？包圍他？

這時候，他似乎又回到兒時，發現他和一些同事、一次又一次受老師懲罰，常常被單獨囚禁在一間又大又死寂的空屋子內，他連找自己影子做伴，也不可能。

正由於類似這種懲罰，平日，有時候，他才不斷敲擊這座嶮巇山巖。因爲，他越來越發覺，它們不可倚賴了。起先，是畏葸的、試探的。漸漸的，他能動搖幾塊巖石後，他認眞了。他不只用手指敲，進而用拳頭擊，最後，他舉起鶴嘴鋤。他每鋤鑿一次，就落下一些細碎岩塊。月夜，或凄風苦雨時，他面對宇宙大寂寞，內心不禁響起那個沉鬱的聲音：「這一切到底又是些什麼？」他的鐵鋤便被狠狠舉起。幾年前，離開教會，皈依妙智禪寺，特別是進寶光寺以後，他對這種鋤鑿工程，已從半下意識的進展到絕對自覺。他拋棄鶴嘴鋤，正式運用現代的開山機與炸藥。

這樣，四十年來建立在他感覺王國裡的那座巨大山巖，又險峻又渺茫的山巖，那幾千萬年前，隨第一個原始人第一個生命感覺俱來的黑暗巖層，慢慢的開始崩潰了。他在搖籃內、就無形受它們左右的那一大堆實體，漸漸的，也跟著碎裂了，似乎溶解了，氧化了。終於，甚至像在同溫層一樣，連那片最後的氣體，也漸漸稀薄了，幾乎變成絕對空無了。

全部崩解過程是緩慢的，迂徐的。這整個黑色山巖是一個雄巨險隘山塞，只有鑿穿它，他才能有一條眞正通天的路。它們彷彿又是一大堆雲霧，每碎一塊岩石，就撥開一片雲霧，他的靈魂視覺也就愈益窺見雲霧層外的眞正宇宙體積。這片雲霧，今天撥開一點，明天撂去一些，那最深處的宇宙星光，也今天更明一分，明天更亮一寸。這種永恆驕傲處的明亮，是一種奇異音樂，隨著那巨大黑暗體的逐漸分解，不斷敲著微妙的喪鐘聲。同樣，這一朶朶鐘聲，在他心靈留下極深痕跡的，是印修靜先生的死，他的最後聲音。不，父親整個人就是一片瑰麗的音樂過程，隱示他透視那最幽邃的星光。這以後，是廟台子的雲中禪寺，以及莎卡羅的無蹤無跡。左獅的悲劇，同樣是一片深沉的鐘聲。

眞正敲入他靈魂核心的，應該是妙智禪寺和寶光寺的鐘聲。

橫陳於大巴山脈的川陝來回四千里，這是一本變化萬千的古代史。那些激烈的戰鬥與肉搏，那些深刻的勝利和失敗，都是這本歷史的一部分。在繁華如繡的唐代古長安，那些座金碧矞煌的宮殿，那些萬家朱門綺戶，崇樓翠閣，直到它們的可怕結論——現代的西北荒漠，這一切，都強猛的震撼他，敲醒他。終於，他踏上華山，遨遊海拔三千七百公尺以上。有生以來第一次，他整個和人間絕緣，獨與風雨霜雪雲霧日月星辰爲伴，把自己全體肉體與靈魂投入萬千星球永恆運動中。這以後，鐘聲便越敲越緊，撥開的雲霧，也一天比一天多，掩蔽在它們後面的空間最深處的宇宙極光，也不是偶然閃耀在他視覺中。以後，他在這個地球上最後一個血胤生命的死——他母親的火化以及他重經西湖濱與記憶中的那些空間，終於，又遠絕千里，再返太華絕頂，這時，那鐘聲已不是一聲聲，而是一陣陣，那千重萬層的迷離雲霧，幾乎是一朵朵紛披的犨墜於他身邊，那座崧高崛峋的巨大黑色山巖，也開始正式崩裂，他的靈魂視覺，於是隱隱綽綽的找到直達永恆宇宙的通道。

一切都準備好了，只待那最決定性的一擊。

想不到，最決定性的一擊、是一個小小故事。他偶然翻讀一個日耳曼作家的短篇小說。那個故事告訴他：一個畫家旅行，經過一個山村，他愛上一個美麗少女，他和她跳舞，他把她的形貌留在他的畫紙上，次晨醒來，他再找這村子，卻尋不到了。他問他遇見的第一個人，那人回答：「你所問的那個村子，幾百年前早崩了，不再存在了，誰也不知道爲什麼，也不知道陷到那裡。傳說：每一百年，在一個一定日子裡，它總要在天空浮現一次。畫家看看畫上少女，想想他所遇見的這每一百年才出現一次的一夜，以及他在這一夜的初戀，天知道，他僅僅和她接過一次吻！他不禁流下又圓又亮的大眼淚。

這個短短故事，是一把靈巧鑰匙，頓時輕鬆的替他啓開一座堅固的鐵鎖，打開兩扇封閉得極緊的黑門。我們所住的這個地球，是不是也正像這個一百年才出現一次的無名山村，每幾百萬萬萬——年才偶然出現一次？每次在我們時間表上，是一萬年或五萬年的文明文化，而在創造主的時間單位上，其實只是那個小村一夜。所有人類生命痕跡，是不是只等於那個畫家的一夜初戀？畫紙上還殘留著少女形像，那個村子與少女卻永遠消滅了？當這個以一萬年或五萬年文明爲一夜的一夜消失後，地球會不會像那個村子又崩陷下去？——天知道沉陷到那裡！——又還原爲它未成形前的一團虛無空寂？又有誰能向我們保證，它絕不會如此變形？不只是這個地球，就是全部宇宙星雲體系或銀河系，是不是也只是一個個上述無名村子，無若干萬萬萬——年只浮現一次，——不管這一次是以多少年爲單位，在創造主時間表上，只是那山村一夜。這以後，又會永遠消滅，變成一片黑暗與虛寂？

這一次，他當眞聽見那個山村基督教堂的鐘聲響了。最後一聲，也就是這個村子的生命最後一秒鐘。

六

不管這個故事怎樣通俗，也不管它在他靈魂裡的連鎖反應是怎樣常識化，或神話化，但它卻給予他一個機會，使他自己肉體及靈魂中的宇宙力量發生第二次分裂運動，這一力量，和他現在追逐的稍有不同，它是強加於他的外力，一種宇宙壓，後者卻是他自覺的追求與靈性的戀愛。

他以爲：當生命未出現於地球以前，「生命的前身」（如假定有這個名詞），應該仍是宇宙的一部分，或者說，它仍融合在宇宙大生命裡。但當「生命的前身」離開宇宙大生命，單獨出現於地球時，不管是阿米巴也好，離開母親子宮的人類生命也好，它們就算從宇宙——宇宙巨體分裂開來。儘管阿米巴的成長、生物的進化、及人類的出現，在科學形式上，自有它們的格局、規律、狀態，但哲學性的說來，個體生命既來自宇宙本體，個體生命的獨立，雖然很大一部份仍倚賴宇宙本體，（前面已提到這種「倚賴」，後面還要提它），但在形式上，到底是獨立了，和宇宙本體分裂了。

下面一些神秘的而又具有心理學現實性的思惟、感覺，以及自我精神分析，都是從他上面這段思惟發展的。（當然，有關「原形質入細胞核，……」這一部分，是想像性的、詩意的，爲了讓他自己更強調這種「宇宙壓」。）

當生命第一次從宇宙巨體分裂開來，形成獨立「王國」時，不管這「王國」比一粒沙子還小，或比一個地球還大，那巨體本身，總有些光、色、香、形體、附帶膠著於生命的，它們也就變成一種無形壓力，幾乎和大氣壓一樣。當生命形成原形質、細胞核、細胞膜時，或者當它形成白色體、葉綠體、染色體、紡緶體，或作有絲分裂、無絲分裂，與減體分裂時，這片巨大的神秘壓，似乎總隨它們變化而變化，隨它們凝成固體時而固體，隨它們運動時而運動，有色時而有色，無色時而無色。直到生命成根、成莖、成葉、成結締組織、成循環器與神經纖維時，它彷彿也有根、有莖、有葉、有花、有循環、有纖維。這種壓力，很像非洲東部一種會吃人的巨樹，全身是刺，有很多花蕊似的觸手，人和獸碰到它，立刻被它緊緊裹住，越逃，越纏裹得緊，直到人獸血肉糢糊一片而死。不同是，人比較聰敏，只順著它的纏裹而運動、呼吸、思想、醒覺。

當他一從宇宙軀體裡分裂開來時，即使只是形式的分裂，隨即就陷入這片可怕的宇宙觸手中。動一步，陷一步。越是動，越陷得深。他的感覺假如是葉子，每一葉的呼吸、搖擺，都混合著宇宙壓的原始光、力、色、線條。他的血肉與宇宙血肉纏成一片。他的血液裡，有太陽的血液味，有流星的光閃。正像人活在大氣壓力下，不太分明感覺氣壓，他有時也不太知道這些觸手的血肉纏結。但當人向高空跳躍，很快跌倒時，人就感到大氣阻力、和地球引力。同樣，當他想把自己那個獨立王國修飾裝璜成眞正獨立王國時，他馬上就感到這片宇宙壓。頭上有個天，天不妨事，不阻礙你跳舞、唱歌、散步，但當你想學神話中的鳳凰，無極限飛翔時，這個天就像天花板一樣的悶塞、阻礙。你好像住在一間船艙斗室裡，伸手是天花板，邁腳是牆壁，你似乎不能獲得那眞正無任何形式空間的空間。

是飛鳥感叫生命感到風力狂猛，太陽酷熱。是上述鳳凰感叫生命感到霧氣的陰霾，暴雨的粗柱子。是靈魂的飛鳥感叫他感到空間的束縛。這光、這熱、這潮水、大雪、山嶽、森林，以致這牆壁、岩層、土地、泥沼、一石、一草、一樓、一閣，都叫他有一種被糾纏感。即使是最瑰艷的花，最精緻的磁器，最帶欣賞味、娛樂味的形體，在一刹那沉醉後，他仍然有非洲巨樹觸手的綑綁感。宇宙是個大森林、大迷宮，他永遠穿不出這林子、這迴廊，永遠是一樹又一樹，一廊又一廊。

晴天明亮，但眞正的天空——同溫層上面的天空，卻是一片紫黑。星星閃爍，但眞正星斗，有時卻是一片燃燒，一團又一團火。人類的感覺，永遠是有秩序的混沌，有規律的棼亂。印蒂不知道，應該堅信一棵一棵樹的整齊行列，還是堅信整個森林的一片混沌。(人進入裡面，有時會迷失東南西北方向)。有時，感覺滑到黑暗的深淵內層，有時，又滑到明亮的邊緣或外層，但他從不以爲，這不自然。從早到晚，他的感覺就跳七十種舞蹈，概念堆是一個最古怪的舞臺，演出各式各樣戲劇，他彷彿又認識這些演員，動作、表情、對白，又不認識這種棼亂與邏輯的混血兒，正是宇宙壓的一部分。

鋼最堅固，但在空氣裡會生銹，在紅爐裡，會受不住高熱，在水底會逐漸損壞。它不能長期抵抗水火空氣。混凝土卻比較能。鋼筋混凝土於是變成裝了甲的偉大鋼鐵戰士。感覺——血肉感覺，也正是一種鋼，不管它怎樣堅韌偉大，仍不能抵抗永恆。人得找一種混凝土感覺，來包裹這片原始鋼鐵感覺，才能叫它比較富於永恆性。這種對永恆的找尋、追求也是叫人在形式上、靈魂上，能如印第安座大星雲或空氣流一樣，以宇宙還宇宙，以永恆還永恆，讓人從不被綁縛的宇宙，回到一個眞正充滿飛鳥味的宇宙。這是把人類感覺又還原到——其實是昇華到未形成精蟲以前的狀態，回到地球未冷結成地殼時的境界，不，是回到整個銀河系宇宙尚未形成以前的太初境界，那片最初的無名無姓的時間與空間，那四百萬個「一」中的眞正第一個原始的「一」。

不只是了悟它、洞悉它，而是深深感覺它，變成它，與它化成一片。

經歷過二十幾年找尋後，終於，印蒂自覺漸漸的摸觸到它了。

他開始摸清這座大森林的方向，在那一片片森然樹列後面，不再是一片混沌。而那個神秘的迷宮，現在，對於他，每一條迴廊，也不再是無數曲折中的一個曲折，以及曲折連結曲折，不，它已成爲整個藍圖中的一支一脈。

隨著那個傳說中的山村老教堂的最後一聲鐘聲，那座象徵宇宙壓的巨大黑色山巖，終於慢慢崩解了。

他已自覺或不自覺的意識到，或預感到：他對這片宇宙壓的神秘鬥爭，也是人類精神求得總解放的鬥爭之一。一天他的靈魂還拘束、或桎梏在這片壓力下，他就不可能有眞正的自由。可和它鬥爭，卻不是輕易事。思想上，理論上，一分鐘內，就可瞭解這一鬥爭過程。但在眞實心理上，感覺上，他要擺脫這片壓力，毋寧是一個長期的修鍊果實。

正如一株植物成長，儘管有陽光、雨露、沃土，也還需要一段自然的時間過程。人的心理發展與蛻變，也必須有一段自然的時間過程。正因爲這片壓力是與生俱來的，特別是與知識俱來的，生命愈長，知識愈長，這片壓力也越重。基督教擺脫這種壓力的方式，是乾脆承認它，把它與萬能上帝結合在一起，正式膜拜它，使它擬人化，向它祈禱，籲求它的賜福、憐憫，佛教也走類似的路，儘管理論不同，仍將這片壓力和最高世尊——佛，化合爲一，從而解決難題。他參考它的禪宗純思維的路，撇開唯神論——佛，直接以心靈的純粹探求，鍛鍊，力謀貫通這座黑色巨壁，進而粉碎它，以求擺脫那片神秘壓力。

這幾年來，特別是他登華山後，他思想的唯一追求，鍛鍊、潛修，正是這種精神解放運動。

從另一方面說，把個體生命的產生，看作是從宇宙巨體的分裂，他當然認爲：這僅僅是一種哲學看法，不是純粹生物學的觀點。按生物學理論，動物生命，是從單細胞阿米巴開始的，發展的，它只與地球有關係——包括照在我們頭上的太陽。至少在目前，還不可能把阿米巴和整個銀河系或全宇宙連繫起來作探索，研究。但就哲學觀點說，整個宇宙既是一切生命的最後源泉，而任何個體生命又是全部宇宙生命的一個分子，那麼，宇宙生命整體對個體生命分子的影響和連鎖關係，不只是一種眞實，也是現實，更是合乎邏輯的。這樣，他用宇宙壓來形容宇宙和人類生命個體的某種關係，至少，是具有現實性的——至少至少，人類有心理學上的現實性。儘管他用來形容這種關係的語言，只是一種抒情詩。但這首詩的精神基礎，卻是一種現實。

說到究竟，他追求的是一種哲學境界，一種心靈境界，一切科學眞實，只能襯托這一境界，卻不能代替它。

就這樣，一日復一日，一月復一月，一年復一年，不斷參禪苦思後，突然，漸漸的，他發覺自己一天比一天透明，肉體如鏡，能映照萬物了。他是一點一點的，透視萬象的。他是一滴一滴的、嚐到萬象的。這種洞透，像嚼橄欖，越嚼越有味。現在，他才眞正明白：爲什麼海水必須鹹，河水必須淡，天必然藍，草必須綠？他也徹悟：畫框必須是方的，方爲什麼方，不是圓，不是三角，畫爲什麼是畫，不是音樂，不是流水，不是建築？從前，他只看見它們的形相，此刻，卻洞透它們內部本體的渾然自在體。海有海的內部渾然自在體，畫有畫的內部渾然自在體，花有花的內部渾然自在體。這些渾然自在體，都和宇宙本體的渾然自在體串成一片。宇宙本體的渾然自在體在海、在畫、在花、在草。海、畫、花、草的渾然自在體也在宇宙。他了悟，生命必須有向化性，向日性，向光性，向壓性，向地性，向爵性。而向化性必須是向化性，不能是向日性，向光性也不能是向流性或向氣性。他看花，明白花必須如此紅，如此香，如此展瓣。他看樹，明白樹必須如此綠，如此撐傘，如此抽出枝條，如此展開陰影。他看水，明白水本應如此流，如此響，如此曲折。他看一石，明一石；看一草，明一草；見一昆蟲，明一昆蟲；見一雲朵，明一雲朵。萬事萬物本體的渾然內結構，從前隱在一片混沌陰影中，此時，突然一片明亮。他過去好像一睡四十年，現在才眞開始醒過來。

但這是第一醒，第二醒，第三醒，……還不是最後一次大醒悟，——直到那個……

七

一個下午，多日艱苦沉思後，爲了暫時排遣，他赴小上方訪海清道人。他已一個多月未見他了。他知道，道人頗忙，小上方幾乎變成小上海了。

海清道人一見印蒂，他那雙螃蟹樣的手足，登時亂舞起來：（在一般人面前人他絕不這樣亂舞。）

「你來得很好。我正想向你辭行。」

「什麼『辭行』？」印蒂睜大眼睛，有點不解。

「我們要暫別了。」道人停了一停，自負的道：「紅塵俗緣未盡，須下山了卻。」

海清道人滔滔自白：因爲他道行太深，名氣太大，西北一些信徒，紛紛請他務必親臨凡界，現身說法，超度衆生，他不得不順應新形勢。

「我卻不過情面，只好下去走一趟。少則三月，遲則半載，才能回山。其實，我眞捨不得離開本山，這裡到處是靈氣、仙氣。然而——」他嘆了一口氣，邁著螃蟹步子，背著手，在室內來回踱了一次，振振有詞的道：「求仙、求道，不過是爲了廣結善緣，普渡衆生。如今世界，妖氣正熾，我們這些得道之士，不能見斯民淪於水火而不救，只好下去，解救一番。慈航甘露，渡一個算一個。」

他背了一大串西北政要們的名字，他們都已投拜他爲師。這些入室弟子們熱烈歡迎他下山。

「咳，塵緣未了，孽債未清，眞是無可奈何。」

他滔滔說著，臉上卻充滿一片得意之色。

「印蒂兄，你是個聰敏人，我看你有時很迂直。出世間法固然重要，世間法也重要。現在，你用全部精力，修出世間法，我不贊成。我希望你考慮考慮我的意見。我把我在西安的通訊處留給你：『西安東大街八十六號劉軍長公館轉』。你在大上方，如果感到寂寞，可以下山找我。我希望，有一天，你能和我合作，協助我，讓我們在大西北宗教界好好創一番事業，如何？」

印蒂聽了，只苦笑，卻不開口。

這是一個初冬下午，天氣少有的溫暖，眞正是十月小陽春。儘管山風寒冽，卻不像眞正冬風那麼刺骨。他離開小上方，不想回家，倒上昇千尺幢，越蒼龍嶺、金鎖關，攀登落雁峰。他並不直穿白帝廟，卻從廟外繞過，逕向仰天池踱去。

終於，他駐足幾棵巨大松樹畔。他覺得，從這兒遠眺，比站在仰天池上更好。

他倚住銀黑色魚鱗狀松樹身，凝視遠處秦嶺雲霧。

不久，他似乎聽見：有腳步聲向仰天池響來，大約是遊客。他並不轉首。這是他的習慣，從不注意任何生人。現在，他的身體完全被幾棵巨大松樹身所遮掩，遊人可能不會發現他。希望如此。

奇怪的是，他竟然聽見：仰天池頂，有兩個女人的談話聲。仰天池巨石，離他不到一丈遠，因爲高峰特別空寂，湊巧這一陣子風很小，她們的談話又極響，一言一語，都被他聽得清清楚楚。

「瑪麗，你決定到西班牙去嗎？」

「我決定了。」

「你爲什麼不早告訴我。」

「早告訴遲告訴你，不都一樣？」

「假如早告訴我——」

「那又怎樣？」

「那麼，我至少可以有一些充分時間，好說服你。」

「爲什麼？」

「像你這樣的年輕人，把自己整個生命消磨在西班牙修道院，你不覺得可惜？」

對方沉思一會，堅定的道：

「珮嫻，你自己也是天主教徒，你怎麼會說這樣話？你當然知道，這次到西班牙，機會難得，很不容易。整個河南教區，只選一個教友，送到西班牙。因爲我家是世代老教徒，我又是一個天主教中學的外國語文教師，加之，我還沒有結婚，有這些條件，才僥倖被選上，你該慶賀我才是。」

「是的，站在一個教友立場，我該慶祝你。不過——」

「不過什麼？」

「今後，可能我們將永遠不再見面了。」沉思起來。「幾年前，當你突然離開西安，到河南洛陽時，我們相距並不太遠，只一天火車旅程，可今後——」

瑪麗用美麗的聲音安慰她。

「在塵凡世界，人們終究要離散的，包括自己最親的親人。願主保佑，將來我們能有再相會的機會。」

「哦，瑪麗！你不知道，今天早上，我聽見你這個消息，心裡多難受。你知道，我們在西安學校裡同事幾年，你是我唯一好朋友。後來，你一定要離開西安，去河南教書了，我們還是不斷通訊。每逢寒暑假，不是我去看你！就是你來看我。可以後——」

「珮嫻，不要難受了。我因爲怕你難受，才遲到今天告訴你。其實，我早就決定了。你知道，明天下山以後，後天我們去華陰站，將永遠分手了。」

「這樣說來，這一次你邀我同遊華山，算是我們臨別紀念嗎？」

「是的。可也不完全是。」她沉吟著，彷彿欲語又止。

「那麼，這次來華山，你難道還有另外原因？」

「這是一個私人秘密。」沉思一會，似在踟躕，終於慢慢的，堅定的道：「珮嫻，既然我不久要出國了，你是我唯一好朋友，我不妨坦白告訴你這點私人秘密吧。」停頓了一下。「珮嫻，這次我遊華山，本希望可以看見一個人。」

「誰？」

「不要管他是誰。可以說，在我生命中，他是唯一能勾起我對塵凡世界深度留戀的人。」

「你的男朋友？情人？」

「不，也許，他幾乎完全不知道我在秘密羡慕他。也許，後來他有點明白了，處於他當時地位，他是不被許可接受任何這一類羡慕或感情的。正因爲這樣，我們終於分手了。」

「現在，他在這個山上？」

「這次，我回西安，聽說他從重慶又返西安，隱居華山落雁峰。可我問過白帝廟一個道士，他說沒有這個人。我連朝陽峰玉女峰北峰道觀全打聽過了，都說不知道這個人。」

「哦，我想起了。我正奇怪，你在山上，不只一次，曾經問起一個姓印的。我不明白，他和你什麼關係？」

「這裡道士只知道一個海清道人。這一生，我大約永不會再看見他了。」

「那是怎樣一個人？竟給你這樣一個深刻印象？」

「珮嫻，我們談得太多了，應該走了。明天我們還要趕下山呢。別的話，我們下山時再談吧。關於他這個人，明天下山時，我們可以在路上談。我可以和你談一整個下午。就是這樣，也談不完。現在，關於他，我只能用這幾句話概括一切：在我一生中所遇見的男人，他是最富魔力的一個；在他身上，烙印著我們這一時代最可貴的標誌。不管他是不是天主教徒，他永遠能突擊任一個有思想的女人的心靈最深處，叫她永不可能忘記他。這個人就有這樣一種魅力，你接觸他，就不可能不羨慕他。」

兩個女人離開仰天池了。印蒂禁不住回轉頭，藉著粗大松樹身的掩遮，悄悄望過去。

一點不錯，那個穿淺紅色大衣的修長少女，閃爍一雙瀅澈如湖水的眸子，一張日本風味的白淨臉孔，滿溢東方味——正是鄔瑪麗。

另一個叫珮嫻的，是一個完全陌生的少女。她有一副圓圓紅紅的臉龐，一雙烏黑的大眼睛。

印蒂怔住了。有好一會，他的思想幾乎凍結了。也許，在他目前思想狀況下，他應該不會凍結；然而，一刹那間，心靈深處，一種更強烈的元素卻叫他凍結了。他偶然意識到，也許，在他生命中，這是第三次，他輕輕放走一個在別人幾乎是像金礦一樣重要的東西。

他倔強的回轉頭，不再望下去。天知道，他這一轉臉，腦袋究竟有多少重？

也許，假如鄔瑪麗和珮嫻的對話，只限於開首一部分，而不牽涉到他，他倒可能會考慮離開松樹後面，出現在她們面前。但現在，他是絕對不能考慮了。

世界上的事，本來如此。

他兩眼直直睇視秦嶺，但那片雲山霧海，卻朦朧起來了。他陷入沉思中。

不知多少時候了——大約是一小時吧，他才開始踏上歸途。

第四章

一

這一夜，印蒂回大上方後，他究竟想些什麼？感受些什麼？我們不大清楚。我們只知道一件事：晚飯後不太久，他結跏趺坐，直到黎明，才從禪床下來。

晨餐後，他又繼續趺坐。將近正午，室外忽然響起人聲。他才睜開眼睛，海清道人的螃蟹形態，已出現窗外。他聽見來客的宏亮聲音：

「這眞叫『踏破鐵鞋無尋處，得來全不費工夫。』要不偶然遇見我，令親就是『踏破鐵鞋』，也找不到你。」

印蒂正吃一驚。剛一推開門，他就看見——

鄔瑪麗和珮嫻正從不遠處走來，她們滿臉汗珠，看樣子，這一段山路，夠她們費力的。

主人還來不及細想，海清道人那雙蟹螃小眼處於夢與醒交界處的「中間狀態」的，現在完全大醒了，它們一面「橫視」他，一面配合著他那興高采烈的聲音。

「今天上午下山，我正在莎蘿坪道觀休息。令親與這位小姐也在觀內喝茶，小憩。偶然交談，她們早知道我的名字了。令親偶然問我：華山有沒有一個姓印的在隱居？我問她：『是不是叫印蒂？』她說『正是』。我呵呵大笑了。我告訴她：『我和印蒂兄是鄰居，是好朋友』……這眞叫『得來全不費工夫。』」他有點手舞足蹈。「爲了陪令親來找你，（不陪，她們下一個世紀也尋不到你這座蝸牛廬）我連趕下午兩點華陰站火車的時間也延遲了，打算搭晚班到西安。你看，我夠朋友不？」對鄔瑪麗：「好，鄔小姐，你終於找到你的親戚了。我肩上這副小擔子也可卸下了。」

「謝謝厲法師。眞不知怎樣謝您才好。」瑪麗那雙晶瑩的黑睛，充滿感激。

「好了！我這算辦好這件事了。現在，我要下山，到玉泉院憩一憩，用一頓晚飯，再趕隴海夜車到西安。昨天上午，我和你談過的話，你可以考慮考慮。你橫豎有我通訊處，打算來找我，先給我個信，我會好好招待你。那裡，到處都是我的學生，熟人多得很。」螃蟹眼對兩位少女橫掃一下。「我想起一件事了。鄔小姐既是你親戚，她們如想在華山多玩幾天，可以住在我家裡，食宿也方便。白天，你陪她們玩，晚上，就憩在我那裡，怎樣？」

「謝謝謝謝。這個，我再研究。如果騷擾府上，我會找厲師母的。」

「你反正和她很熟。就說我關照過的。就這麼說，我走了。」對兩位少女。「你們來西安，可以到我那兒玩玩。」

「謝謝，謝謝。再會！」瑪麗充滿感激的說。

「謝謝！謝謝！再會。有什麼事，我會給你信的。」印蒂說，聲音裡帶點沉思。

海清道人才走，目送著他那高高身影，瑪麗微紅著臉，低低道：

「印先生，我得向您表示歉意。您知道，我平生從未說過不眞實的話。剛才在莎蘿坪道觀，爲了探尋您的蹤跡，避免別人疑竇，我冒充您的親戚，希望您能諒解我。」

「這是哪裡說起。在這種高山上，您這樣做，完全是合情合理的。假如不這樣，我倒感到有點奇怪了。」印蒂微笑著說。

瑪麗說明，她問了好幾個廟宇、道觀，都不知道他這個人，想不到，偶然向厲提起，後者卻和盤托出，眞是湊巧。

「今年初春，我才卜居大上方。後來，因爲母喪，又回淪陷區一個多月。在山上時間不長，一般道士都不知道我。我又不常出門。即使遍遊名峰，多半早出晚歸，很少在廟裡、或觀中留宿。即使留宿，也僅一夜。只有幾個方丈曉得我。你向普通道士或道童打聽，難怪沒有結果。華山大得很，茅蓬不少，修道的也多，平素又各自爲政，他們哪裡知道新入山的底細。」

寒暄中，印蒂才知她們是大前天下午抵北峰的，早晨從玉泉院出發，足足爬了一天，辛苦得很。只因蒼龍嶺太險，進出不便，翌日，她們在朝陽峰。第三天，宿落雁峰。太華勝蹟，大多已遊，僅「長空棧道」過度險峻，沒敢去。珮嫻姓高，是瑪麗在西安執教時的同事，當時，鄔教高中英文，高授初中英語，算是同行。

當印蒂和瑪麗寒暄時，高珮嫻卻用那雙烏檀木色的黑眼睛，好奇的端詳那位高峰隱士——她心目中的神秘人物。

一個莊重的高大魁梧的中年人、蒼松樣挺立於她面前。他有點像印度人，一副淡咖啡色的微瘦臉孔，血色鮮麗，透滿紅光，那雙又強烈又深邃的大眼睛，目光炯炯，帶電炬味的刺人，卻兼具鷹隼與白鶴的情態，表現得頗安詳、和藹。他端正的鼻樑，配合那兩片嚴肅嘴唇，使他整個面孔流露一種非常神態。他長長的黑頭髮，和許久未修刮的短髫鬚，映襯那件長長棉袍，和黑色布罩衫，表現出一道士氣象。他給她整個印象，與她常見的一般智識分子大不相同。在他軀體內，似乎充沛著無窮無盡的生命活力，原始的野氣和高度的堅強，眞有點像一個太古原人，剛從幾十萬年前野獸群中獲得解放。奇怪的是，他言談舉止，卻很溫雅、斯文，彷彿一種千磨萬琢的象牙，異常精美，使人感到舒服。

還沒有端詳完，這位少女就暗暗想：「這個人確實奇怪，他似乎像一塊磁石，具有一種神祕的強大吸引力，特別是對於一個女人。」

她正想著，卻聽見主人的聲音：

「請進來坐坐吧！」

印蒂表示，她們應該進茅蓬休息，洗個臉，用點簡單午餐。但瑪麗說：她們已吃過早中飯。接著，她微紅著臉，低低對高小姐道：

「珮嫻，眞對不起，請你在那邊巖石堆上坐坐，憩一會，我和印先生講幾句話，等等，我來找你，好嗎。」

珮嫻點點頭，對她做了個小小鬼臉，立刻笑著走開了。

「昨天下午，我已經聽見你們談話了。」兩人才單獨剩下來，印蒂立刻安靜的說。

「你──？」她詫異的掠了他一眼。

「我站在那幾棵巨大松樹後面，無意的，聽見你們談話。」

眞奇怪，和他在一起後，她立刻恢復三年前那種靜湖似的寧謐。她抬起那雙湖水樣瀅澈的眼睛，深深望著地，低低道：

「那麼，我此刻出現在你面前，你內心基本調子，是不是也和昨天下午一樣，將保持深沉的沉默？」

他沉思一會，低低說：「也許是這樣。也許不是這樣。」

「哦。」她美麗的臉龐又低下去了。

但很快的，她聽見他深沉而誠懇的聲音。

「就我靈魂最眞實的永恆音符說，我將對一切滲透青春色素的異性，保持沉默。我保持這種沉默，已經七年了。但就我靈魂的刹那音符說，在特殊情形下，它可能不保持沉默。你和我一樣明白：在我們四周，是一個特殊空間，現在又是一個特殊時間，對於我眞實的朋友，我不會太矯情的。瑪麗，讓我們的聲音像我們彼此臉孔一樣坦白吧！請你坦白告訴我，你到這兒來，將要求我做什麼？只要我能做——而又不抵觸我眞正良知的，我沒有什麼可以吝惜的。」

「印先生，你曾經是一個天主教徒，我現在仍是一個天主教徒。一個教徒第一要義，是誠實。不用你解釋，我大體知道，你在追求什麼，你也知道，我將到哪裡去，將追求什麼。可我應該誠實。」她回憶著，沉思著。「在西安時代，我幾乎從未對你直接暴露過什麼。也許，僅僅暴露過我精神海洋一波、一浪，特別是我們分手時那最後一夜。昨天下午，你已聽到我們對話，可能你會明白，在我整個一生中，過去從未和男子眞正接觸過，今後也更不會有這種接觸了。爲了紀念我此生的這種奇特命運，我一反過去的生活態度——包括和你來往時我的態度，直接從遠處登華山找你，只爲了完成一個神聖使命，也爲了「聖經」上經常報導我們的聲音：誠實。我想誠實的告訴你，我的靈魂秘密，它已潛藏我心底四年了。假如這時不告訴你（不管此時此地的你，是否適宜傾聽這種秘密），我將永遠不會叫你明白了。」

「謝謝你。單是你這種誠懇，已經解除我此時此地一切靈魂武裝了。我再說一次：只要不牴觸我眞正良知，我願做一切你希望我做的。說吧！——毫無保留的說吧！你希望我做些什麼，能使你愉快。」

他嫵媚的微笑了。直到此時，她的神色一直是嚴肅的，雖然極度誠懇。

「我的要求並不高。我只希望你陪我在華山玩一個星期。以後，我將永遠離開這個國家。」

「你是說，我陪你們兩位——。」

「不，陪我一人。」

「那位珮嫻小姐呢？」

「我有辦法和商量。或者，她獨在北峰或南峰東峰住一周；或者，她先下山。我想，她不會叫她的好朋友失望的。」她天眞的微笑著。

自從海清道人帶她們來這裡起，到此時止，印蒂臉上一直沒有輕鬆過。此刻，看見她白淨臉蛋上的天眞笑容，第一次也露出微笑。他幾乎第一次恢復了七年前在異性面前的自然態度：

「在我的舞臺上，瑪麗小姐，我和異性之間的浪漫主義戲劇，已經有七年未上演了。現在，由於你古典主義的誠實，七年來第一次，我將又一次上演這種劇。也罷，生命本來是個舞臺，爲了答謝你的巨大奉獻，僅僅要我客串一星期，我不會拒絕的。我原是個老演員。不過，我第三次申明：請千萬別牴觸我的眞實良知。」

「不，絕不。」她極誠懇的望著他，帶點笑意。

「好吧！讓我們商量一下我們的遊程，和遊覽節目。我還是第一次陪朋友玩華山呢！」

很快的，他們議定了。由於她們已在莎蘿坪道觀用過點心，肚子不餓，而印蒂需要進午餐，於是利用主人午飯時間，她走出去，把詳情告訴珮嫻，並和後者商談。

「好，這就說定了。你在北峰休息一星期，可以把帶來消遣的那兩本英文書哈代『還鄉』和『苔絲姑娘』，重複看一遍。可能，我或許會陪你過二、三夜。但記住，千萬不許問我跟印先生在一起玩兒的情形，依舊像我們前兩天一樣，好像什麼也沒有發生過。」

「瑪麗，你這個迷人的小妮子！想不到你純潔的心靈會有這麼多複雜的東西。好了！這回，我算成全你。」珮嫻睜大那雙烏黑的大眼睛，調皮的望著她笑，又用右手輕輕地她肩上拍了一記。接著，他聽見瑪麗的寧靜聲音：

「你忘記了，一顆最單純的靈魂，在她一生中最命定的時刻，也會變得極其複雜的。」

那個連螞蟻也不肯殺死的苔絲，在她最後時刻，不也舉起刀子，刺入另一個人的脊背麼？」

二

「我一生做過許多離奇事。年輕時，我曾夢想毀滅那種用人血作唯一營養的社會秩序，那個以人骨雕成的司法女神。此後，我又拿象牙寶塔做精舍，把地獄煉火當壁爐，甚至供奉三十三天「最高的玫瑰」。我目前生活，也有點像傳說中的喜瑪拉雅山頂的雪山。但我平生最離奇的一件事是：今天中午，我居然毫不躊躇，接受一個極美麗又相當浪漫的要求。」

這天下午，印蒂陪瑪麗重登東峰，休息了一會，共進晚餐。餐後，他在她房內勾留片刻。他們同佇立一排玻璃窗前，欣賞上弦月光淡淡籠罩的秦嶺山脈，他一邊看月色，一邊自言自語，說出上面的話。接著，他似在回答自己：

「當然，從道義上說，這是很自然的。今天中午，我與其說是服從維納斯的聲音，不如說是傾聽道德的聲音。」

「你有點後悔了？」瑪麗轉過那雙明亮的眸子，深深凝視他。

「不，我一點不後悔，我一生從未後悔過。我一直做著我想做的，我應該做的。做完一件，就改做另一件。」印蒂並不轉首。

「不，一點不浪漫。一切很正常，像我們眼前這片秦嶺山脈一樣正常，僅僅有點朦朧，迷糊罷了。」她的黑水晶眼瞳，望著遠遠大巴山脈。「我已向你表白過，這次登華山『五千仞上』，是表現我一生的最高誠懇。我從未犯過罪，也未染過任何罪惡思想，我從不需要向神父懺悔。奉獻全部情感，或深深愛一個人，並不是罪惡，可我以爲，我必須帶一份懺悔心情，爬上這些高峰，向你誠懇坦白，因爲，過去幾年，我一直隱藏這種情感。或許，一直隱藏到我最後一秒呼吸，那更美。但我是個平凡女人，當我準備爲他奉獻一生的青春時，我不能不渴望一點迴聲，哪怕是最輕微的迴聲。哦，我到底是個可憐的女人。」她低下頭，臉孔有點緋紅了。不久，她卻微笑了。「哦，這些天來，我覺得我眞像在發瘋。」

「你一點不瘋，你和我一樣，是個理想主義者。不少公教徒全是理想主義者。一個理想主義者有權把她的夢顯示給有權知道這種夢的人。」他轉頭定定凝望她。「哦，瑪麗，我們在說什麼呀？從今天中午起，我連語調也改變了。……我這個冒牌哲學家，也想誘惑你做一個哲學家了。……不談這些了。早點休息吧，明早五點，我敲你的門。我們同上朝陽峰，看日出奇景，讓它創造一種象徵，象徵我們這一周的光輝的開始，晚安！」

印蒂回到另一個房間。

漸漸的，從淡淡鯉脊色東方天際，出現第一抹紅紋，宛似虹痕，靜靜點綴天垠的灰色幕布。不久，第二抹虹痕，勾勒於第一抹附近。就這樣，每隔一會，新的一抹連續勾勒、塗繪，像一些零星八卦線，斷斷續續的。這個「一會」，時間不全同，有時，稍長點，有時，較短些。相同的是：這些虹痕，僅是一種色，卻不像光，更不是熱。可是，死沉沉的暗淡灰濛中，總自洩漏太陽最初色素了。

他們竝坐在巖石上，緊張的諦視東方。印蒂向道觀租了一件黑色棉道袍，疊成長方形，鋪在他們座位上。

慢慢的，這些紅色八卦線又消失了，被它們的巨幅灰色背景所吞沒，鯉脊色天際，竟忽然明亮了。這一刻，眞正是接近「天亮」了。亮度越來越強。逐漸光明的鉛灰色蒼茫中，剛才消失的斷續虹痕，隱約再露，似幻爲一些碎錦，線條比先前多，卻沒有那麼長，它們帶著霞色，裝飾於原來空間的上方、下面、左側、右邊。隨著時間，它們的紅度，一點點加深、增廣、添亮，變成一條條足爪形的猩色血斑。這些足爪，形態有點蹣跚，似在雲層中掙扎，渴望更強烈的表現——放射。

這是極靜穆的時刻。全宇宙在沉默中等待。

突然，從這些血斑最底層，一彎紅環如絳色眉月，神奇的展露天陲，不知何時起，悄悄的，幾乎不知不覺的，這一彎，陡然變形為一頂小小紅冠，微似一頂清朝紅色瓜皮帽，嚴肅的嵌著天地交接線。這赤色冠冕，緩緩的，神秘的擴大，轉圓，越來越大，愈圓，變化的速度也愈益加快，他們目不暇給，視線還來不及細辨，它終於形成一餅圓圓紅日，清晰的緊貼東方天界線附近上空，絢麗、幽靜、彷彿僅僅象徵一種高貴的純粹紅色，灼閃光華，可沒有一絲火意或熱意。

從半圓形轉化為渾圓形，這段過程，微妙極了，儘管他們雙眼緊盯不放，但它仍有一種魔術手法，表現出一派神不知鬼不覺的奇蹟。這時，整個天際大亮，那鯉脊色早已無影無蹤，全部蒼穹大放光明。遠遠近近，原先近似灰暗的山峰，也明亮了，週身充溢光輝。然而，正當他們想細細欣賞這一輪旭日時，漸漸的，它由本來固體形狀又演幻為流動性氣體，不，誕化成一輪白日，又譎變做一個不斷閃耀的銀色光團。不久，他們視覺，就受不住它的千變萬化的閃動輻射。再過一會，這華艷朝日終又化為一團白球——他們平日常見的太陽形相，光芒映天，四周到處一片紅霞，絢爛的吐色展輝，宛若千綢萬緞。這一輪銀青色光球，就在火燄般地猩霞海洋中滾轉著，閃動著，燦然噴射宇宙光芒。

在它照耀下，華嶽群峰濃烈的放射一片光明。

將近三刻鐘，他們觀賞華山日出偉景，深深沉沒於朝日華艷光燄中，默默不交一語。

終於，他輕輕道——臉孔仍面對日出處。

「你是不是覺得，初昇朝日，從半圓形轉化為全圓形，這一段神秘極了？當我們還來不及找它來龍去脈時，它已搖身一變為一輪圓了？」他的眼睛轉向她。「我們的友誼，是不是也有點像這種過程，在西安那一段，僅僅是『半圓』，我還來不及思索，它已『全圓』了？」

「這是你的感覺。」受不住高峰初冬晨寒，她粉白臉孔，凍得帶點充血的僵紅，可仍嫵媚的微笑著。「對我，那一次我請你替我借病史，表示將離開西安時，那已經到達『全圓』了。正因為這樣，我非走不可。」

「是的，那天你走後，我也開始敏感到這點。但當時的信仰與身分不容許我多想。那一夜，我的祈禱比平日長了些。可直到發生那一夜事件，經過蓮湖公園月夜散步，又送你到門口，道再會時，我這才鮮明感到你的情緒。然而，信仰的突然崩潰，使我無暇深思這個。……前天，我在落雁峰聽見你和珮嫻談話，歸來，我徹夜不能成寐，才恍然明白過去一切來龍去脈。這是『全圓』，可它對我仍是一團神秘。」

「有時候，愛情可能是女人一切理想的化身，但對男人，它只是理想的一部分，甚至是一小部分。」

「你是不是想責備我？」

「不。我相當了解你的性格。你常常是對的。至少，你的行動，常常表現一種深刻的人生哲學。……你答應給我這一周時間，我已經很感謝你了。」

「我應該謝謝你。你把我估計得過高了，到現在止，我還沒有什麼成就。」

「你的一生已經是一種成就——一種不平凡的『探索』成就。在這個地球上，對人生能這樣不斷『探索』的人，並不多。正因爲這點，你才迷住我。」她的臉色也緋紅了。

「假如你深徹了解我是一個『探索』者，按理，你不該對我存什麼情感或幻想的。」

「一個人總是羨慕她不大能抓得住的事物，或生命。她可能有點僥倖思想、幻想也許可能抓住它一些。」

「哦！瑪麗！」她誠懇的怔怔望著她。「你爲什麼對我這樣好？」

「我並不對你好，否則，我就不致到華山『五千仞上』，向你表白一切了。這種表白，在西安時，早就該向你全盤吐露了。……可我倒底是個女人，而且是天主教徒。現在，情形不同了，我的生命將開始另一頁了，我將永別這個國家和你了。」

「這倒有點像海涅那個著名故事。詩人遊哈爾茨山時，遇見一個美麗少女。他向她表示：這是他們第一次——也是最後一次見面。希望她留一個吻在他脣上作永恆回憶。她答應了。」

「可能，我們這一周，要比這個故事深刻點。」

「我也這樣想。道義責任使我變了形。我暫時卸去目前的露魂與形相，我的靈魂又一次回到十年前。只有那個時候，我觀念裡才充滿火山式的熱烈幻想，花園式的夢境，但我絕不是在演戲。我只是重溫過去的某些記憶。這種記憶，雖然被我埋得深深的，但一經呼喚，它的精靈迅速出現在面前。……儘管我此刻生活方式很嚴肅，但我精神深處卻四通八達，按道義需要，臨時踏上每一種不同的途徑。」

「在一個最平凡的人的一生中，有時也會偶然出現那彩虹式的幸福一刹。能向你傾瀉一切，就是這樣的一刹。我向你保證。我將盡可能控制自己情感。」

他笑起來。「哦，瑪麗，在這樣美麗的熱情的朝陽光輝中，我們竟大談冷靜哲學，未免有點不合時宜。來，讓我們繼續享受朝暾光芒吧！它這時像一朵變種的紅色芙蓉花，冉冉上昇。讓我們這一周的時間，也像芙蓉花一樣輕盈上昇吧！」

「讓你的聲音像芙蓉花般地向我開放吧！——我最欣賞你的聲音。」

「讓你的眸子像芙蓉花似地開放吧。我最欣賞你的眼睛——它是你靈魂的最高花朵。」

三

印蒂把這一周稱做「星星周」或「星光燦爛周」，因爲，他們此次聚會，像天上星星相遇，從人類視覺角度看，一切很偶然，但從宇宙規律看，卻又是一種必然。再說，這也是一種祝福，祝他們這一周燦爛如星光。

「這一周，希望我們既不是肉體動物，也不是金屬動物，而是星星動物，讓星星是你的生命，也是我的生命。」他微笑著，凝望她充滿日本女人情調的粉白橢圓臉，「我常以爲，生命中不少事物，行爲，都是任意的結晶，但從人類的個性規律說，卻又是必然的結晶，這次我們邂逅，像流星一樣任性，可也是必然的結晶。」

一周遊程和節目，他大體設計如下：

除陪她遊覽她未到過的名勝，如「鷂子翻身」和專空棧道、「捨身岩」等處外，其餘時間，他這樣安排：第一日，朝陽峰觀日出；第二日，落雁峰漫遊；第三日，玉女峰散步；第四日，北峰——蓮花峰遠眺，與蒼龍嶺閑步；第五日，東峰月夜漫步；第六日，南峰——落雁峰頂通宵觀華嶽夜景；第七日，中峰——白雲峰小遊，告別，除第三、四、七日他陪她返北峰休憩外，其餘四天，分別投宿東峰朝陽觀與南峰白帝廟。遊覽絕無拘束，她累了，隨時可以休息，必要時，玩半天，憩半天。

她同意他的計劃、安排。

「這一周，你是導演，我是演員，一切聽你的。」她笑著說。

「不，你完全有選擇的自由。我安排通宵觀太華夜景與月夜散步，這不是你的提議麼？你有勇氣冒夜寒通宵不寐，我怎能不奉陪？」

「人們會把我們當瘋子。」

「那些天上星星不都是瘋子？」

第一天傍晚，他們在白帝廟共進夜餐，一面吃，一面談話。好在這段時期，遊客稀少，廟裡禪房，大都空著。印蒂和廟中方丈是相識的，他打了個招呼，說明她是表妹，當晚兩人分住兩間毗鄰的禪房。

翌日上午，他陪她在落雁峰頂散步。漸漸的，沿著山路，他們往白雲峰方向走去，一行觀賞山景，一行漫談。印蒂談得較多，她似乎非常愛聽他的音籟，只要他興緻勃勃說著，她從不打斷他或插一句。

「在感情語言中，有些話語所以困難，主要是：它們不讓形成聲音。它們的無聲是第一義，最勝境，聲音是第二義，最低境。雖則如此，我卻無緣享受那最勝境，我仍得憑仗第二義作橋樑，走向你。」

他臉上煥發紅光，望了前面，半輕鬆半沉思的道：

「從這裡起，到前面巖壁、溪泉邊，第一棵綠色松樹止，這一段近二十分鐘的散步，我打自讓你心靈裡充滿松樹一樣綠色的形象，綠色的圖案。現在，正是一年中綠色結束的季節，你來得不是時候。儘管這樣，可我仍試著使我們的感情從一個綠色起點開始。

可能，當我出現之前，還沒有一個人用眞正的綠色塗抹你靈性畫幅。你的畫布上，雖然勾勒過一些幻想的線條，但我看來，仍是一幅空白。你依舊期待純粹的綠色。對你，我正是這片綠色。此刻，你那雙美麗的黑水晶眼睛，帶點驚奇的看著我，彷彿一個以色列少女，正走在約旦河畔，諦聽先知約翰的聲音。但他的聲音是恫嚇性的，這一會，我卻傾吐和他正相反的聲音。我願意靜靜的，輕輕的，向你流瀉一些對你也許是陌生的聲音。我希望，每一句——甚至每一字，代表一條綠色閃電，照亮你那黝暗的靈魂壁。啊，這一刻、一分，我的情感眞理就是綠色。你曾放射過比前面那棵松樹更綠的青春，你此刻也依然放射著，可從沒有人眞正咀味它，滲透它，我是第一個咀味者、滲透者，正因爲這樣，我打算用強烈的綠色放射回答你的放射。在我視覺裡，你正是一棵無限招展的綠色生命樹，你的眸子，你的黑髮，你的紅唇，你的胴體，都洋溢綠意。你又像一片綠色泉水，在我耳邊淙淙汨汨流，命運向G我扮一個花式跳水者，我將從一座高峰頂深深投入你的綠色。」

他的聲音越來越顯得熱烈。

「羅馬帝國的創造者奧古斯都，是一片偉大綠色的創造者，他使羅馬繼承希臘的偉大的綠色文明，又重新改造，形成壯麗的綠色羅馬文化，它像一片綠色水流，灌溉了全人類。你不要奇怪，現代羅馬離我們幾萬里，古代羅馬也距我們一千幾百年。然而，這一刻，對我說來，你彷彿是一個正在被創造的羅馬，我要利用這一周，在你身上重新創造一座情感的臨時羅馬帝國，儘管我要暫時花點苦心，可我並不想占有你，或統治你，我只希望，你能分享我所創造的刹那綠色光明——這也正是你希望的。我渴望，我們這一周情感，或多或少，也帶點古羅馬帝國的光輝，因爲，我們是在五千仞上談戀愛，不是在人間城市或平原。這種情感，應該沾點羅馬帝國式的雄艷色彩。……」

「好了，我們已經站在松樹邊了，讓我的綠色言語暫時停止吧！那岩壁上的泉水應該不斷流下去，可我的綠色液體必須畫休止符了。」

「謝謝你的綠色放射，……一星期後，我將向古羅馬帝國那個方向走去。有一天，我會遊覽羅馬的，那時候，我將回憶你現在的綠色聲音——可我怕我配不上你壯麗的形相。」她激動的說著，「在我一生中，你是我遇見的第一個豐富而純潔的生命。你豐富得如凡爾賽園苑，你純潔得如天國空間。你一直幾乎像宇宙萬有引力一樣吸引我。我雖然是一個渺小存在，卻常常盼望沉入一片巨大風景。你正是這種風景，你的聲音和四周華嶽情調完全和諧，一致。」

他們坐在松樹附近一塊片麻巖石上。

「印，你的言語眞像音樂，你的嘴唇有點像玫瑰與蜂蜜混合製造的。可直到現在止，你連——」她的粉白臉龐有點赧紅了。

「『連』——？」

她白淨龐兒更緋紅了，她低下頭，「你連靠著我坐在一起都不。」

「昨天早晨，我們不並坐著看日出？」

「可你有意保持兩吋距離。」她紅著臉，微笑。

「在我想像中，你是一個天使，一塵不染。」

「就算『天使』吧，她此刻下凡了。」她低首摸弄海豪羢大衣角。

「你覺得我言行兩撅麼？」他微笑。

她低頭不語。

「你是不是覺得，我在言語上使用那樣濃的色彩，行爲上卻色調太淡，彷彿始終戴著手套和你握手？」他深深凝視她。「瑪麗，你早答應過，不叫我抵觸我的良知的。」

「『良知』？」她困惑的望他。

「你早已知道，在我一生，曾有過一些感情記錄。當然，其中有些不是純粹感情，可我從未眞正用最純潔的心靈欣賞過——或至少一度歡喜過一個人。這是一種理想，我得創造一種神性的感情，最最純潔的、崇高的。我希望，這不僅是我們『抒情的一週』，也是我們『神潔的一周』。爲了這個，我決定始終戴著一副白手套和你握手，這樣，我的『良知』將很平安。」

停了停，他又低低低低道：

「情感的最純粹的綠色，不是行動，不是手的接觸，黑髮的撫摸，胴體的啣接，紅唇的溶合，它應該是原始的靜穆。就這樣，你靠近我，慢慢的，悠然的冥想著，幻夢著。你的綠色與我的綠色溶成一片。」

過了一刻，見她依舊默默不語，他撫慰似地溫柔的道：

「在我心目中，你是『純潔』的最高化身，也是神性的一種象徵，你願意和我合作，在這一周，完成一種帶神性的抒情作品麼？」

「唔。」她不響，在沉思，忽然，她紅著臉，有點激動道：「你是不是覺得：我有點反常？不大像我過去那個人？」

「不，這是正常的。每一個用全部心靈歡喜另一個人的人，應讓有這種『人性』。只因爲我生活在五千仞上，就不免想叫自己格調更高貴點，我寧願把你看成我所歡喜的妹妹，或者，你把我看成一個可愛的姐姐或哥哥。」

「即使兄弟姐妹，在形迹上，有時不也極不拘束？」她微笑。

他沉默，只微笑。

「那麼，允許我喚你的單名，好麼？」

他點點頭。

「蒂，我親愛的蒂！」

她臉上一片火紅，忍不住把婀娜身軀斜靠他身上，整個人彷彿喝了許多酒，有點醉，眩暈了。

他溫柔的撥摸她的黑髮，低低道：「你像一片春天，你靠在我身上，是一整個春天偎傍著我，我忘記了四周的冬季。」

幾分鐘後，撲嗤一聲，她突然笑了。

「你笑什麼？親愛的！」

「我笑：我們正在製一齣人間最奇特的抒情戲，而你是它的神秘導演。」

他也笑了，卻低低道：「這是一齣只有內涵沒有形式的抒情劇。」

四

這一天，他們遊玉女峰時，雲氣霧氣特別大。

微妙的是山與山之間的雲霧氣，它們像幽靈，如神秘鳥，若離奇夢，更似一片片灰白色蟬翼紗，徐徐活動著，飛翔著，一忽兒飄過來，一忽兒飄過去，飄近時，一座峰嶂全被遮沒，當它們吞噬了四周群峰時，他們就成爲大霧中的唯一存在。不過，在霧與他們之間，時不時，還有一段距離，保持一片透明空間。這下面，隱隱綽綽有陽光冉冉上昇，彷彿太陽不來自天際或蒼穹，而來自山底。這時候，那一陣陣雲霧氣，似微帶霧氣，似微帶皎明的濛濛水蒸氣，悄悄餾發著，裊散著，他們兩人眞是縹縹緲緲，欲仙欲凡，若空若實，似在似不在。

他們欣賞著山景、雲景、霧景。印蒂帶她在嶺際散步。

不久，一片片雲霧氣，迎面襲來，走著走著，他陡然不見了。

「蒂，你在哪兒？」

「我在『雲深不知處』。」（註①）

「可我看不見你。」她聽見他的聲音就在附近，但找不著他。

「你化爲雲，就看見我了。」

「我不能變形爲雲，可能扮演雲。我不僅是『雲想衣裳』，也是『雲想容』（註②）。我更用雲的感覺來感覺你，但我仍看不見你。」見他說俏皮話，她也學舌。

「你單用雲的一般感覺——雲的視覺，還不夠，你得用蜜蜂第七感第八感——那種特異的上下旋轉和舞蹈的感覺，來找我，因爲，我正像雲霧一樣，縹縹緲緲的飄著。」

「往哪兒飄？」

「飄向沒有名字的時間，沒有色素的空間。」

「帶我一起飄吧！」

「等一等。……這會兒，就讓我們隔著重重雲霧談話，不更美？——假如我一看見你的形體，我心靈裡的雲霧，就大大沖淡了。」

「我明白了。沒有水，釣竿就失去對象，沒有雲霧，夢幻就失了對象。」她微笑，這笑容只有雲霧看見。

「就這樣，讓我們慢慢的，咀嚼雲霧的秘密，像嚼橄欖。」

「不，你是在咀嚼我，咀味我此刻雲霧似的幻念，它們充滿你的元素——你的情調元素。」

「眞妙，一切最平凡的，到了這兒，全虛無縹緲了，……現在，華山彷彿是一切雲霧的總倉庫。」

「這一刻，我的性格暫時不再是天主教型，是華山型了。」

「將來到了瑪德里，你會想起我麼？你會回憶這一刻我們在雲霧中的對話麼？」

「你將是我秘密記憶湖水上的唯一白帆——永恆的白帆。我不許可再出現第二片帆影。」

「謝謝你，現在我要走向你身邊了。」

「不，就這樣，再過一會，這多靈妙！你悄悄往前走，我隨著你聲音方向，也往前走。……讓我再享受一刻這片『雲霧對話』。除了在華山高峰上，再沒有其他空間能這樣享受了。」

「你想不到，你爬上五千仞上找我，我竟用這種方式款待你吧？」

「沒想到。但你是個奇人。我曾經想過，如果你答應陪我，你將採用一種特殊的新鮮風格。」

有一會，他聲音眞正沒有了。她正狐疑著，忽然，一隻手抓住她的手，他竟在她身後出現了。她聽見他的大笑聲。

「我得拉住你了，再走二十幾步，就是懸崖邊，我可不能讓我可愛的客人餵千尺山底岩石。」

她轉過頭，媚緻的瞄著他，微笑道：「假如我們兩個，眞正筆直走過去，——不也美？」

「這美極了！可仍有點形式主義。假如你把我的殘酷而冷靜的哲學當做斷崖絕壁，筆直走進來，不僅美，你還可以永生。我呢，這一周也不妨把你的天主教義當做懸崖，筆直向它走去。這樣，我們心靈會更接近些。」

「在最美麗的時刻，你總忘不了哲學、宗教。」

「如果我們現在行爲是最高的文明果實，哲學與宗教正是這顆果實的樹根，是不是？」

「我想的是另外事。就生命經歷說，這些日夜生存在高峰的一草、一木、一石，實在比凡人偉大。牠們假若有靈性，那眞是一種偉大的靈性，沒有一個凡人能具備牠們的生活經驗。」

他定定望著她，有好一會，才低低道：「你此刻似乎更了解我在大上方的生活了。」

「我一直了解，要不，我不會登這樣高的山峰，來找你的。」她咕咕笑起來：「可這一周我和你搗蛋了，你暫時做不成神仙了。」

他也笑起來。「這倒像一個古代沙漠圓柱頂上的苦行僧，在石柱頂上和一個少女談戀愛。當然，華山比一根石柱要高得多，也廣大得多了。」

正談著，剛才飄散開的一些雲霧氣，又飄回來，他們再一次陷入灰白色重圍，索性坐在附近一片草叢中，面對灰茫茫雲霧，默默欣賞。漸漸的，『他倆』變成一個整體，後者如一大片偉大海綿，把他們兩個個體吸進去，他爲液體，溶成一片，這個整體，不久又幻化爲四周雲氣、霧氣、山峰、岩石、樹木——幾乎是各式各樣存在。這些「存在」，綢緞樣在玉女峰頂簪掛一片，就朝陽峰巔飄飄一角，於是蓮花峰側高懸一條，又沿北峰翠色蕩著絲絲縷縷。「他倆」本身也不像靜坐，而是懸掛著，宛若宇宙飛行員把自己掛在飛船後面飄蕩，不同是，一個在幾萬呎高空中飄。「他倆」是在五千仞上飄。

想淋漓盡致描畫肉體雲化霧化的神奇感受，他們可能需要一秒鐘旋轉幾千次的未來電子儀器，那樣，「靈感」將如蝴蝶，一隻隻屈服於人類捕蝶網。

他們四隻眼睛脈脈對望，不再發一滴聲者，四面八方，雲氣霧氣似乎是千萬種音籟，發自他們心底。

五

第四天，他們置身蓮花峰頂，縱觀華嶽一些主峰、支峰、散脈，在難得的絢爛陽光中，它們裸現各式各樣姿態、彩澤，令人眼花撩亂，目迷五色。

那幾座雄險的主峰，氣勢磅礡，形姿慓悍，瑪麗早已觀賞過，她現在極感興趣的，是那些支峰、散脈，它們不少是秀麗的。這些支峰，有的峰軸，微帶金字塔形，有的雲嶂，是極淡的橙色，有的山眉，一派蔥綠。更有的巖層，閃緬甸大佛塔的金黃色，另外的岡巒，呈墨綠、鴨綠、翠綠。那些峿嶙起伏的山嶺，隨陽光深淺，明滅著暗色的亮色的嵐輝。還有一些峨冠式的高峰，披一身黛色，時而深些，時而澹些。群峰中，雜了些稀疏峰島，放散出沃古林那幅名畫「死島」的氣韻。這時，北峰本身，秀美中展露一溜淺淺琉璃翠，又嫵媚，又有點蒼茂，啓示了傳統中國山水畫上峰巖的那份雅麗形象，風貌。它不像一座山峰，倒似一種靈幻體。最動人的，是群山之間那片偉大峪谷空間，無比開闊，又深不可測。從谷底，不斷氤氳著、昇騰著一些色素神秘的光霧，似氣體，又似光體，漸漸的，又與四周峰疊峰岬山坡山峽外層的嵐煙溶成一片，滲透了裊裊的雲氣、雲淞、山光、山色。

這一片片壯麗山景，表現一派大自然的雄偉氣勢，使他們懾伏了。

可是，直到印蒂把她帶上蒼龍巖，漫步嶺際石徑，瑪麗才覺得嘆爲觀止。

金鎖關是東西南中四主峰的唯一門戶，蒼龍嶺是北峰直通金鎖關的僅有幽徑。說是幽徑，一點不誇張，幾百年前，它闊度不過一尺，由於過份陡險，近百年來，才加工開鑿，開廣至二尺多，鋪上巨石，又在兩側樹立一些稀疏矮矮石柱，柱與柱之間，設置鐵索。膽怯的人，過嶺時，不敢直走，匍匐爬行時，便有個扶手攀牽。這條長達數十米的山嶺，眞似一條蒼龍，龍首昂挺於金鎖關，龍尾搖曳於北峰邊緣。它兩側全是千尺深壑巨谷，令人目怵心驚。

「有一次，我過嶺時，適逢一對新婚青年夫婦遊華山，他們坐在靠龍尾處開會商量，要不要過嶺遊東西南中各主峰。女的堅決反對，她說，這條嶺太險了，她不敢走。男的說，他可以拉住她。」

「『你拉住我手，我也不敢走，除非用布蒙上眼睛，那更可怕了。……我們是來度蜜月的，不是來闖禍的。……瞧，下面無底深谷。我連看也不敢看。』

「結果，兩人只遊了北峰，就下山了。……不敢過嶺的，豈止他們兩個。女遊客多半和她一樣。從這點看來，你膽子夠大了！」

「沒有你陪我，我只能過嶺，卻沒勇氣來回散步。在蒼龍嶺上散步的人，恐怕不多。」

「委實很少。我散步慣了，也不覺得險了。」

他告訴她，他曾瀏閱雁蕩山風景照片，其中有幾幅，是天柱峰頂展旗峰巔之間，繫一根繩索，當地山民沿繩凌空飛渡，或立，或仰臥，甚至能翻斛斗，作種種表演，那眞是一種偉大的勇敢。

「這種勇敢，也只有中國人具備，西方最驚險的空中飛人，也絕沒有天柱展旗兩峰高。尼采讚美過空中走鋼索者的勇敢，比起雁蕩山的山民，那是小巫見大巫了。」

「你是不是爲了實驗尼采哲學，才帶我在這條嶺脊散步？」她淺笑著問。

「我爲什麼帶你來，等等告訴你。……怎麼樣，你還能繼續和我散步嗎？」

「能。……要多久就多久。」她堅定的答。

他走在前面，右手伸到背後，讓她拉著。他們來回走了幾趟，終於，他和她昂立嶺脊中間，向兩側群山眺望，他叫她靠著他身子。

「瞧，那一柱石峰多美，不像石峰，倒像一種鮮花樣的植物體，彷彿有最高彈性，能隨風款擺，在我們感覺裡，卻是一脈溫柔。再看它附近那一脈山巒，色彩是青蓮色，又似翠綠色，像一片駱駝形的青玉，又像淡綠翡翠，被潮濕的霧氣洗滌得一塵不染，玲瓏極了，可總有些雲氣嵐煙不時包裹它。瞧那一裊裊，一圈圈，一朵朵的白雲，宛若白牡丹，不時氤氳著，繚繞著，一忽兒峰巒沒有了，只是一朵朵白牡丹；一會兒，白雲飄走了，又出現青峰。……這種美麗的山景，我永遠看不厭。」

「這是貝多芬式的溫柔。……假如華嶽是貝多芬的驚險宏壯的交響曲，這就是他的「月光曲」。溫柔。」她閉上眼，緊貼住他的肩，喃喃自語。「今天和你散步蒼龍嶺，又同立在嶺的中脊眺望山景，可能是我生命中一個頂點。」她睜開眼。「我想去年美國杜立特上校那本『東京上空三十秒』。」（註③）

他們默默靜觀山景，說不出的沉醉，可又不敢太沉醉。過了一會，他輕輕道：

「你知道，爲什麼我要領你到蒼龍嶺上散步？」

「爲了試探我的勇氣。」

「不全是。」

「爲了叫我明白、只有站在絕險的山嶺巓，才能徹底欣賞——洞透華山的嶺險風格。」

「不全是。」

「那麼，是爲了享受一種其他任何空間享受不到的奇異散步趣味。」

「也不全是。」

「是爲了華嶽有些風景，必須立在這條嶺上，才能看清楚。」

「也不全是。」

「那麼，是爲了讓我進一步品賞你獨特的個性，你奇特的風格。」

「並不全是。」

「是爲了使我深一層咀嚼這條險嶺的險勢。」

「也不全是。」

她抬起那雙黑水晶的瀅澈眸子，微微好奇的窺望他，臉色暈著一片沉思氣氛。

「那我猜不出了。」微笑著，加了幾句：「你這個問題，有點像數學上的哥德巴哈猜想：爲什麼一加一等於二？看起來容易，直到現在，卻沒有一個數學家能回答。」

他搖搖頭。「我的問題並不如此難答。」

他的淡棕色臉孔充滿嚴肅。他那雙深邃而強烈的大眼睛，嚴肅凝視嶺下千尺深谷。

他低沉的慢慢道：

「我所以帶你上這條險嶺散步，是爲了，或多或少啓示你：儘管我們這個『星星周』或『星光燦爛周』多麼美麗、浪漫、理想、然而——」他用右手指指下面深谷：「也有點像在這條危嶺上散步，稍一疏忽，隨時會跌到千尺深谷底，粉身碎骨。」

她芳麗的臉龐上，泛起一片紅潮，靜聽他說下去。

「你知道，將近八年了，我堅決拒絕繼續饕餮伊甸的禁果。我幾乎完全忘記那些人間伊甸了。這也是爲什麼：西安時期，我很少想到你獻給我的那些伊甸花朵。可是，四天前，你突然出現了。」他的聲音越來越沉重。「我整個人生哲學的概念雖未完成，但我企圖建立的那些原則，不會排除伊甸秀麗風光的。在我此刻精神世界中，這種傾向正是一條華山蒼龍嶺。如果我在時空方面處理得當，它將是平原上一條柏油公路，否則，就像——」他指指腳下石徑。「從你臉色中的一些迹象顯示：（請原諒我直率），隨時隨地，你會把一切伊甸果實獻給我，我現在既暫時恢復七年前的精神形相，陪你度過這一周，如果不加意警惕，一不小心，我們將——」

「滾跌到下面千尺谷底。」她替他補足未說完的。突然，她柔和的眼睛放射一派銳利的光芒。「不過，這對你是粉身碎骨，對我卻不是。」極堅定的語氣。「我倒巴不得這場粉身碎骨。」

他不再開口了，嚴肅的瞧著她。看見他那種嚴肅神態，她語氣軟下來，低低道。

「爲了尊重你的思想，良知，品格，我這才決定：盡可能收斂自己鋒芒。當一個女人扮演她目前角色時，本該放射更強烈的鋒芒的。」

「謝謝你明白我的意思。」

「不，四天前，當你告訴我：你已在落雁峰聽見我們談話時，我就全明白你了。」

「不生我的氣麼？」

她搖搖她那美麗的頭，緊緊抓住他的手，臉上溢滿紅光。

「蒂！假如我在這個地球上有什麼眞正值得尊重的，除了天主，就是你了。爲了你，這一周，我暫時停止我的宗教生活。爲了你，我幾乎整個變了。你知道，以前我是怎樣一副形相，風格。你看見，現在我又是怎樣一副形相，風格。你的預見完全正確，我預備把我的一切完全獻給你。這不僅是我的浪漫理想，也是一個少女的抒情眞理。假若她不預備、把一切交給那個眞能滲透她靈魂與肉體的人，她就不算眞愛他。前天，你說過一個愛情眞理：一生中，一個人只能眞愛一次。這次離開你，我將永遠結束這美麗的一頁。」她把他的手抓得更緊些，彷彿怕跌入嶺下深谷似的。

※插入補充三頁

「我早已答應你，我將克制自己，絕不叫你違背良知。」

「謝謝你。」他又加了幾句：「明後天，我將使你明白，爲什麼我這樣要求你。有的理由，你已經知道，可有的你還不明白。」

他們最不能忘懷的、是落雁峰月夜。

六

由於這幾日是十月小陽春，天候清爽，這一夜又近「望」，一輪圓月特別大，分外低，從瑪麗看來，這幾乎是月亮的奇蹟。平生她從未見過這樣明亮的大月亮。她記憶裡的幽月、澹月、皎月，或素月，似突變爲一輪太陽似的熾熱的星球。它再不是靜的，而帶點狂猘的火熱情調，儘管這是冬月。不過，熱烈中仍一片空明、純粹，這正是它迷人處。因爲空間關係，高山月亮分外顯得低，宛似一伸手即可捫觸。這樣，它就格外親切，令人眷戀了。

華山夜月與平原月亮不同，和城市月色也迥異，它沒有春月或夏月，永遠是秋月或冬月。在最熱的夏夜，月光仍一片幽冷，清冽，像九月的月亮。今夜，因爲風很小，天氣清朗，冬月也帶點秋月味道。

「正因爲這片秋味，秋氣、混合著一點風籟，華山月光才無比神妙。在平原或城市內，我看了二十幾年月亮，本已膩透它的光華，老是那麼一派乳白色，那一輪圓，或半輪圓，彷彿不只我的視覺看老耄了，月亮自己也被看老了，失去它青春光輝。隱居高峰頂，我才重新咀味月光的青春，和我自己視覺的童年。這兒月亮並不是孤立的天上月，它與群山溶成一片，特別是那綿延無盡的大巴山脈和秦嶺。遠遠的，隱隱的，它們在一汪月光中，出顯一幅空前絕後的神奇光帶，光霧，後者燁燁燁燁的，如一座白色巨燭形成的森林，一些衣天使裝扮成的銀色樺樹叢林，又似光，又似霧，迷離朦朧極了。人如入勝境。看著，看著，我每一滴思想，似都匯入宇宙大海流。我感到大自然的莊嚴，肅穆，與神聖。我好像突然發現上帝的偉大形象、隱隱約約屹立叢山峻嶺中，而幾萬萬年來，彷彿我是第一雙眼睛，眞正看見千千萬萬星球創造主。」

她和他在月光中慢慢散步，沉醉於群山月色中。他的聲音不時驚醒她。

「那些壯麗的月夜，無比豪華燦爛的月夜，我常常徹夜不眠，趺坐峰頂月光中，直到第一瓣太陽光映透天際。這段時候，我即使閉上眼，也似瞅見月亮的公轉軌道，以及它們畫的巨幅圓圈。彷彿只要一伸手，我不但能抓住每一片月光，如抓住一片銀色緞子，也能抓住構成它的內在質量，以及它的分子運動，甚至，我似乎還能捫觸到月體軌道圓周。」

「我瞭解你的神秘思想。」她輕輕說。

他轉過頭，眼睛射向她。「你說，在這種空間，這種時刻，人間萬象又能有多少分量？有些情感又多麼渺小？」

她聽了，許久不響，終於，輕輕道：「你把一切感情，全獻給純粹大自然了。你正和那些星座——仙女座、后髮座談戀愛。比起她們來，人間最美的少女也醜陋了。這是一種星星愛，它比一切水晶更透明。」

「不過，反過來說，在這樣偉大山峰襯托下，在偉大峰際夜月烘染下，特別是，在如此崇高的華山月夜裝飾下，一個最平凡的少女，也帶點山峰情調，月亮韻味，只要她有一顆透明的純粹心靈，她將顯得超絕的美麗。」

「你是說——」她臉孔有點紅了。眞怪，她臉本不該紅，卻紅了。

「我是說——……底下那個必須加括弧的字，請原諒我不說了，反正你知道，我知道，華山知道，月光知道。」

「儘管這樣，代表加括弧的字的那個實體，並不能使你放棄一切——至少是華山，再回到紅塵火光旁邊。」她低下頭：「這就是爲什麼，我常常以爲，命運有時具有一種權威性。」

「你只說對三分之一。」

「另外那三分之二？」

「另外三分之一是：眞理比一切情感更美，更充滿誘惑性。它甚至比整個宇宙更美。」

「嗯。」

「是眞理使全宇宙現得眞正偉大，不是宇宙使眞理顯得偉大。就這一意義說，人類——生命——我是指那永遠綿延無盡的人類生命，將比宇宙表現得更偉大。」

「還有另三分之一呢？」

「你眞想探索我個人一切秘密麼？」他誠懇的凝視她。

「蒂，直到此時止，我還沒有對你說過一句眞正的重語——最帶刺激性的話。可我現在不得不說了。像我這樣一個可能要爲你付出一切代價的女人，有權利知道你個人一切秘密——還不祇那三分之一呢！」

她一雙眼睛定定望著他，閃灼著火焰。

「好吧！我告訴你。如果我眞正應該回到紅塵火光邊，可不是你爲我昇起的那朶火，我應該回到另外一朶火旁邊。早在十三年前，她就爲我預備了：那可能是永恆媚麗的火，但我沒有接受。今天，或以後，如果這種火還對我產生魅力，或誘惑性，或者，爲了完成我對人生眞理的追求，她比你更有優先權，召喚我到火邊。」

「唔，原來如此。」她沉默了一會，低低問：「她在哪裡？很近？很遠？」

「不近，也不最遠。」

「你自信她還像十三年前守著這朶火，等待你麼？」

「大體如此。」他聲音也低了。「非常抱歉，瑪麗。這件事，我們談得太多了，就這樣結束吧。十三年來，你幾乎是第一個生命，聽到我正式談這件事。包括我的一份秘密。過去，我從未用這種口吻談過它。……我們還是換個話題吧。」

她驟然笑起來。

「在這樣旖旎的月光下，我們幾乎大半談哲學，未免太可笑了。我們的談話應該與這片月光和諧一致，才行。」

接著，她幾乎有點任性的笑著。「瞧我這件黑色棉道袍，加上我的長長黑頭髮，我變成個女道士了。珮嫻要看見，不知怎樣笑話我呢！你怕我受不了高峰夜寒，這才逼我穿上。其實，這一刻，我渾身熱火火的，不穿這件古怪的棉道袍，也不會覺得冷。」

他語調溫柔的道：「還是穿上好，萬一受寒，感冒了，這兒可沒有醫生，也沒有醫藥設備，我的一點臨時藥劑，救急藥片，還在大上方呢！」他微笑了。「你現在的黑色形相，倒正好和我配對，你雪白的臉，配這身黑袍子，加上長長黑髮，美極了。特別是：明亮的月光裝飾了你明亮的眸子。」

她大笑。忽又輕輕道：「蒂，讓我也在這兒修道，做女道士，陪你好不？」

「那可不行！一襲黑衣是智慧。成雙的黑衣卻是個麻煩。」他笑著說。

「不再說夢言夢語了，還是讓我們談談月光吧！……今夜華山的大月亮，忽然叫我想起司湯達的『紅與黑』，那位女主角瑪特兒，曾雙手捧著情人于連的淋血頭顱，走向墓窟，半瘋狂中，顯示可怖的嬌艷，殘酷的偉大。這一刻，這輪大月亮使我想起瑪特兒捧于連頭顱時的神態，不管她怎樣美，卻蘊涵一種秘密的瘋魔味。」

「你怎麼會有這種想頭？」他衝口而出的說，接著，卻改口了，沉思道：「也許，它對你是這樣，月亮照著你，你也照著月亮。……我可沒有這種感覺。」

「月光帶點瘋狂也好，這樣，它才能流瀉更豐富的聲音，月亮的音樂。這片樂音，將把我們帶入一片虛無縹緲鄉。啊，在這五千仞上，仰天池附近一帶，悠悠散步，月光像海水，我們是兩片白帆——不、黑帆、在海上幽幽飄，傾聽神秘的山籟，林籟、風籟、和謖謖松濤，多有詩意！遺憾是——」

他靠緊她，低低對她溫柔耳語：

「親愛的，沒有『遺憾』，不管怎樣，這一刻，我總是你的羅米歐，我不需要闖入果園，偷偷爬上洋臺。……」

他伸開右臂，輕輕摟著她的腰肢，雙眼不時深深注視她。她也情不自禁的舒展左臂，擁著他的身子，頭貼在他肩上。

「蒂，我親愛的！……」

就這樣，他們慢慢散步了二小時，不斷低低耳語。

臨別前一夜，他們通宵達旦，消磨於玉女峰頂。

這一夜，山風比昨天大，月亮卻比昨夜圓。即使初冬，華山夜月常與風分不開，月夜多半有風。像昨夜風那麼小，是少見的。今晚，月亮光似飄飆風中，裊浮水面，形成一片水月，風月。風籟正是月華這架妙琴的奏樂器，不斷鳴奏宇宙籟的妙樂。風吹送月光，如輕颺一片片皎白透明的薄紗，無限空間似顫動著。不，整個華嶽如多弦琴，顫震窈裊的峰籟。

因爲有風，月光更嫵媚。光在風中，風在光中，月在風中，風在月中，風也變成流動的光體。遠處，綿亙千百里的大巴山脈，隱隱綽亮於月光裡，風裡，它也化成一片流動光體，一種流風味的水晶體，玄極了，深邃極了。他們散步於玉女峰巔，一種偉大的光滲透他們，一片神奇月色沁入他們，一陣陣崇高的風也浸透他們。他們隨時會順風飄去，如兩片白帆追逐光波，又氤氳入天穹，如一爐煙篆。山、樹、草、石、天、月、霧、影，全化成一種原始的史前夢境；他們眼前是夢水、夢樹、夢草、夢石、夢天、夢霧、夢影，他們自己也是夢，兩個夢人。一切似夢、似眞、如眞、又如夢。在這片壯麗的夢之峰極，風愈來愈大，卻不狂，它顯得平衡、安靜。月光是水，風是船，他們躺在船艙裡隨水而流，流入宇宙最深核心——那個洞窟式的最後秘密。

漸漸的，他們覺得月光越來越強，越富有魅力，似在燃燒什麼，發動什麼。它不是月，不是光，不是風，卻是一種風力電站，或熱電中心，把一種電流輸入他們的思想，叫它產生迴旋式的奇異反應。曾有一刻，他們有點麻痺，之後，慢慢的，他們又變得像電一樣的靈敏了。許多記憶，那極錯綜糾纏的，現在都與四周風景溶成一片。

「月夜，或者無月的夜，星星是一種奇蹟。趺坐赤裸裸天空下，星星雨點樣狂打我，澤瀉我，我直覺一顆顆星星撲到眼睛裡，嘴唇邊，頭髮上。它們離我臉孔那樣近，有時迷忽了，不知星星是我的臉，還是我的臉是星星，我是用星星觀看，感覺，呼吸，還是星星用我的視覺觀看，用我的神經感覺，用我的肺葉呼吸。我禪坐於室內時，星星、一個又一個，訪問我。或者，成群結隊擠在我門前，又一湧而入。我睡了，星星也閃爍枕畔，與我耳語。我睡著了，它們就和我的夢閑談，在我夢中燦爛放光，我幾乎分不清，是我做夢，還是星星做夢？星星是我的夢？我的夢是星星？我是夢在星星叢？是星星夢在我記憶叢？這些銀色的藍色的紫色的客人們，常常潺潺湲湲的伴我談一整夜。他們的話聲，泉水一樣，從天上流到我心泉深處，又從我靈魂迴廊響徹最高空穹。」

「我從沒有見過這麼多星星，這樣美麗的星星。這不是星星，是億萬生命在另一空間活動，表演，演馬戲、演舞劇，那片神奇空間的戲劇，要比地球上的任何戲劇豐富一千倍，一萬倍。」

「我不祇以太古第一雙原始眼睛，第一次欣賞天上神秘星光——光的花園，我也以現代視覺，通常智慧望遠鏡，看清那謎樣的星斗，那無涯無涘的星球海洋。我感覺天鷹座、后髮座、白羊座、劍魚座，獵犬座，天兔座，一座在我四周旋轉，我是傳說中的蚌精，在作瑰麗的思想舞蹈，我的蚌殼就是這些星座。只有這樣的舞蹈，我才眞意識到，地球表面大氣層的厚度是多麼薄，多麼脆弱，地軸是多麼短，塵世間的一切，包括那最複雜的大千世界，也顯得簡單，脆薄，像望遠鏡中的仙女座星雲薄紗。」

「你又在向我說玄學了。」她笑著說：「你的感覺總是那樣特別。」

「人們都歡喜在春天花園裡、盛夏海灘上，秋天陽光下，冬季火爐明亮的客廳中，談感情，我卻把你帶到這樣嚴寒的五千仞上，作一次長談，你不覺得我太古怪麼？」

「我到五千仞上找你，這件事本身，就夠怪的。我來時，滿心充溢一些古怪渴望、渴望從你這裡看見一點情感奇蹟——那種絕不類似一般場面的場面。」她湖水樣瀅澈的眸子，開始閃爍火花。「我明白你這一刻涵意，必須在極冷的時間空間，人類情感才能作出眞正火熱的反應。」

「是的，我想讓你看見一點火光，五千仞上的火光。但還不僅是青春的火光，還是永恆的智慧的火光。」

「『智慧』？」

「在這種高峰頂上，我心裡漾溢的，不可能完全是青春，而是：一種永恆寧靜的詩篇。它的內涵是：我們怎樣藉助自己感官，相互共鳴著，又共同使我們心靈的合奏音樂穿越這片冷月，寒風，長夜，以及四周群山，直貫那闋『永生』交響曲。只有在那陣樂聲中，我們的靈魂才能永恆結合、溶成一片。」

「你是講來世？——天堂？」

「不全是，你是指宗教的永恆，我是指哲學的永恆，宇宙自然的永恆。」

「你眞想把我變成一個玄學家嗎？」她搖搖頭，又微笑著。「我了解你的涵意，可我只是一個平凡女人。你知道我此刻渴望什麼。」

「你在回憶昨夜月光。」

「我更渴望今夜月光出現更大的奇蹟。」

「沒有奇蹟。只能是昨夜『月光』的續篇。」

她沉默。

「瑪麗，你不會恨我吧？」

「一個公教徒不可能恨任何人，何況是你？我永遠感謝你。」

他看看腕錶，「現在快十點了，我們散步兩小時了。到前面松林裡憩一會吧！眞怪，這種談話，兩小時像兩分鐘，很快就過去了。昨天晚上，我們斷斷續續，在月光下散步了三小時，也只像三分鐘。」

「『時間』這兩個字，是屬於宇宙的，不是我們的。」

「我們的足步聲響在時間之外？」

「應該說，我們整個生活在時間之外，空間之外。」

「另一個？」

「問你。」

他微笑了。「親愛的，你像外興安嶺夏季的美麗麋鹿，不管在山上兜多少圈子，終於還是疾馳到『鹹場』泉水邊（註④），匍伏啜飲。」

她臉孔緋紅了。

「還是讓我們輕輕耳語吧！像昨夜月光下散步一樣。我將用我的聲音翻譯四周山風的語言、月光的語言，再悄悄吹入你耳螺。我覺得，有一個無名詩人寫過一首舊體七絕，其中有一句，可以傳達我們此時的部分情調。」

「什麼詩？」

「我唸給你聽。」

「憶曾長夏共廝磨　星斗盈庭廊下座
夜靜微聞耳畔語　流螢輕掠鬢邊過」

「第三句倒是我們現在的本地風光。

「我改動幾個字，獻給你，好麼？」

他又唸了一遍。

「憶曾寒夜共廝磨　星斗滿天林下坐

夜靜微聞耳畔語　流光輕掠鬢邊過」

她聽了，愉快極了，忍不住伸出雪白右手，溫柔的撫摸他的臉龐。

「你這副嘴，眞是蜂蜜混合玫瑰花釀製的。」

「我不是蜜蜂，也不是玫瑰，我的嘴唇是星星與月光編織的，瞧後半夜的星星和月光多亮！」

「我傾聽你的星星聲音、月光聲音，我的耳朵也化爲星星耳膜、月光耳膜了。」

「假如我們整個人同時化爲星星與月光，多好！」

「我倒願意。但還有一個人——那『三分之一』怎麼辦？」

他用右手輕輕揑了揑她精緻的鼻子，「你這個調皮的！」

她咕咕笑起來。

就這樣，隨著月亮在天上運轉，他們情感的糾纏不斷梭織著，任意編織各式各樣的形相、風格、色彩。可星星與月光總是它們的主色素。

八

這不僅是「星星周」或「星光燦爛周」，這還是「純粹周」。印蒂有意要讓這一周創造出一種最高純粹，不管陪瑪麗看山也好，觀樹也好，聽泉也好，欣賞巖石也好，遊覽名勝古蹟也好，月下散步也好，通宵長談也好，眞正照亮他們的光明，是「純粹」。宇宙間，最難得的，是純粹，而男女間的純粹——純潔，更是萬難之難。正因爲難，他更要銳意艱苦創造。所以，這七天，有幸福、有歡樂、也有苦工。這種辛苦鬥爭痕跡，只潛藏他心底，他絕不叫她明顯覺察，雖然她對這點並不缺敏感。過去幾十年，他走過那許多複雜離奇的道路，這一周，再多一點複雜離奇，在他毫不離奇。他旣向她說明過：他靈魂內層空間、四通八達，在適當時空有適當足跡，那麼，他就絕不會吝惜巨大努力與克制，放縱力與平衡力，滿足她的情感，而又不違背自己眞正良知。謝謝上帝，他終竟完成了。

儘管如此，生命終是生命，人總是人，臨別這一天，他那根平衡槓杆——那種創造純粹的意志，仍不免有點搖擺。

昨夜通宵不寐，天亮休息。他們在玉女峰道觀的兩間客房內睡了一上午。下午，他們向中峰走去，不說一句話。一路上，他們默默看雲、觀霧、賞山景、望林樹，足足玩了一小時半。他們並排走著，時不時的，他瞧瞧她，她又瞧瞧他。她的臉色是暗沉的，他的也不明朗。想說的太多，說不出、說不清，說不好。人與人之間共鳴處太多，抵觸處也有一點。想以一周時間完全塡平四年來的空白，看似容易，卻又不眞容易。生命是一闋怎樣曲折錯綜的交響樂！你演奏的那部分，只能服從大自然的指揮棒，她擔任的那部分，又要傾聽另一個指揮家，有時也能調協一致，根底上卻多少總有分歧。主要責任在他，他完全有他一套演奏規律；那個偉大的指揮棒是一種客觀，也滲了些主觀，他不是一個輕易的改弦易轍者。在過去兩次重要情感記錄上，他已表現出他的客觀與主觀，這一次，更不會例外。

大約早就敏感到這一層吧，所以，今天下午，她不再說一句話。

爲了避免第三者發現，他們決定，這天下午，在白雲峰柏樹林深處舉行告別式。

這不是告別式，倒像「地獄」這個魔王舉行加冕禮，色調是那樣黯黯，情愫卻這樣狂猘，寒風是那樣凜冽，話語卻這樣燙人，寂寞是那樣猙獰，手掌卻這樣火熱。有多少尼瓜拉加瀑布要衝瀉，他們卻關閉住了。有多少電流要發光，他們卻扭熄。生命是這樣美麗，又如此矛盾。大自然是這樣寬廣、又如此狹窄。有一陣子，他們幾乎仍想保持一下午的沉默，讓一片嗼靜表現千言萬語。另外時候，他們卻又渴望放縱一切，叫無數奔馬從心底馳出。終於，還是他先恢復平衡、穩定，一個斷然決定，寫在他眼裡、臉上。他即不說一句話，他的視覺已翻譯出他內心豐富言語，她完全理解。

「哦，瑪麗，有時候，人生是個最透明的謊，像一個女人穿了雙高級尼龍絲襪，遠遠的，人們以爲這雙美麗的腿與足是赤裸的，其實不是。謝謝上帝，這七天中，我們誰都沒有穿這種尼龍絲襪。假如臨別這一刻，我還能對你無愧，也正因爲這。……這一刻，你願意怎樣想，怎樣表示都行。」

他停下步子，站在柏樹林蔭中，終於用誠懇的聲音對她道。

她彷彿聽見他的聲音，又沒有聽見，只站定了，定定定凝望他，好像認識他，又不認識他。她一直沉思著。

不知沉思多久，忽然像被一片大火燃燒，七天來第一次，她有點歇斯底裡的投入他懷裡，雙臂緊緊摟抱他。

「啊，蒂！這最後一刻，我求你，別再施用任一個哲學字眼了。你怎麼說都行，可別再談哲學了。」

她的臉孔深深埋入他懷裡，聲音是低沉的，帶點顫抖。這個聲音，她似乎準備許久了，這一次，才全部響出來。沒有誰誤解這個聲音，也沒有誰能阻止它，它像華山音籟一樣自然、眞實、壯麗。

「啊，蒂，有一個字，比你我更早出現在地球上，它是宇宙間唯一的光、色、香。……啊，蒂，有一個字，永遠是開始，沒有終結，它是比時間更偉大的時間，無比深湛的刻劃出生命的最寬度、最長度、最高度。……啊，蒂，有一個字，在春天花園裡，是燦爛在萬花綠葉間的唯一顏色；在秋天果園中，是掛在枝頭上的唯一芳香；對海上的白帆，是唯一的風；對額上流汗者，是最後的酬謝。……啊，蒂，有一個字，是你，是我，也是他，是萬有之有，是一切存在的存在，是通過『死亡』大隧道的列車，滿載生命、歡笑。希望，到太陽光下，到美麗的大草原上。……啊，蒂，這一個字，爲它，流血、流汗、受苦、受難，人類交付出一切，只因爲它是宇宙間唯一的光、色、香——比生命更生命的生命！」

她的雙臂把他抱得更緊了，她的聲音幾乎是夢囈。

「啊，蒂，你要我說清楚我對你的愛麼？沒有一張地球上的嘴說得清。沒有一個大海說得清。沒有一片月光說得清。沒有一顆星星說得清，無論是巴格尼尼的弓，賽拉塞特的弦，魯賓斯坦的手指，或卡魯梭的嘴唇，一到敍述我對你的情感時，它們全啞默了。」

「啊，假如我脈管裡還有一滴血，那就是：愛你！假如我氣管裡還有最後一口氣，那就是：愛你！太陽可以不愛地球、月亮可以不愛大海，但我不能不愛你。甚至我可以不愛一切生命萬物，但我不能不愛你。啊，蒂，我不能不愛你！我不能沒有愛！即使我死了，躺在最黑暗的墓窟底，我也愛你。當墳塚底那些蛆蟲圍攻我時，我仍會想起你在我身邊的那些聲音。當地底下的白蟻咬食我的肢體時，我仍會想起你壯麗的肉體，以及它們對我胴體的那些可愛接觸。即使我被燒成灰、變成氣分子，我的每一粒灰，也要想你，念你，我的每一粒氧元素、氫元素也要愛你，記憶你。」

從他懷裡抬起頭，她那雙平日像湖水一樣澄明的眼睛、充滿風暴、騷亂，那雙一向平靜的黑水晶眸瞳，閃爍著火燄。她筆直的、狠狠的，望入他雙睛深處，一刹那間，她的視覺彷彿死在他眼裡、臉上。

突然，她瘋狂緊緊擁抱他，洋溢紅光的臉孔，第一次緊緊貼住他的臉孔，不斷溫柔的摩擦著，她的聲音顫慄極了。

「啊！蒂！我們將永別了。這是命運的殘酷，時間的殘酷。只因為我不是你的第一個愛人，我就沒有權利是你最後的愛人。我為她祝福。即使她現在是個孤獨者，她仍是幸福的。有你這樣一顆美麗露魂是她形相的永恆窖藏室，她永遠是幸福的。我沒有權利利用別人苦痛的泥土培植自己幸福花朵。可我希望著，祈禱著，不太久的將來，你將去再找她，你沒有權利讓她永遠等你。……永別了！永別了！可你是我第一個——也是最後一個永生的戀人。這一次，我能再見你，和你共消磨這寶石花一樣燦爛的一周，我已經很滿足很滿足了。一座地中海是海水，一滴地中海水也是海水。我將到那個地中海畔的國家，支付我殘剩的生命。有機會，每一次散步地中海濱的時候，我會想起你的海洋風格，你的比海更深的靈性。這片藍色海水，將滲透我的餘生。」

「啊，蒂，四年前，自從我第一次從疾病昏眩中睜開眼，看見你時，你的形象就深入我的心靈。沒有幾個月，我就開始愛上你。四年來，從沒有一個白天或黑夜，我忘記過你。可我從未赤裸裸向你暴露過。現在，不到兩小時，我們將永別了。假如這一周我暴露得還不徹底，這一刻，我再不能──也再不讓隱蔽自己了。我願把我全部靈魂窗戶向你敞開，把我所有內在火燄對你噴射，這種噴射，在我一生，是第一次，也是最後一次。不管你責備我輕浮也好、衝動也好、感情用事也好，也非得向你這樣爆炸一次不可。這一爆炸是聖水，將滌盡我那些相思夜的黑暗，也將填塞我未來無數記憶夜的空虛。有了這七天，儘夠了，這華山，這月光，這日出，這午夜，這些險峰，這些巨樹，這些岩石與星星，風籟與雲霧，加上純粹的你，夠我回憶一生了。永別了！永別了！」

「永別了！永別了！我最愛最愛最愛的蒂！我只有在天堂裡與你相聚了，假如有一天你能重新回到公教。」

她狂熱的聲音，混夾著斷續啜泣，以及滿臉眼淚，使他再也無法控制自己。他緊緊擁抱她，一次又一次，熱烈吻她。他簡直不知自己做什麼。一切全超出他原來的想像。

「瑪麗，最親愛的瑪麗！我永遠不會忘記你！我永遠感謝你對我的奉獻，這是生命給我最純潔酬謝！」

一個長達十分鐘的火熱長吻，結束了一切聲音。淚水洗滌著兩人臉龐。

他已記不清，他們是怎樣分手的。生命中，有些事，永遠記得清，又記不清。記得清的，是它們的核心意義，記不清的，是那些形式細節。模模糊糊的，他只記得，他陪她又一次穿過蒼龍嶺，回到北峰，直把她送到珮嫻身邊。路上，他們一句話不說。當珮嫻面，他緊緊握住她冰涼的手，和她最後一次道「再會」。他再不敢看她那副又悲慟又陰霾的臉色，以及她那雙充滿淚水的眸瞳。他完全瞭解，她是強力壓制，不讓自己大聲哭泣。他把珮嫻單獨請出來，在道觀門外，再三低低叮囑她，務必好好陪伴她的好友，善自安慰她，護送她翌日下山。他想多說點什麼，卻說不出。就這樣，他終於吹起了一周來的閉幕哨子。

離開北峰，他不想再返大上方，卻重新越過蒼龍嶺，穿金鎖關，一直走到東峰。

他在朝陽觀住了三日。白天，大半時間消磨於戶外，沿著他倆遊覽的足跡，又一次踏遍落雁、玉女、白雲三峰。晚上，他加了件黑色棉道袍，在朝陽觀外月光下散步，直至午夜，才回房休息。他並不睡，逕自禪榻趺坐到天亮。

這三天，我們不知道，他究竟想什麼：回憶什麼？咀嚼什麼？有一點可以肯定：他想得很深，很深。也許，自他隱居華山後，他從未如此沉思過，苦思過。

第三日，晚餐後，他仍租了件道袍，披在身上，漫步於峰頂月色中，身前身後盡是月光。他走在一片光霧內。走著走著，他沉入一種神秘的思情中。他完全被這片高山月景迷住了。

這種光不是光。他看過四十一年的光，也瀏覽過幾百個通夜的月光，卻從未覩見這種光。光是明亮的，或幽暗的，或靉靆的，或迷濛的，但現在這片光不只明亮，也不僅幽暗，也不能全說靉靆，迷濛。它不單是一種照明，也不僅是一種色彩。他很難說它是一幅月夜景象，一幀星星體，一種能見的透明體。這是一種極複雜的光之流，比流水還流，比情感流還流。它極流，極動，卻又極靜、極沉。這不是固體的靜，也不是液體流動時的靜，是一種類似氣體的靜，不單是現實形體上的靜，也是記憶的靜。一切最流動的，在記憶中都化成一片唄靜。這不是光，至少，不僅僅止於是光，它是一派氣體，比氫與氧重一點，比水蒸汽輕一點，比只存在於他肺部支氣管而不存在於他視覺的一切大氣、稍稍明顯點，凸出點。它還不只是一份普通氣體，而是一脈柔氣，一片氣息，主要是：它不倚賴生命視覺，只突擊人的嗅覺——靈魂的嗅覺，像千萬隻神秘手指，敲擊靈魂嗅覺的琴鍵。現在，他彷彿不是諦聽音樂，是嗅到它，呼吸著它。聲音不是一種振幅和波蕩，而是一種氣味，一朵玫瑰花或丁香花。

現在，整個宇宙非常之美，像一個剛用可狄香水沖洗過的胴體。

整個宇宙所以非常美，因爲它有一張最美最美的臉，這個臉被月光化了粧，薄敷了一層透明的月光香粉。他像在看一幀文藝復興期的粉畫，或者，一張波特萊麗的女像。眞正，這不是光，更不是月光，也絕不是任何物質形相，它其實是一種思想，與星球一樣偉大的思想。假如最透明的思想能發光，它正是他四周這片光亮。這是永恆宇宙大沉醉於自己透明思想裡的狀態。在這片大沉醉中，印蒂像曾見一塊無極無眼的放射性螢光板——那深邃的空間本體：它琉璃極了，皎潔極了。它的透明靜體，此時此刻，展開千萬里，流動於海水式的月光中。他似瞅見時間本體在運行，像瑰麗的海藻，流動於他身前身後這片白玉海內。奇怪，這種流動，正爲月光本身那個流動體一樣，是一種極反常的動。它動得不像動，像靜。越流動，越靜，越靜，也越流動。沒有一種生命視覺能說明它究竟是動，是靜，卻又動又靜，或非動非靜，或動與靜以外的第三種型體，還是超動超靜？

啊！多深沉的星球！多磅礴的宇宙！空間如此奇異的闊大，嶝邃，他簡直有點駭怕了。它簡直是一座透明深淵，他只要多走一步，就會落葉般墜下去，永不再上昇。他從未發覺空間是如此巨大，因爲，過去幾十年，他一直在空間以內，像魚在海裡，不知海偉大。現在，他彷彿第一次跳出空間，站在它以外，靜觀它。這一刻，他對它的堅實感覺，正如他對手掌心一隻大蘋果的感覺，不是魚對水的模糊感覺。也許，過去數十年，他游泳於一口小池塘空間，今夜，他卻活在大海洋式的無限空間。啊！星斗璀璨，月華煒燁、山峰發光，樹影婆娑，風像環繞歐洲、亞洲、美洲的那些大海水一樣，一波又一波，一浪又一浪，千波、萬浪、億浪、兆波衝擊一切。是這樣一個雄麗的高峰月明之夜，叫他如何不深沉？不磅礡？不永恆？不和星球共舞蹈？旋轉？

一個人佔有這片海拔三千六百公尺高峰，肉體運動於這個無限迴異的月明之夜，這全宇宙萬萬萬萬萬萬萬平方空間，似只有他一個生命。他扮演銀河系宇宙的唯一佔有者。這神蹟式的銀色光輝，這玄秘的峰極風景，特別是縱橫千百里的大巴山脈、千峰萬巒、萬姿千態、起伏不斷，彷彿是無數個沉默生命，默默與他對談，交語。他彳亍峰頂皎色中，走在月夜大風內，獨行珍珠星光下，億兆天體活動的光輝中，不，他也散步在自己的和珠穆朗瑪峰一般崇高壯麗的思想中。不是他漫步，是思想在走，精靈在散步，並不是他的思想壯麗，是這高峰月夜空山流水的宇宙風景線太偉大，因而他的肉體靈魂也偉大了，變成這偉大宇宙奇景的一部分，一闋由神話中上帝所創造的偉大交響曲的一個樂句。

他走著，不知道自己是生、是死、是動、是靜、是想、是看、是明、是暗、是肉、是靈、是走、是飛、是有、是無、是虛、是實、是幻、是眞——他只知道一樣：他是走在一片極偉大的境界裡。

是的，他是走在一種偉大裡，正如獵戶座星雲旋走於一種偉大裡。

這一晚，他仍宿朝陽觀。午夜一點左右，他才停止散步，離開月光和星星。

睡上床後，他仍不能離開這奇妙的光——月光——這神秘的神聖的高空。玻璃窗上，一片月明，躺著，他可以看見對面又迷茫又羊脂玉色的大巴山脈，它半隱半現於煙霧中，窗外正是千尺懸崖。狂風正在敲窗。他很久不能睡。他肉體裡的月光及狂風也不能睡。他有一種神秘的感動，似乎預感今夜要發生一點事。自從那一周結束後，一個新的事態彷彿接近了。他不是睡在床上，而是睡在一種微妙的宇宙光中，很久很久，他沉思著，睜眼夢著，不知何時起，他彷彿矇矓睡了，他肉體內的月光和大風也睡了。但這其實不能算睡，這是介於睡與醒之間的蝙蝠狀態。假如，他有夢，它也是這玄妙的月光與風編織的。但他沒有夢，只有一種晝與夜的兩棲感覺，蝙蝠似地繞他。

就這麼繚繞著，繚繞著，他半夢半醒，半思索的躺著，大約是深夜三時左右，他突然全醒了，不，他驚醒了，一片魔術式的閃電，猛然掠過他的腦際，剎那間，霍的他全部生命黑暗突然完全明亮了，他大叫一聲，陡然坐起來：

「啊，我悟了！」

二十幾年來，那個一直折磨他糾纏他的午夜深淵，那個又黑暗又可怕又空虛的無底深淵，這一刹那，陡然化成一片光明，一片從未有過的無比偉大光明。再不是一個黑暗的午夜，卻是一個雪亮的午夜。再沒有黑暗的靈魂，黑暗的宇宙，卻是一顆透明雪亮的靈魂，一個透明雪亮的宇宙。

他的靈魂深處，那片沉重的黑色山巖感，全部不存在了。那個多年來魘祟他的巨大宇宙壓也消失了。他的精神眞正獨立了。他那座靈魂王國，再沒有黑暗的力量左右它或影響它了。

超於一切的是，他自己內在心靈一片明亮。他外在的整個宇宙也一片明亮。一切亮極了！

註①　此處引自唐賈島「尋隱者不遇」，五絕。原詩如下：「松下問童子，言師採藥去，只在此山中，雲深不知處。」

註②　此處引自唐李白「清平調」七絕。原詩如下：「雲想衣裳花想容，春風拂檻露華濃，若非群玉山頭見，會向瑤臺月下逢。」

註③　「東京上空三十秒，」是第二次世界大戰中，美國空軍上校杜立特第一次率領美國空軍一隊轟炸東京歸來所寫之書，風行一時。

註④麋鹿平日食物缺少鹽分，必須到「鹹場」飲有鹽分的泉水，而泉水四周土壤俱含鹽分，故稱鹹場。

第五章

一

這隻景泰藍細口瓶，依舊是一口空瓶，依舊在開無花的花，飄展無葉之葉。花瓶四周，蒙茸一層灰，那些精緻圖案條紋，洒金的，嫣紅的，絳紫的，天藍的，不再色彩燦爛，煥發閃亮了。壁上那幅馬蒂斯紅衣女，也紅得不那麼誘惑了。書架上，他最愛的「拉曼卻」，「菊子夫人」，「土耳其女郎」，長期在灰塵裡洗澡，黯然無光，也不再充滿拉丁溫柔與南地中海的嫵媚了。僅僅才離開幾個月，這座江南味的小小書齊，就這樣凋零，荒蕪，像一座剛從地底下發掘出來的殷代舊墟。鄭天漫舉起那雙千年神龜的小眼睛，在屋子四角蜘蛛網王國裡周游一遍後，不禁嘆了口氣。

他坐在那隻積灰的破舊米色沙發中，一面以手拭汗，一面用視覺繼續在四壁巡弋。現在，他的眸子似乎不再像千年神龜，而是一隻壁虎，迅速在牆壁間爬上爬下，抓來抓去，但什麼也抓不住，所抓到的只是灰，灰，灰，……。

「咳!灰!灰!灰!到處是灰!」

院子內,太陽正向大地狂烈進攻,窗外一片火山,他的背脊不敢向沙發脊背靠攏,儘可能往前俯探,這樣,他的視覺有時就黏附在地板上,可地上也到處是灰,灰,灰……。

鄭天漫陷入思中。很快的,他腦海裡,飄起那個地瓜型的女人。這也是他的習慣,每當愁悶時,那隻地瓜就在他面前團團轉,像個陀螺。很奇怪,他的命運,他的最後二十年、三十年、甚至四十年的命運,竟和這樣一個女人纏在一起。不僅二十年前,他沒有想到,就是當他在娘肚子裡做那場十個月大夢時,也沒有夢到。他,鄭天漫,一個法國文學研究者,「土耳其女郎」的譯者——這是他去年開始譯的,爲了逃避荒漠黃風黃沙,他把自己送到萬里外阿拉伯白色建築內,那個充滿幻想的土耳其深閨中,——卻與一隻地瓜糾纏在一起。而且,最近,她的肚子居然大了,大得更像一隻四川地瓜了。這件事,他從前絕未想到過。至少,一九三七年結婚時,他沒有想過。那時候,他總以爲,戰爭將把他改變成另一個人,這片古城將會變成一片海嘯,他將是被衝往海浪最高峰頂的一尾鯊魚,一隻明蝦,一片蚌殼。可能,所有亞洲人在呼吸的那片巨大圓圓球面,會改變地理緯度,作一種嶄新的偉大的行星旋轉。怎麼個旋轉法,他不能臆測。總之,不會再是老一套旋轉了。隨著這把歷史大火,天文學上的一些法則,彷彿也要改變了。

他的一生命運將隨那片新的旋轉而旋轉。

他萬想不到，旋來轉去，他仍舊是這片荒漠上的一隻老駱駝，依舊在追逐古城夕陽和烏鴉影子。

那個時候，他結婚，不是爲風花雪月，也不是爲洪水泛濫，是爲了一個最簡單的現實。父母逝世後，所遺下的老宅，以及一點房產，必須有人照料。他是準備投入戰爭，與地球一同翻身了，但他的房子和所有家什物件卻不能。蘇荔紋，這個簡單的少女，土生土長，正好代他管理這一切。萬一他在這場地球大翻身中粉碎了，她子宮內會留下他的花種子，繼承他家香火花葉，代他向同宗同族交卷。（按他同族看來，「絕八代」是地球上最可怕的罪惡之一。）他絕未想到，幾千年來這場眞正帶神聖性的戰爭爆發後，他還能過昨天生活，而明天將依舊是昨天翻版。不只他，許多知識分子都沒有想到。

這是一種嶄新經驗。人本無法預繪未來。歷史上也從沒有過這樣的卜卦式的未來。人原不能透支式的經驗從未經驗過的經驗。

然而，這一片簇新經驗中，他收穫的，並不是一齣簇新的喜劇和歷史劇，而是一齣最陳舊最古老的悲劇。

一聲炮響，一顆榴彈爆破，一次飛機轟炸，一場洪水，一個旱災，一片颱風，一陣瘟疫，全能改變一個民族或一部分人或一個人的命運。長安胡騎大賽馬，叫一個空前絕後的美女變成馬嵬坡下的幽靈。河南陝西的一場旱魃，叫明朝最後一個正宗皇帝在煤山上吊。長江大水災，在某一程度上，刺激了南滿鐵路炸彈的爆炸。一場奇異颱風毀滅許多房屋，也促成許多婚姻——因爲，一些永遠不可能相識的男女，離開破碎舊宅，有可能在新鮮屋頂下會面了。人是冷靜的，現實的，保守的，永遠牢抓住自己祖先古老習慣，比宇宙更古更老的習慣，但戰爭出現後，人就不再冷靜了，保守了，一切習慣也突然瓦解，爲了應付另一種新的現實，最刹那性的現實。不管怎樣，聰敏的人至少有一個短短時期也昏了頭。天旋地轉，時間空間的標準完全變了。由於某種巨大希望，或者某一份可怕絕望，他昏眩了。平時正常的，他覺得反常。往日乖異的，他認爲正統。

一切最離奇的婚姻，愛情，多半產生在戰爭中，或宇宙大變化時。太平年代最不可能的戀愛結合，這時完全可能。

他，鄭天漫，只是咬嚼一隻最古老的野桔子，又澀又苦。而且，他比所有古人更缺少抱怨的理由。因爲，幾千年來，歷史泡在戰爭中，流離逃亡的人，從沒有想到光明。但他和他這一代，卻是戴著光明的帽子，穿著光明的鞋子，挑著光明的擔子，來接受這場亞洲大變動的。

焦點不是他的再度結婚，也不是戰爭流離，而是這一套光明鞋帽與擔子。他本以爲，它們將把他帶往一片嶄新洪流，從此與過去告別——包括過去那些黑暗經歷。但經過一陣天旋地轉大變動後，他發覺，他只是重複他的同事——一個軍訓教官所慣喊的那個老口令：「原地踏步」。費盡項羽扛鼎之力，做了幾乎無窮盡的動作，結果，還是留在原地，從沒有眞正邁出一步。

也許，他曾在洪流中游泳過一陣，嗆過幾次水，扎過一些「猛子」（註①）。「八・一三」第一聲鎗響後，他曾撰寫許多文章，鼓吹抗戰到底。他舉辦了兩次救亡話劇演出，三次抗敵歌唱會，也曾積極參加募捐和義賣，慰勞傷兵。在狂旺的大火燄中，一時熱血沸騰，他把自己房產中一小部分——幾間瓦屋，交出去義賣，全數捐獻勞軍。在空襲中，他也組織過義務救護隊、消防隊，並且負責維持他那條街的秩序。他自己超齡了，不能從軍，便動員本家族中所有年輕子侄，踴躍服兵役，投入軍隊。這樣，熱鬧了一年多。不知何時起，他忽然覺得，漸漸的，有一個東西沉下去了，沉得很深很深，幾乎不容易打撈。他不曉得：這東西叫什麼名字，有什麼鮮明形象。但他卻鮮明感到，他身內身外，似乎總有一個「什麼」慢慢失蹤了。

自從武漢撤退後，據戰略專家說：局勢已轉入持久戰，消耗戰。但他和社會卻並不這麼想，這麼感。人們對戰爭的態度，有點像男女戀愛。抗戰以前，是求愛，唯恐求之不得，或唯恐失戀。蘆溝橋炮聲響後，是訂婚，一心一意，非結婚不可。上海虹橋機場鎗鳴後，是新婚蜜月，颮線雷雨樣的熱情，淹沒一切。上海，南京，徐州，武漢，廣州，相繼淪陷後，報紙上一時再不出現什麼震動人心的大城市的名字——那些充滿歷史味的名字，於是，「保衛」兩個字，也沒有先前那麼輝煌響亮了。彷彿它必須和「大」什麼聯起來——例如「大上海」，「大南京」，「大武漢」之類，這才非常刺激。這時，算是到達婚後平凡恬淡歲月，度著冷酷又粗硬的日子，成日價爲柴、爲米、爲油、爲鹽動腦筋，爲老的懷孕待產張羅鈔票，鄰家的雞鴨貓狗和自家雞鴨貓狗打架充律師，辦外交。各式各樣細碎瑣事，分割生命整體。當初那團紅通通熱亮亮的火燄，也被剖裂成無數碎片。火星不是火花，火花也不是大火。每一個人都願意爲整條街大火發狂，但沒有一個人會爲一顆火星或火花發瘋。漸漸的，戰事消息也變得像柴米油鹽一樣平凡瑣碎，一些新的小地名的出現和消失，正像鄰家雞鴨貓狗的出現與消失，再逗不起人們的驚訝或瞠目結舌。連與每一個人最有切膚之痛的空襲警報，慢慢也失掉它當初的爆炸性的反應。而且，一直沒有什麼大轟炸，像重慶「五·三」「五·四」那樣。有些人甚至幻覺太陽機已經閒得發慌了，它們飛到古城附近天空，不過是「兜兜風罷了」。

忙了一大陣，一切還是老枝、老葉、老花、老朵。正像第一批西班牙航海家在地球上沿一根直線向前航行，最後，他們發覺：終點正是出發點（註②）。鄭天漫原以爲他們會脫胎換骨，完全變成另外一個人——一個筆挺嶄新的人。結果，鄭天漫還是鄭天漫，三個字三十三筆，還是三十三筆，一筆不多，一筆不少。他每天仍吃兩頓饅頭，一頓小米粥，抽兩包天仙牌，喝三壺龍井茶。往細處琢磨，推究，可能那三十三筆多了兩筆或少了一筆。抗戰第三年，他結束了實際上是無業的自由職業（報屁股作家也歸入無業游民之類），應聘教西京中學高三國文。當時，這不過是他一時熱心，爲社會熱心，現在，卻成爲他的一條不大不小的尾巴。不大，因爲只有一級課，不致忙得天昏地暗，日月無光，從此不能再過竹林七賢式的悠閑生活。不小，因爲一星期終究有五點鐘課，外加四五十本卷子要批改，這就像一根尾巴拖在屁股後面，叫他每次穿衣褲時，多了點麻煩：得爲它準備一點空間。這情形，很有點像馬戲班猴子穿衣服。

然而，眞正的尾巴，卻是他的第二次婚姻——他的第二個妻子，這是抗戰炮聲送給他的尾巴。這條尾巴，要比上面一條大得多，長得多。而且，這還不是光溜溜的毛尾巴。是一條大麥芒編成的大尾巴，叫他說不出癢辣辣的，不舒服。可是，命運既然欽定要給他這樣一條尾巴，就索性拖曳著吧！

這種拖著兩條尾巴的生活的沉悶，加上另外一些沉悶，本夠磨人的。只要沒有更新的沉悶或風暴，也不妨悶悶混過去，算了。他這局棋，既早已失掉車馬炮和所有卒子，想過河，是不可能了，僥倖還算士相雙全，落得混混著拖下去，且保住將軍再說。

可是，就連這位永遠不能過河的將軍，也不能安安穩穩睡在虎皮中軍帳，逼得仍要沿著田字團團轉。近幾月來，兩陣黑旋風威脅他的破舊虎皮中軍帳。

一陣「黑旋」是：一夜之間，他突然發覺自己變成個大債戶。

幾年來，他有六七處房錢好收，加上學校薪資，報屁股上的稿費，經濟原屬不惡。可不知怎的，近兩月來，像哥倫布發現新大陸，他突然發覺自己揹了一屁股債。他一向孟嘗君慣了，加之心裡一股愁悶，要借酒澆愁，要找朋友發洩，要拉他們來，調劑寂寞，因此，常常在家請客，一邀一大桌，酒醉飯飽之餘，有時，還來個八圈麻將。他自己沒事，也喜歡喝兩盅，來個紅燒蹄膀或辣子炒雞丁之類。對面福興菜館，已成爲他的「御廚」。拐角那爿元豐酒店，也成爲他的御用酒庫。所有這些飯錢，菜錢，酒錢，煙錢，糖食錢，點心錢，水果錢，包括一些賭錢以及熬夜打麻將時的宵夜錢，全歸一位總帳房負責，這總帳房就是蘇荔紋。結褵之後，他雖嫌這條大麥芒式的尾巴百無可取，卻也有一點小小可貴之處，這就是她的理財能力。她總是不聲不響，想法替他籌款支付。一個多月前，這個總帳房正式向他宣布辭職，把她任上的財政內幕冷酷的和盤托出：原來這幾年來，她一直靠借、靠押、靠賒、靠欠，來維持他的小孟嘗似的生活方式的。

「現在，能借的，借盡了。能欠的，欠足了。能賒的，賒完了。我沒有本事再給你回債搪債了。單是裕泰錢莊四阿叔那筆五萬款子，到月底，再不還，連本帶利就快七萬了。還有久毛經理的那筆三萬，月底，他也要派用場，大熱天是百貨業淡季，他店裡頭寸緊得很。你說怎麼辦？」

附近的菜館、酒店、煙號、水果行、糖食店、點心舖子、雜貨店，也紛紛來討帳。他幾乎欠了整個一條街。每天一出門，抬頭就是債主，一轉臉，又是債主！連隔壁弄堂口餛飩擔子，半夜三更，也敲著竹梆子，擂起門來，討餛飩帳。（什麼「餛飩帳」！簡直是「混帳」！）這些帳和債務，加上親友處的一些零星欠款，共約十五萬元。從現在起，他就是停止吃飯，喝酒，抽煙，甚至不買大便草紙擦屁股，拿他整個房金收入，再加上學校薪金，和報館稿費，全部用以拔還債務，也得十個月才能償清。一個人可以不抽煙，不喝酒，甚至不買大便紙拭屁股，學一些鄉下人，摘一片樹葉子或野生艾葉，但怎麼能不讓一粒米下肚呢？再則，老婆肚子又大了，再兩三個月，就做產，這就增添一筆額外開銷。何況他又是大手大腳用慣了的，一時哪能撙節得下來？

「你怎麼不早告訴我——眞是豈有此理！」他大發脾氣，那雙千年神龜的小眼睛，簡直有點像野狼的眼睛。

「不早告訴你？我不是早和你提過三四回？今年開春，我就向你提過。你總是要我想辦法，給我開條子寫信，到處借。你就只曉得叫我借！借！借這裡，還那裡，借這筆，還那筆；舊欠未清，新債又來。總是剜肉補瘡，哪一回眞正釜底抽薪過？你又不肯省一點，朋友一來，非留吃飯不可，又非叫菜大吃大喝不可。跟你要錢，你就叫我頂。共總我只收這幾個房錢，家裡要開支，你又要開銷，哪裡經得起五日一小筵、七日一大筵？

再提提，你就發脾氣，罵我不解風趣，說什麼你們正沉醉在什麼『李太白春夜宴桃園』中，我卻給你們潑冷水，盡吵著談俗不可耐的錢。好，讓你們風雅吧！沉醉吧！我好心好意，苦勸苦說，千哄萬騙，這才把一些債戶打發走了，叫他們暫不向你逼債，免得破壞你們雅興。一切都由我挺。由我扛。好，現在你倒怪我爲什麼「『不早告訴你！』」

眞奇怪，人一窮，嘴巴卻富起來。一向咭咭巴巴的蘇荔紋，居然變成個滔滔不絕的西塞羅。那些豐盈的字眼和靈感，顯然是被一屁股債硬生生追逼、啓發出來的，無怪巴爾扎克的債務能逼他成爲莎士比亞第二了。中國古人道，文章「窮而後工」，也正是這個意思。我們不妨說：「嘴巴窮而後工」。

「好，好，明天起，我搬到學校裡，至交好友，概不留飯。」

「這也不是根本辦法。這只能叫你不再欠新債，舊欠總得還呀！」蘇荔紋那雙似乎從未望過天空的棕色眸子，現在不只能望窗外明亮的天空，而且筆直望著他那火辣辣的臉。從什麼時候起，她的視線從餘角突破直角，構成補角的呢？他有點納悶。

「這，這，這，再想辦法。……慢慢想辦法。……」他那雙棕黑小眼珠被她盯得毫無主意，它們退縮的轉過去，轉瞧著書架上法文版「菊子夫人」，和「土耳其女郎」，接著，又溜到壁上馬蒂斯那幅紅衣女像上，似乎想請這些菊子夫人、土耳其女郎與紅衣女，替他「想辦法」還債。

從他搬進學校那天起，也就是我主耶穌基督受難日的開始。耶穌還有橄欖園可以鑽，有橄欖枝條可以蔭庇。他那間單人寢室，卻連一根樹枝樹條也沒有。福興菜館的黃胖子，源茂水果行的皮老闆，大吉祥糖食店的胡經理，元豐酒店的張酒糟，寶成煙號的李蟑螂，王新記點心舖子的王麻子，在復記雜貨店的汪山羊（他特點是那一撮山羊鬍子），他們約好了似地，組成一支搜索大軍，差點沒把他那個畫眉鳥籠一樣大的房間擠破，連賣餛飩的高混帳，也大白天敲著竹梆子來湊熱鬧（因為他愛拿蘿蔔泥混充豬肉泥做餡子，人們便罵他「高混帳」）。這個房間，已經不是「為人師表」的諸葛廬，而是一個專門舉辦破產拍賣的交易所。往日那些叫人痛快淋漓、「滿口稱快」的紅燒扒蹄、清炒芙蓉嫩雞，令人沉醉的天津五茄皮、竹葉青，上等汾酒，使人又甜又酥麻的杏仁核桃酥，檸檬奶油糖，以及真正河南許昌菸葉的一級美女牌，天仙牌，現在全變成一片片巨大苦痛。那些萊陽棗，碭山梨，煙臺蘋果，羊油柿子餅，羊肉泡饅，韭菜牛肉鍋貼，都在他血液裡以蛋白質、維他命和菸鹹酸的姿態，翻滾呼號。漏夜停電，又十二圈麻將時點的僧帽牌洋燭，也在他肚子裡失了火。連那些拿蘿蔔泥冒充豬肉餡兒的餛飩，也搖身一變，化為浪裡白條和混江龍，在他腸胃內，奔騰澎湃。

一片索債喧囂聲，連隔壁操場上體育課的關黑子，也感到吃弗消騷擾，事後向他提出私人抗議。

「你怎麼要他們找到這裡來?這是教育機關，不是小菜場，成天油鹽醬酒，橘子雅梨的胡吵，成什麼體統?我還要教書不?」這一次，鄭天漫是聲色俱厲，幾乎衝著她的臉嚷。他的褐色臉膚脹得一片血紅，就像他最愛吃的那盆西紅柿炒豬肝。

「你叫我有什麼法子，我來向你討錢，要你想辦法，你一個錢不給，又不想辦法。你這個男子漢，專打退堂鼓，我是一個女人，有什麼辦法?這些酒、肉、煙、點心、水果，都是你們吃的、喝的，又不是我吃的、喝的。」

幾年來，這一張牲口樣忠實的女臉，第一次透露出它的太古祖先的原始神氣。喝，看那片洶洶氣勢!「尾巴」居然翹到頭上來了!

「這簡直反過來了!你個土包子女人，你個地瓜!你懂得個屁!你怎麼敢這樣和我說話?」

「是的，我是土包子!我是地瓜!我不懂!你是洋包子!你是蘋果荔枝!你懂!可你堂堂男子漢揹一身債，屁個辦法也沒有，連要債的來吆喝兩聲，也受不了，你老婆給你揹黑鍋，揹了一年多，就受得了?」她的嗓子，越喊越響。「自己拉一大泡屎，不揩屁股，卻要老婆揩，這算什麼男子漢大丈夫!」

假如人們從未正確補捉過這個女人眸子裡的神色，這一次，卻可以千眞萬確的捕捉住了。

一個平素似乎訥訥寡言的人，眞正大吵時，總不缺少一些宏麗詞藻，一批富於文學想像力的字眼。

「你給我滾！滾！滾！這是學校，不是動物園，讓你來發獅子威風的。」

「好，我滾！我滾！下次哪個再給你搪債，回帳，就不是父母養的。……索性讓這批人來找你！洋河高粱是你們喝的，不是我喝的；紅燒獅子頭是你們吃的，不是我吃的；天仙牌香煙是你們抽的，不是我抽的，關我個屁事！」

這一次，她是嚣著走開的。鄭天漫想：「一個女人，肚子一大，就潑辣起來了。好像肚子裡那個小畜牲還沒有出世，就注定將來一準要當律師，給她撐腰，幫腔壯勢，媽媽的！」

媽媽的！因爲經濟破產這顆炸彈、很快就起鏈鎖反應。緊接著第一顆，就爆發第二顆。媽媽的！這隻地瓜居然要變成一筐紅辣椒了。好像他有那麼多債主還不夠，還要再加她這個斷命債主！那些債戶像大房東，她像二房東。在他們和她先後攻勢下，他這個三房客被逼死算事。同時，一扮演債主，她那雙原來很溫和的眼睛，也就火辣辣了。她的忠順的顴骨，也高起來了。起先，不過偶然帶幾根刺，如吃清燉桂魚，不久，就變成紅燒鰱魚或包頭魚，刺多起來了。現在，簡直是一盆刀魚，或一盤羅漢口子貓魚（註③），幾乎沒有肉，盡是刺。

「媽媽的！唯『小人與女子難養也』，孔老夫子徇不我欺，一星期前，我對學生講這一段，還不透徹，將來定要補充，再講授一次，才能表達我此時新體會。」

二

他本不愛這隻地瓜，現在更是厭惡她，但她肚皮偏偏膨脹起來了，比地瓜還要大幾倍，這，這，這，——尤其叫他生氣。他是生上帝的氣。誰叫上帝用地上塵土造成亞當，又從他身上取下一根肋骨，造成夏娃？

船越破，越落雨，越颳西北風。一個人能活下去，眞得扮演千手觀音才行，——每隻手都能撈錢。一星期前，他那位神經失常的姑媽，半夜爬到城堞上，宣傳她的「人類必須斷子絕孫」論，一不小心，栽到城腳跟，摔死了。他不得不去料理後事。這一來，不祗連暑假期間兩個月薪金都預借乾淨，還添了幾戶最後債主。說是「最後的」，具雙關意思。因爲，這些債戶，不僅是他費盡吃奶力氣，在西安所能找到的最後幾個債戶，還由於他們都是同事，窮教員，向他們借錢，第一次也就是最後一次。平素他從未對他們開過口，這回，一時窘極，沒法，才破例。他一向有個習慣：不管怎麼窮，絕不向文化人借錢，更不向最知己的好友借錢。他認爲，中國文化人都是一些窮鬼，只能是被借者，不該成爲借貸者。至於好朋友，僅是一份靈魂安慰，不該牽涉金錢關係。

今天校內正式放暑假，大廚房不開火倉，他不能扮演三千年前古人，採薇而食。下午，他只得無精打彩搬回家。

他坐在灰沉沉書齊中，——這個懶婆娘，連我的書齊也不保持窗明几淨！——望著壁上馬提斯紅衣女，心裡卻一陣陣發黑，有點亂。他燃起一支煙，越抽越不是味道。抽慣了天仙牌甲級煙，改吸這種黃河牌丙級煙，眞比韓退之貶到潮州還苦。這不是「黃河」，簡直是臭水溝，煙葉子發霉味、苦味，說不出什麼怪味。還是那個死鬼，——她的姑媽說得好：

「太苦了！太苦了！人類太苦了！快割斷所有男人輸精管吧！不要再讓人類生育了。快割斷女人輸卵管吧！讓人類斷子絕孫吧！多一條生命，多一個痛苦，多兩個生命，多一雙吮血動物！……」

她死了也好。可就不該在這兩個星期死。她應該五個月前，從城門上摔下去。是好是去年摔。那個時候，辦一場喪事，對他還不算什麼。現在，可等於肩上扛了口大棺材，彷彿他爲她割的那口棺材，不是叫她這個死人睡的，而是專爲叫他這個活人扛的。

他又想起那個沒有眼睛、鼻子、嘴巴的女人，她是去年死的，當時，他幫他姑媽辦喪事，經濟上倒並不太感懊惱，可是他另有一番懊惱、惆悵。他想，沒有眼睛，看不見一切。沒有鼻子，嗅不到一切。沒有耳朵，聽不見一切；這個女人，活著是一段沒有聲音的木頭。死了，也是個沒有聲音的木頭。多淒清！也許，還是沒有視覺、嗅覺、聽覺，做木頭好。然而，到頭來，木頭還是要被烈火燒，被快斧劈，被大鋸子鋸，被鋼錐子錐。

想著想著，鄭天漫視線落到書桌上，洗美繡的一幅小照上。它裝配著銀色鏡框。依舊是那張溫柔的嬌小臉孔，依舊那雙美麗的小眼睛，那兩瓣多情的小嘴唇，……

他的眼睛潤濕了。啊！假如他的亡妻還在，多好！至少，他不會喝那麼多酒，吃那麼多肉，抽那麼多煙，也不會揹一肩膀債了。

他又想起昨夜，那個奇異的夜，熱得睡不著，一陣陣荒誕感覺包圍他。多怪，她彷彿並沒有離開這個世界十幾年。她仍舊躺在他身邊，向他低低講甜蜜的話，天眞的話，像他們在杭州時一樣。西湖的澄明湖水，水邊綠色長堤，堤邊綠色煙柳，這一切景物，依然映顯於他床畔。他似乎不是卜居這個沙漠古城，依然生活於美麗江南，讓每一個日子夢一樣的聲開展，又溪水般地輕盈流過去。那是另一個世界的事，又是這一個世界的事。這兩個世界原本毗連，而且，只要他願意，只要他多看她的美麗遺像幾眼，那瑰豔的「過去」，立刻又向他嫵媚舞過來。這一切，正是生命中的悲劇。當我們快到中年盡頭時，我們如詩如畫的整個「過去」，常常的，很容易出現在我們窗前，几下，夢中，好像一伸手，就能輕輕易易摸觸到這首詩，這幅畫，它們的每一麗白每一片色彩，每一根線條。它們是如此遠，又如此近。這正是最磨人又最叫人惆悵的——。我們的生命，是這樣遠遠遠遠去了，剩給我們的，就僅僅是如此遠又如此近的一點點，又逗人，又叫人酸鼻。是幸福？還是悲哀？是葡萄酒？還是啤酒？上帝知道，這是怎樣一番滋味！而我們四周的冷硬現實、又怎樣把我們硬生生拉開，不許我們碰一碰這些杯子。……

正胡亂想著，門口掠過一條人影子。他扔掉煙蒂，想起一件事。

「荔紋，宋家大院，那幾處房錢，你想法和他們商量一下。本來是月底付，現在，因爲急用，請他們月半預付一半。你不妨坦白告訴他們，因爲姑媽喪事，我連學校裡暑期兩個月薪金都透支了。實在沒法，只好——」

「哼！還等你說。我早預借過半個月了。」

「什麼？」

「不預借，怎麼行哪？下個月，我就做產了，不扯點布，買點鞋料，忙點鞋頭襪腦的，縫件把圍脖兒，和大衫小衣，難道讓孩子一出娘胎，就光著屁股，連塊尿布都沒有？」

「這怎麼行。」

「不行也得行。對面福興菜館的黃胖子，上禮拜上門討債，鬧到半夜，說，前天再不付，就把這書房裡傢具全搬走。『嘿，大魚大肉，吃的吃了，我們是開飯館，不是放賑濟。還是唸書人哩！那本書告訴你：吃了糖醋裡脊，成一年不給錢？喝了菜心酸辣湯，成半年不付帳？是孔夫子教你的，還是孟夫子教你的？』那些話，你聽得了，我可聽不了。好說歹說，向麻科長蒯經理叩頭作揖，透支了半個月房錢，先還一點飯菜帳，和原來酒店的酒帳，讓你暑假回來，耳根也清靜點——。」

「好！好！我身上連最後一包煙錢都花光了，病癟抽這種倒霉的黃河牌，那種怪味兒，差點沒叫我被『黃河』水淹死。你倒把房錢收了去還債、買衣料，活在世上的，還沒有安生，倒先替沒出世的打主意，你簡直糊塗透了。」

「哼！你才聰明哩！只曉得吃白食、喝白酒，罵都給人家罵扁了。」

「放屁！」

「你香得很。……你是香花。」

鄭天漫氣極了，怒沖沖站起來，一隻手掌已經舉起來，但一看見她那個大肚皮，……咳！他倒底是研究法國文學的，沒有一本法國文學教他打一個孕婦的，嘿！倒霉的法國文學，偏偏又最富人道主義精神。——更何況所有民法刑法又全是保護這個大肚子的呢？

他不再吭一聲，炸彈似地，砰然一聲，關上門。

這麼大熱天，太陽不是太陽，直是一把大火，他還到流火遍地的大街上「充軍」。一「充」，就衝到范惟實家裡。這是最短的一段「充軍」旅程。自從他結束小孟嘗角色後，已一個多月未見老范了。聽說他上了趟華山，見到印蒂。

才進門，一個女人喊聲就從窗口衝出來。他一聽，有點不妙，這是紀紅尼的尖銳聲音——正像她唱「茶花女」「飲酒歌」時的（女高音）Sopramo。

「你『充軍』到新疆，我就帶孩子跟你去，你上刀山，我跟你上。你下油鍋，我跟你下。你不許我去，我就跳黃河……我就跳井（她大約想到，西安離黃河很遠，水井倒是遍處皆是。）……我也不想活了。……你簡直像刀山一樣，冷酷無情，和油鍋一樣，殘酷狠辣……」

最後一兩句，她很像背莎翁台詞。不對！他來得眞不湊巧——。

奇怪，這個夏季，眞是一個變態的夏季。彷彿所有女人——不，所有主婦，都約好了，一齊向男人宣佈抗戰，對丈夫大舉進攻。連鴿子一樣溫柔的紀紅尼，小鳥般的紀紅尼，都變了，變得能作虎吼了。難道她們嫌這片七月流火都不夠燒人？烤人？炙人？一個個還要變成活火山，硬要把做丈夫的炸個一乾二淨？

客人腳步還未跨進去，主人腳步已跨出來。他難道也上街「充軍」？而且是去找他？

兩人一見面，說不出的一陣靈感，像交流電線一樣，接了頭。

「你來得正好。我們看老韓去。天氣眞熱，在家裡悶死了。」

「紅尼是怎麼回事？」出了門，鄭天漫低低問。

「嘿！女人！有什麼說的，胸襟狹窄，頭腦簡單。」范惟實冷嘲著，用手絹拭拭額上汗珠，又挪挪白邊眼鏡：「我才向她透了一點意思，說今年是我的旅行年，我準備隨部隊到新疆去住一年。……當然囉，那是沙漠，不能帶她去喝胡風。……好！她馬上跳起來。……嘿！嘿！一點高貴風趣也沒有。倒底只是個中學生。」他展開手裡紙摺扇，用力揮舞著。「咳，還是不結婚好。我現在才懂得，要做神父，必須獨身才行。」

「可是，那幾天，我在街上碰見佘良弼，他卻大嘆獨身之苦，說準備今年夏天結婚，哈哈哈哈！」鄭天漫苦笑著。

「那是因為，他的一貫戰略：專借別人老婆肚皮為人類延續後代。他隔壁屠小姐，有兩個月不來月經了，他非結婚不可。不過，聽說屠小姐眞是個老處女，她才結婚，還未正式圓房，丈夫就離開她了。」范惟實冷冷笑著說。

三

在這座古城裡，是一個特殊空間，可以說一個獨立小國家，像意大利的梵蒂岡。這裡的語言，屬於另一種體系，與外間不一樣。一般西安人，永遠不知道這兒在說什麼，做什麼，思想什麼，而且，也少有中國人踏入大門。即使你像金龜子爬地，偶然撞進來，假如不先經註解，就猜不透這是什麼團體？什麼機關？房子又大又多，白天有點不容易碰見人，撞入者會以為：這裡的居住者，都是雲南西雙版納勐海的懶猴，白天抱著樹睡覺，夜晚才活動。以前，此處是地方法院，許多屋子都是拘留犯人的囚室，另一些是法庭，候審室，法院辦公室。最後一進本還有一些宅舍，後來坍塌了，索性拆光，改爲廣場，曾執行過死刑。（幾個月前，此間發生一次謀殺。）那一排排灰溜溜的瓦屋，一堵堵黃沉沉的黃土牆，下鑲青磚，左一片右一片的，大院子空寂，以及巨廣場場上的可怕荒涼，特別是，廣場上高高飄著的那面紅黑二色太極旗，全叫人聯想起那些黑夜的死亡，白晝的陰謀，給人一毛骨悚然的陰森森感覺。

也許，這正是韓國志願軍第一大隊空間的特色。乍一看，什麼也沒有，單純極了，實際上，卻比蜘蛛網還複雜。平時，隊員們除了演奏甄俠的所謂四部曲：「吃喝拉撒」外，幾乎什麼也不做。然而，有時，又突然捲起一陣颱風，爆發一座富士火山，彷彿要把全世界颳翻，炸光。這些『四部曲』演奏者，並不缺少生命，可以說，有著太多的，過剩生命。這些生命，不只有感情，而且，有著太多的感情，像一杯杯溢滿杯緣的酒。可是，這許多感情，已不是血液循環的生理產物，卻是一種不定期的瘧疾，要麼不發，發起來，十二月冰天雪地，剝光所有衣服，還嫌太熱，怕中暑。這些生命，表面看來，氣勢洶洶，其實只是一種叫做『紅虎頭』的金魚，樣子像虎，倒常常忍氣吞聲，接受一切命運安排。當初，他們沒有一個不是一片血火沸騰進來的，準備扛鎗，衝到鴨綠江那邊。結果，卻在這片灰溜溜的荒寂空間住了四年，不，吃喝拉撒了四年。現在，他們生活中最大的『羅馬狂歡節』，是每兩個月一次『油大』——打牙祭了。從鄉間買一頭牛，扛到後面廣場上，私下屠宰了，於是，所有瓦製飯盆菜盆，全敲得叮叮噹噹響，買酒買菜，大嚼一場。一個個喝得像紅臉金剛，便擊鼓跳劍舞、項莊舞、僧舞，或者，一男一女對舞，兩隻手臂，兀鷹展翅一樣，拍來拍去。一面跳，一面大唱大喊，最後，夾著一陣哭泣，和幾聲口號。

平常，除了早晚一次升旗禮、降旗禮，唱兩次韓國國歌外，一切都像那片黃土廣場一樣，荒涼、淒寂。

這也是韓慕韓的苦惱，剛來西安時，他本打算，一俟前隊長謀殺案料理停當，便組織所有隊員上前線，肉搏一場，結果，事與願違。現在，他竟變成一個管家婆，全部時間，耗費在六七十個人的吃穿住行上，而且，還得排解他們之間的雞爭鵝鬥，包括男女糾葛。

也許，這正是某些外韓國革命者的特徵：在戰場上，他們可能是一些獅龍虎豹，在這個只能演奏『四部曲』的和平空間，一個個都變成『紅虎頭金魚』，只能懶散的游泳於一口並不舒暢的窄小玻璃缸中。而養魚人的手，並不勤快，按時給他們換水，供應豐富飼料，天冷了，更不一定專準備一間暖房，把魚缸搬進去。

剛抵西安任大隊長時，韓慕韓有一套計劃。當時，他除了轟轟烈烈舉辦過一次「三、一革命」紀念大會外，還特請莊隱和佘良弼，分別講授政治經濟學，與世界革命史，想提高隊員政治文化水平。後來，因爲他們兩個沒空，再加上內部那種不定期瘧疾作祟，這兩門課便停止了。其他計劃，也由於種種困難，未能實現。

人們只要向這支部隊的靈魂核心略投一瞥，即可對這個組織一目瞭然。那兩間會議廳及會客室，經常闃然無聲。隊長辦公室牆壁上，突出的掛一幅巨大的托爾斯泰照片。隊長妻子那副黑猩猩的古怪形相，不時出現。他輪流用韓語華語和她吵架的聲音，他那隻叫做瓦利亞的狼狗，圍繞他兜圈子、與追逐自己尾巴的動態，再加上那顆青葫蘆光腦袋，以及他不時模仿拿破崙的三種有名姿勢——雙手合抱胸前，兩手握成拳頭狀，或雙手反背在身後面，獨身寂寞的在托爾斯泰老耄視線下踱來踱去。這一切，極清晰的表現出這個阿里朗（註④）空間的基本情調，和主要色素。那怕像今天這樣毒熱的日子，這種情調、色素，一點也不變。它們彷彿代表一種生命本質，能經歷從北極到赤道的一切天氣變化。

鄭天漫、范惟實蒞臨時，他們聽見韓慕韓的宏亮聲音，他正和莊隱說話：

「想不到我這樣一個衝鋒陷陣的老騎兵，現在卻變成管家婆，全部生命花在柴米油鹽上。六七十張嘴巴，只曉得張得大大的，像老虎嘴巴，要這要那。他們不知道，從每一顆下鍋米起，到每一根褲子止，都得靠我到處化緣，募化了來。有些隊員，還不滿意，嘰哩咕嚕的。——」

看見兩位客人進來，他停住口，用一塊濕毛巾拭額上汗水。

莊隱站起來，揮著水磨竹骨白色紙摺扇。「你們來得好。我正有件事，想找你們兩位商量。」

長安城最近出現兩個流亡畫家，原來是他們在S埠的熟人，是印蒂、林鬱的好朋友：喬君野、李茶夫婦。幾年來，他們為了從?市到內地參加抗戰飽嘗流亡酸苦，由中原流亡到這座古城。現在，喬君野染上肺病。有關機構把他們安置在這個大部隊裡。一見面，想不到竟是隊長舊友。莊隱已把他們接到自己貿易行內暫住，找了些油彩及畫布，要他們在兩個多月內畫出一批畫，打算開個夫婦畫展，湊點旅費，到重慶去找藺素子馬爾提他們。可能，秋後轉冬，莊隱本人也要押運一批貨到陪都去。

「君野夫婦在我們客廳裡舉行預展的那天，良弼大約要辦訂婚禮，算是雙喜臨門。兩件大事一天辦，也省點錢。我已訂出一個推銷畫的計劃，我們一道去推銷。你們都是我準備組織起來的力量，後天，我還想找天遐。」

莊隱拭拭額上的汗，低低道：

「一個畫家，天生是畫畫的，卻要他們跑單幫，擺香煙攤，做會計，當錄事，當庶務，擔任司書。六七年來，他們倒換了十幾個行當。喬君野的最後一個職業，是一支軍隊的少尉副官。他是跟這個部隊開拔到西安的，因爲君野染上肺病，經軍事機關轉送到這韓國部隊，爲了他好，在這裡休養。要不是轉到這兒，天知道，他們那年那月，才能再拿起畫筆。」韓慕韓用手抓抓腦門那一小塊禿亮處。「這兩位少爺小姐，從十幾歲起，就玩畫筆，玩了十幾年。臨到快三十了，忽然改行，當然非生結核病不可。那些色彩、線條、光與影、點與圓，早把他們眼與手弄嬌嫩了，比不得我們。我十歲起，就當亡國奴。十三歲起，就亡命關外。一副賤骨頭，磨慣了，風吹雨打慣了，這就刀槍水火不入，百病不生。」

范惟實問起他剛才未說完的那段話。主人支吾了一下：「我，那，那沒有什麼……」沉吟起來，慢慢道：「也許，這裡會發生一點風暴。」抓緊拳頭，將每根骨節弄得格吱格吱響，又慢慢放開。「也許，大海裡會無風無浪。」在沉思。「吃海洋飯的人，本來就是無風三尺浪。……這不算什麼。……對於我這樣的人，就是天馬上坍下來，我也不會眨一眼。」

主人遞了幾支煙給客人，拍拍腳下的瓦里亞，那隻德國潘因特種狼狗，熱得直喘氣。「好，我們不談現實了！談它，就叫人肚腸打結，還是談談過去吧！」

燃起一支煙，他似乎沉在回憶中。

「在這樣的夏季，我常常想起外興安嶺。那時，我和印蒂、莊隱避難在深山裡，以狩獵爲生。這種流火天，城市空氣簡直是個大火盆，要燒死人。外興安嶺森林中，卻像秋天，涼極了。」夜晚寒冷，有時還得烤火。我們三人，用樺樹皮搭成三座草樓子。代替帳篷。草樓子外面，空地上，以樺樹木柴燃起篝火，上面架一隻烤肉鐵絲網，燻烤來的野雞，和釣到的細鱗魚。那味道，幾乎比湖南燻臘肉更香。我們一面烤火，一面喝高粱酒，撕開一片片野雞肉和細鱗魚肉，蘸著鹽吃。啊！美極了。我們凝望朱紅的火浪，它像一蓬蓬原始人的紅髮，野蠻的披散著，挾帶一簇簇青煙，曲曲折折，似在扭水蛇腰枝。附近有山鵲聲，松鼠過樺樹頂的跳躍聲，草叢中是紡織娘和金蛉子的鳴聲，遠處響泉水淙淙聲。我們喝酒，吃魚，嚼肉，靜視莊嚴的紅色夜火，它娓娓婉婉飄忽著舞動著，似在跳一種神秘舞蹈。左近樺樹嫩葉上，那層爲防禦水氣蒸發的薄蠟，洋溢一陣陣淡淡清香。我們都沉醉了。我們就是這樣度過夏夜的。……莊隱，你還記得這一切麼？」

「記得。」莊隱點點頭，他笑著道：「我還記得，有一次，你喝醉了，掛念漢城山水，大哭大鬧，害得我和印蒂足足忙了半夜哩！你那檞勁兒！」

另外三個聽了，都笑起來。

接著，他們話題轉到天氣上。

鄭天漫噴吐一片片藍煙，不斷揮著他那柄竹骨闊面黑摺扇，「這幾天，眞熱。……熱得簡直叫人想跳河——可惜河我們這遠。」吐了一口煙。「我記得，幾年前，報上看到一段消息，說意大利有三個人，因爲天氣太熱，先後自殺了。當時，我完全不明白：是怎麼一回事？難道這三個人全像馬路上柏油，一遇夏季太陽，全溶化了？……現在，我懂得了。」

「這是因爲，你終於懂得你的生命大大衰退了，不可能再像年輕時那樣，能抵抗華氏一百度高熱了。」莊隱低低說。

鄭天漫轉動那雙千年神龜式的棕黑小眼珠，深深沉浸在回憶中，一片神秘情緒淹沒他。

「對於我，還不感覺天氣熱。熱不過是一種觸媒劑，透過它，促使另一種化學作用滲透我。」

他搖著黑摺扇，繼續說下去，更深一層被記憶情緒所浸透。他的聲音帶了些感喟。

「昨夜，世界是那樣熱，我彷彿不是躺在夜裡，是躺在撒哈拉沙漠中，帳子的圓頂是太陽，蓆子的草紋經緯是滾熱的沙。我睡不著。不，我沒法把自己深深沉浸於睡眠的深水底，水底壓力——熱的壓力，總是把我浮到水面。偶然有幾分鐘，眞正沒入水底了，底層卻有各式各樣的夢，比魚還多，比波浪還流動，都是一些吃人咬人的魚，粉碎人的波浪。」

「我不斷浮到水面，一種很朦朧的醒覺。然而，在最大朦朧中，卻有一片鮮明的沉痛，雖然因為世界奇熱，我不能睡，眞睡了，做夢，可能又太恐怖，而醒覺又太朦朧，我這才感到沉痛？還是由於另外一些原因？一些永遠無法弄清楚的原因？我不知道。我只有一種主要感覺：沉痛。——又莊嚴又酸苦的沉痛。」

「眞正清醒時，我卻從未感到這麼沉痛過。」

「我不知道，我在那裡？我將要做什麼？時間將把我帶到哪裡？這片奇熱，會不會終止？夜會不會結束？……我什麼也不知道，我只感到痛苦。無可描畫的痛苦。」

「靜靜的，孤獨的，一個人沒頂這片奇熱的夜裡，我才強烈的感到這痛苦。」

「在赤道非洲，在西非洲和北非洲，那些黑人，在奇熱的夜裡，靈魂也許會出現這種痛苦？」

「幾十年過去了，我一生彷彿什麼也沒有做。一切做了的，也等於英文二十六個字母中的第十五個字母——零。一片黑暗，比夜還黑，比黑人還黑。我不知道我是人，是爬蟲，動物，還是一隻蛞蝓，一條變形蟲，一尾沙蠶，一個鸚鵡螺，還是一塊死岩石，一朵優曇花，一片枯葉，一條古池面的波紋？我只知道一件事：夜是一尾巨大烏賊魚，整個墨囊打開了。而我的沉痛，卻比烏賊魚的囊還黑暗，還可怕。」

「苦痛。是那樣單純的苦痛。不滲雜一點思想，一點理智，一點回憶，幾乎也超越情感。它像一把簡單匕首，深深刺入我心坎。」

「明天，我還能爬起來麼？……明天，我還能看見太陽麼？……我應該爬起來麼？……我應該看見太陽麼？……」

「我覺得，死就躺在我旁邊，只要一伸手，我就和它抱在一起。只要稍稍的再減少一點什麼，我就是死了。」

「什麼也沒有。世界只是一尾大烏賊魚，無窮無盡的，不斷放墨汁。」

說到這裡，他停頓一下，往四周巡看一遍，似乎搜索眞有烏賊魚沒有？他看到的，只是壁上托爾斯泰的相片，和他那雙幾乎使人不安的肅眼睛。他噴吐了一口藍煙，慢慢的有點苦痛的道：

「現在，我眞怕睡覺。……肉體靜止下來，比活動時更可怕。……特別是，獨自躺在無月無星的黑暗中。……我眞怕，一躺下去，永遠不會再起來。」停了停。「這樣下去，我怕我要像那個從城堞上摔下去的姑媽，有一天，會摔入一個永不再回的深淵。」

「明天你仍會起來的，只是起來比躺著更熱。太陽也比黑夜更黑暗。」

莊隱諷刺的苦笑道，他用手掠掠整潔頭髮，似乎有點爲自己解嘲。

「在這樣燠熱的暑天，假如你是一隻拉車的牲口，除了趕車人的鞭影，你什麼也不知道。假如你有感覺，你也許會覺得奇熱，但你卻感到，熱是你的命運，你是天生頂著太陽當黑鍋的。除了死撐著向前舉蹄外，你沒有第二個回答。一口驢或騾的腦子內。永遠只有一種回答，你撐，你捱、你流汗、你在大太陽下奔跑，直到栽倒、摔死為止，正像你那位神經失常的姑媽，從城頭上摔下去完事。假如你是趕拉拉車的，你比你所趕的騾子或馬又多了一回答，除了流汗往前趕，你希望早點到達目的地，早點少流些汗，獲得一點休息，哪怕是一個比曇花還短暫的休息。」

他停下來，掏出一塊花手帕擦擦額上的汗。

「我們卻不同了。對於這片毒熱，我們有成百成千上萬個回答。我們此刻是休息，在這間總算蔭涼的辦公室，大太陽不在我們頭上，比油鍋內沸騰泡沫更燠熱的塵沙，不在我們四周，火山式的大地也不在我們腳下，但我們覺得幸福麼？不，我們比趕拉拉車的還苦，比那隻拉拉拉車的馬更苦。因為，我們有千百個回答，他們只有一個——最多兩個回答。我們所以越苦，因為我們富於想像，像玫瑰花一樣，開出千萬朵幻想，隨著幻想，就是千萬朵渴望，怪誕的渴望，他（牠）們——趕拉拉車的和他那匹馬，卻痛苦得沒有任何幻想或渴望。過度可怕的大太陽，把他們一切幻想與渴望晒乾了，烤焦了。」

莊隱的視線射到窗外院子內。他睇望那幾棚綠色洋槐樹上出顯的黃色槐花。

「在這片奇熱中，我渴望蔭涼的北戴河，盛夏如秋的廬山，渴望海水深處或寒山古寺，渴望電氣冰箱、冰淇淋散打、可口可樂、桔子刨冰，渴望一片沒有任何蒼蠅、蚊子、臭蟲的空間。在太平洋那一邊，在七八年前的中國，這一切並沒有什麼困難。但在這座古城中，現在，只能這樣空想想罷了，不要忘記，此時此刻，就在黃河沿，在潼關那一邊，還有千萬人在火熱的毒太陽中廝殺……他們不可能有任一種回答。」

范惟實嘆息道：

「是的，一秒鐘內，這個地球上，就有萬萬千千種不同命運。我們並不是最壞的。但我們總以為自己是最壞的。思想使我們每一個人變成路易十四或路易十五，哈密爾登公爵或道格拉斯侯爵，即使我們是個叫化子，在意識裡，我們仍要求一座華麗的凡爾賽宮殿，一個到處是大噴泉的花園。」

他仍掉煙蒂頭。

「這樣的毒太陽，這樣可怕的大地，我們究竟還要忍受多久呢？我們究竟還要忍受多少個太陽呢？我們究竟還要忍受多少個炎夏呢？」

莊隱諷刺的苦笑道：

「眞正逃出夏天，到了秋天，我們會幸福點麼？……也許，溺水者的幸福，只在他剛被救起，腳步才踏上陸地的那一秒鐘，那一秒以後，陸地的痛苦又叫他重新變成溺水者，——不，溺於大陸者，他很快就忘記那一瞬幸福。」

「在一年中，我們眞正幸福的時辰，只有兩秒，從夏眞正入秋的那一秒，從冬眞正入春的那一秒。——這是生命眞正轉換的一瞬。」鄭天漫一擺手，把紙扇子摺在一起，彷彿眞是秋天來了，春天來了。接著他就搖搖頭。「在一生中，這種生命轉換，眞是太少太少了。也許，在我們一生中，眞正幸福的時間，不過是一秒鐘、兩秒鐘吧！」

他又攤開黑紙扇，用力搧起來。

一直旁聽的主人，終於離開座位，站起來，學拿破崙雙手背在後面，在室內踱著他特有的八字步，一面踱，一面大聲嘲笑道：

「你們現在捧出的，只是客廳感覺。我卻早從客廳被扔到大街上，雖然我的身體還暫時在這個客廳內活動。假如我不是那頭牲口，至少，也是那趕拉拉車的。」

「嚷！嚷！嚷！能嚷出什麼呢？每到夏天，人們總是嚷：『好熱！好熱！……這樣熱的天氣，哪一年也沒有過。……世道變了，今年比往年熱，熱得叫人想上吊。……再熱下去，眞活不成了，太陽裡可以煮雞蛋了。人要變成烤鵝了。……』許多室內人這樣嚷。許多室外人也這樣嚷。其實，今年還不是和去年前年一樣熱？去年，我們這樣嚷過，前年，我們這樣嚷過，大前年，我們也這樣嚷過。

「但眞正奔跑在大太陽下的牲口和趕車人，以及拉洋車的，卻從不這樣嚷。他們似乎是沒有聲音的動物。

「一到冬天，我們又要嚷：『好冷！好冷！眞冷死人了！……年頭不是年頭，往年就不是這樣冷法。……從沒有見過這等冷天。……這樣冷法，怎麼活得下去？……』其實，去年、前年，我們也這樣嚷過。明年後年，我們還要這樣嚷，就是躺在墳墓裡，我們也要這樣嚷。

「可我們還是活下去。越是嚷，越是活得勾心鬥角，有聲有色。

「眞正馳騁於大風雪中的騾子和趕車人，卻從不這樣嚷，雖然他們有時栽倒在冰天雪地裡。

「從前，曾有一個時期，我也歡喜這樣嚷嚷，嚷熱、嚷冷、嚷黑、嚷白，不知何時起，我突然厭惡這種嚷嚷了。這除了說明自己的浪費外，還能說明什麼？我一聽見嚷熱、嚷冷，彷彿聽見自己去年與前年的嚷嚷聲。這聲音就像昨天的聲音、前天的聲音，一提到明天後天，我還要聽見這種聲音，一陣顫慄就傳過我全身。……爲什麼一切總是這樣呢！

「也許，即使有一天，夏天太陽變成冬雪，十二月冰雪又化成六月太陽，永遠再沒有夏季冬季了，可我們還是要嚷嚷。

「一聽見這種嚷嚷聲，我就忽然覺得自己頭上發生變化。在鏡子裡，我看見鬢邊出現白髮。……是的，這種嚷嚷聲使我覺得自己老了，太老太老了。我已經聽過，幾十個夏季這種嚷嚷聲了，耳鼓已變成牛皮鼓了。

「地球永遠在旋轉，一切永遠如此。太陽熱了又冷，冷了又熱。花紅了又黃，黃了又紅。大氣變成雨，雨又變成雪，雪又變成水，水又變成大氣。一切永遠如此。有什麼稀奇？有什麼值得嚷嚷呢？」

說到這裡，他似乎作最後結論：

「你們認識我好幾年了。你們知道：夏天我從不買扇子，也從不搧扇子，任何扇子，永遠只是一種虛僞姿態，騙騙自己感覺，毫不起眞作用。不管你怎樣拚命搧，熱還是熱，汗還是流，倒不如有時用一條手絹或涼毛巾拭拭汗，來得實惠。……你們不妨給我起個綽號：『夏無扇——一個夏天永遠不用扇子的人』。」

韓慕韓說完了，又一次轉臉望窗外大院子，那裡，陽光像無數扇金紅色玻璃窗，亮在藍天下，輻射出一片夢魘式的光輝。正是這種光輝，比死亡更可怕的深深纏裹著他們四個人。

四

「惟實，你在華山大上方看見印蒂，他現在怎樣了？」

「他變得很厲害。」

「唔，『變得很厲害。』」鄭天遐摸了摸黑玳瑁眼鏡邊緣，慢慢的，沉思似搖著大蒲扇。他的近視眼睛睇視窗外打穀場。「怎樣個變法呢？」

「變就是變，水變成冰，火變成灰，夏天變成秋天，蛹變成蛾子，又變成蠶，各式各樣的時間，有各式各樣的變法。各型各態的空間，也有各型各態的變法。我們每一個人都在變。」

「不過，照你口氣，他的變法，似乎和我們不大相同。」

鄭天遐的視線，等待似地望著范惟實。另外幾個人，莊隱、鄭天漫與韓慕韓，也用一種等待的神色，凝望他。他們不是等待他的聲音，是等待一個最要好的朋友的親切形像，他們許久沒有看見這幅動人形象了。

「是的，他的變形，和我們的不大相同。他從來就沒有與我們眞正相同過——即使是和我們同生活在一個屋頂下的時候。」

范惟實觀望窗外打穀場上的夕陽光，亮開湘妃竹骨的白色紙扇，瀟洒的搖著，他帶幽默味的小眼珠，開始沉入莊嚴回憶中。

「他的變形的主要特點是：從一個平原人，變成高峰人。他現在的生命，完全是高峰型生命，這就使他與我們這些平地人完全不同。」

他繼續揮舞紙扇：

「在一個人一生中，難得有一長段生命沉浸於這種絕對高峰生活中。一萬個人中，也難得有一個，把一年生命全部交給它。這種生活是瘋狂的，卻是純潔的，崇高的，正像一個永恆飛行者，活在最大瘋狂與美麗中。」

「在高峰生活久了，他首先感到，一切城市空氣，是不潔的，甚至連平原空氣，也是不純粹的。高峰的嗅覺如此敏銳，連空氣裡多一CC二氧化碳，也會立刻嗅出來。據印蒂告訴我：他偶然下山，到華陰縣買什物時，馬上敏感到十字街頭的醜惡氣氛。他想，即使是最綺艷的城市花園，也只是一個較整齊的垃圾箱罷了。他深沉感到，在氣氛與氣氛之間，有如此強烈的分別，而且，它幾乎決定了生命的整個感覺。人似乎不是用頭腦生活，而是用鼻子生活。」

「高峰不只是一塊磨刀石，磨銳他的嗅覺，也擦尖他的聽覺。他耳鼓感受音浪時的振動幅度，登時擴大十幾倍。偶然因爲瑣事，他不得不投宿華陰縣一爿小旅館，他說：那一夜，他奇異的感到，他四周並不是屋或牆壁，而是一些繩索，死死綑住他，幾乎叫他不能呼吸。它們是這樣驚人的渺小、狹窄、嘈雜。小縣城還算是謐靜的，他卻覺得是一個大雜院，各式各樣聲音是一種古代車裂刑，把他同一根神經向各式各樣方向拖開去。幾個月後，當他不得不踏入一座大城市時，他像一個聾子，第一次復活了聽覺：發現這個世界具有如此多又如此沉重的繁瑣聲音，而一個人的耳朵，居然也受得了這許多聲音浪潮的衝擊。

「高峰頂上，他的耳朵可以拾取每一顆露珠滴落聲，像潛海者拾每一隻貝殼，每一粒珍珠。它甚至可以捋取每朵花瓣的墮落，每一棵草的呼吸，彷彿是科家假定的一種理想聽音器。科學家在理論上說過：樹根、葉子、草、花，一切植物，都有呼吸聲，吸水聲，甚至內部組織機能的化學聲音。現在他好像也有那樣一種第十覺、第十一覺，能諦聽宇宙間一些最神秘的聲音。……」

說到這裡，霍的一聲，他收起白色紙摺扇，似乎作結論。「了解上面這些特徵，就可以知道，他此刻完全生活在一種神秘境界中，比一切原始自然生活還原始的高峰生活，使他變成一個自然人。在他身上，找不到一丁點社會人的氣息。他純粹變爲高峰的一部份，宇宙交響曲的一個音符，他自己就是一個小小星座——印蒂星座，你和他在一起，就會感到，這個人完全不生活在大地上，卻生活於絕對高空中。他所過的生活，正是日月星辰風雲雨露所過的生活：就那麼一道光、一條閃、一朵雲、一陣風、一片雨……。那種奇異高峰靜寂，我眞不知道他是怎麼忍受下來的。要是我，一個星期也住不了。」

聽完范惟實的描畫，一陣沉寂後，幾個人議論起來。韓慕韓表示百分之百反對。莊隱與鄭天漫，百分之五十同情，百分之五十不同情。

「從前，我和印蒂一直處在對立狀態。現在，我卻百分之百同情他。」主人搖著薑黃色大蒲扇。「我認爲，他一直走在我們前面，過去是這樣，現在是這樣，將來也是這樣。」眼睛從打穀場轉到牆上，那上面掛了一幀條幅，是他模仿清朝伊秉綬行書風格寫的一首陶潛詩。他望了一下，慢慢道：「每一個『時代』都在談『將來』，其實永遠不了解『將來』。人們不可能了解像印蒂這樣一個永遠屬於『將來』的人。假如能在深沉的人生大海底游泳一次，人們將漸漸同情他。他的形態並不是歷史上第一個，也不是最後一個。」

說到這裡，他停頓一下，換了副口氣，以沉痛語調慢慢道：「近來，偶然偷閑，讀點中國古詩，我發現，所有的好詩，幾乎絕大部分都充滿悲哀聲音，句句多酸辛語。這說明：幾千年來，眞實人生，一直是一片荒涼、淒冷。許多大詩人，十個有九個，倒是悲劇的、潦倒的，不得意的。撇開詩經「國風」與古詩十九首的作者，那些無名氏不說，（他們的詩總充滿憂傷、愁苦）」，屈原是跳汨羅江自殺的。謝康樂是在廣州被殺頭的。鮑明遠被亂兵所殺。謝玄暉死於牢獄。曹子建被哥哥排斥、監視，鬱鬱而死。阮藉躲避到酒精內，成天醉倒在酒葫蘆裡，甚至大醉六十日，才能保持全屍善終。陶潛遺到鄉間，天天以酒解愁，窮得幾乎要討飯。李太白遭流放，晚年坐過牢，死得不明不白。（也許是投水自殺，說是撈月而死，不過是遮羞。）杜甫常挨餓，餓了好多天，偶然飽食一頓牛肉，腸胃出血而死。（杜甫本患腸胃病，牛肉最不易消化，一個饑餓多日者，更不宜驟然太飽），韓退之白樂天都受貶斥，半生不得意。王維逃入佛門，才算沒出亂子。孟浩然生逢盛時，一輩子不做官，總算沒碰大釘子。李商隱、杜牧，也不得志。蘇子瞻遇貶，晚年幾乎連酒也買不起。陸放翁生在亡了半個國的南宋，詩中充滿悲苦。元裕之晚年也有點潦倒。更不用說南唐李後主這位亡國皇帝了。連一向在政治上投機取巧、逢迎皇帝的揚雄，最後也被逼得跳樓。即使是出身富貴顯宦的小說家曹雪芹，晚年極度窮困，靠製風箏混日子，達到「舉家食粥酒常賒」的境地，終於吐血而死。

「按上面這一條線索研究，你可以發現：中國歷史上偉大文人的命運，十九幾乎都是漆黑一片。他們的詩文，大部分充滿可怕的陰影。

「從前，我還有點不了解：爲什麼這些古代大詩人不學百靈鳥，卻效杜鵑？不作喜鵲，卻專做貓頭鷹？現在，我才明白了。

「我雖不能算文人，但我也感到自己的悲劇，我整個一生，全處在戰爭中，現在，更是一場全地球的戰爭。（當然，這個戰爭比較不同。）將來，我擔心還有更多更多的戰爭，更大更可怕的戰爭。生活裡既充滿死亡和陰影，怎麼能扮演喜鵲呢？所有那些緊握鎗桿的人，都不許我們變喜鵲。要變，也只能變虛僞的喜鵲，不是眞實的喜鵲。各式各樣的武器、恫嚇我們。各式各樣荒謬的理論、淹沒我們。各式各樣的毒素、毒化我們。特別是那些裝璜著虛僞『進步』包裝的毒素，幾乎像洪水一樣泛濫著，形成一種可怕的災難。……在這種情形下，印蒂的絕對隱遁，是百分之百值得同情的。你們看，我牆上這首詩，早已說明我這份同情了。」

四個客人齊向牆壁望去，那幅紙裱綾邊的小條幅上，是一首放翁絕句：

半年不讀書　顧影疑非我

乃知百年中　如此過亦可

「這樣發展下去，你不也要搬到華山頂上去住麼？」韓慕韓大聲道。

「那不需要。」鄭天遐沉重的臉上，現在開豁了，甚至閃了點微笑。「人們可以在高峰頂遁跡，在沙漠裡埋藏，在大森林幽禁自己，——也可以在熱鬧城市中或平凡村莊中隱遯。」

「這也正是印蒂的想法。」范惟實說。

「這種逃避現實的投降態度，我絕對反對。假如都是這樣，海那邊我的三千萬同胞、只好永遠做亡國奴了！」

「我並不反對你去解放你的同胞，我想，印蒂也不會反對，每個人只是喝自己杯中酒罷了。」

「印蒂所探求的，只是一種生命型格的試驗——試驗人類與人性的新品種。你們幹革命的儘可放心。」鄭天漫道：「剛才我已說過，眞能拿自己當人性試驗品的，一萬個人中也難得一個。這種試驗，也不是一件容易事。沒有超越的智慧與勇氣，根本無法嘗試。」

「我也這樣想，印蒂的例子，對他自己，雖不一定百分之百有利，但對一般人說來，確實也不是百分之百有害。我們不該給他戴任何庸俗帽子。」莊隱說。

「這兩個月裡，我們想去看他一次，順便遊遊華山。」鄭天遐說。

莊隱說：「印蒂母親病重，現在，他暫回淪陷區，秋後才能歸來。那時，我想約你們一道去。」

「謝謝，我不想到華山做隱士。我也沒有空去。」韓慕韓拒絕邀請。

「那麼，我只好來年開春去了。秋收農忙，我是沒有空的。」鄭天遐說。

談到這裡，鄭天漫望望打穀場上的暗淡夕陽光，突然嚷起來：「好，我們不談這些伏羲氏神農氏時代的事了，談談正事吧。太陽快下去了，莊隱，你把畫展的事，和我們老大談一談，好早點趕回城裡。我們還得吃晚飯洗澡呢！」

「胡說，難得這麼遠從城裡來，還要回去趕晚飯，眞是豈有此理。」主人用大蒲扇指指窗外。「正好今夜月亮圓，就我這個打穀場上喝酒、賞月。沒有好東西招待貴賓，有我自己親手磨的麵粉，現蒸的熱饃饃，還有我自己親手種的蔬菜、茄子、蕃茄、毛豆、青椒、黃瓜、葫蘆，我要鈴鈴上街割兩斤肉燒燒、炒炒，再捉隻雞殺了，一半清燉，一半做白斬雞。長樂坊老太平的酒，是西安著名的。它是五百年的祖傳老店，眞正唐朝的釀酒法，喝十杯也不會醉。李太白所謂『斗酒詩百篇』，就是喝這種酒。難得老友相聚，今晚我們就在月下小醉，如何？」

「從前李太白說：『白髮三千丈』，經你這一說，我的口涎水倒有三千丈長了，要用船帆一樣大的帆布做個小兒圍嘴巾，掛在脖子下面了。哈哈哈哈。」鄭天漫笑起來，當眞在舐嘴咂舌。由於欠了一屁股債，他已多日未過酒癮了。

「按你過去理論，我們這不是剝削你的勞動所得麼？」范惟實笑道。

「不要緊，這不是剩餘價値——這是過分所得，應該照美國羅斯福手創的法案，向你們繳所得稅。」主人笑道。

「好吧！我們就老實不客氣，學梁山好漢，有酒大家喝，有肉大家吃，有饃大家啃吧！」韓慕韓也笑起來。

「當然，當然，過去我們梁山上是弟兄。現在，梁山沒有了，仍然是弟兄。」主人笑著站起來。「我這就去預備，你們怕熱，可先洗個澡。後院子有井，井水透涼，大家來個淋浴，保險比吃冰淇淋蘇打還舒服。桌上聽子裡有香煙，壺裡有四川沱茶，你們洗過澡，自己抽煙、喝茶，到打穀場上納涼，等月亮上來。」

五

比起城市來，田園特點是：這裡滿溢太多的空間。一個人走出城門，踱到這兒，彷佛一尾魚，一口養魚塘游入一座魚蝦稀少的湖中，魚自己也變成廣大空間的一部分。這一帶另一特徵是：到處泛濫綠色，呈現太多的植物。植物比人多，也比人容易生長，好像今天撒一粒種，明天就會長成柳樹、松樹、柏樹、槲樹。至於各式各樣的灌木叢、野草，更不用說了。一畦畦菜地上的綠色蔬菜，一畝畝田地上的綠色麥子，全顯示大自然的繁殖力。不管怎樣龍騰虎躍的人，在這兒，也變成植物，（或沾上植物氣息），他爲綠葉，幻作枝條、花朵、杈椏、樹腰、鬚根。鄭天遐廂房邊的那梱大香樟樹，樹頂簡直是一大蓬綠色雲彩，下面是一個兩人合抱的樹腰，又粗、又大、又黑，像牛脊背一樣，樸素可愛。每一個走過的人，都想抱抱它，像孩子想騎在牛背上。這棵老樟樹，是這幢老屋的老祖父，那些繁茂的枝條與綠葉，是它長長的鬍鬚，人們——它的小孫孫們，都想揪它們一把。夜裡，月光下，它一灣灣的影子，特別顯得俊美，比世界上極美麗的幽靈還美。

磨坊內石磨盤的旋轉聲，驢子的蹄聲，鄰室輾坊的輾子滾動聲，大黃牛的踏腳聲，母雞的咯咯聲，鵝的鏗鏗聲，豬的打鼾聲，犬的汪汪聲，甚至連一扇破舊木板門的開闔聲，都顯得說不出的安靜，含有詩意，抒情時間的永恆，日影的悠長，月影的幽秘，而日子的慵困。一切生命都表現得從容不迫。緊張的估計，也像水流花落，帶點悠閑而懶洋洋的樣子。儘管頭上出汗，身上爲淋浴，但在這樣夏午後，黃昏，人們心靈卻像那將逝去的長腳蜘蛛式的日影，慵懶，酥餳。生命是在夢一般的工作，夢一般的疲倦，夢一樣的讓太陽溜掉，又夢一樣的等月亮上昇。

到處有人，又似無人。到處有聲，又似無聲。這裡進行的，眞正是原始的時間，最時間的時間，盤古氏伏羲氏的時間。人們彷彿看見那兩位偉大古人：一個在後園子裡靜靜揮斧，一個在隔壁結繩、畫八卦，那個長鬍子神農氏，似也在興善宮附近野地上嚐味百草，找尋藥材。這兒的生命，充滿和平氣息，連犬吠聲也像一首和平頌歌，成爲田園生活核心情調之一。它們不像都市狼狗那樣好戰要人性命，它們的吠聲，眞是一首詩，一種音樂，鑼鼓鐃鈸式的原野音樂。越吠得響，它們越歡。有人，吠，沒人，也洋洋自樂的吠兩聲，表示它們是狗，能吠，而且，無所不在。吠聲就是它們無所不在的象徵，正如綠色是常綠喬木的象徵。因此，它們不只吠人，也吠風、吠竹影、吠雨滴、吠甲蟲、吠日光、吠月影、吠玫瑰花。吠，像空谷幽蘭，洋溢一種奇異香氣，永遠吠而不攫，咬而不傷。它們吠得頗有分寸。事情很明白，它們的任務是天使報信，不是撒旦傷人。除非是叫化子，它們一眼就認識，那是一種必須以撒旦面目對付的危險動物。

犬吠聲是田園交響樂的主要管樂。

日子在這裡，眞是拖得長長長長，比風箏線還長。最著名的德國自鳴鐘和瑞士手錶，在這兒也揷不了足。人們歡喜按照四千年前老祖先習慣，（這個古老習慣，比一棵老樹有更多更複雜的地下根鬚）看太陽影子，計算時間，太陽快出來了，該起來了，（人們在夢裡常知道——或看見太陽快出山了。）太陽光快映窗子了，該吃早飯了。（農忙時，人們摸黑點燈吃早飯。）太陽像隻麻雀，跳上屋簷口了，連最懶的懶蟲，也該跳下床繫緊褲帶了。太陽這個頑皮孩子竄入天井了，該生火燒午飯了。太陽正中了，該捧起中飯碗了。太陽偏西了——到牆角了，——終於落山了，連最勤快的農人，也該把最快的大牯牛從田裡牽回家了。

於是，晚餐，熄燈睡覺。現在，太陽忙了一整天，它自己也該休息、睡覺、打鼾了，讓月亮代它上班，擔任一隻自鳴鐘或瑞士手錶的角色。我們的鄭天遐先生和他的客人們此刻坐在打穀場上，在這隻無聲的白色的圓圓自鳴鐘下面，開始享受一頓豐盛晚餐。主婦與她的女兒鈴鈴，顯然是精明的廚師，居然做到一雞四吃，一肉四燒。一隻雞四分之一做青椒白炒雞丁，另四分之一做白斬，雞襯點毛豆打底子，二分之一燉雞湯，再來一盤番茄洋炒雞四件。兩斤肉：四兩作青椒毛豆炒肉絲，十二兩，肥六瘦四斬「茸」了，燒葫蘆嵌小獅子頭，十二兩是紅燒肉，青菜墊底，剩下的幾兩骨頭、肉皮，卻放在雞湯裡，好襯襯分量。一盆溜黃蛋，是自家澳洲黑今天下午現生的新鮮雞蛋。再拌一大盆麻醬黃瓜，油燴一大碗紫色茄子。不僅花式繁多，內容豐富，而且色彩鮮麗，香味撲鼻。這一切，配上那幾乎是取之不竭的唐朝米酒，熱騰騰香噴噴的現磨現蒸的高樁饅頭（即四方饅頭），和滿天燦爛星光，滿地旖旎月光，幾個客人，——正如范惟實所形容，恨不跳到菜碗中來個探戈舞或快板華爾茲。

「美極！美極！鮮極！鮮極！」韓國英雄首先讚不絕口。

「走遍長安市，你也吃不到殺的雞，現生的蛋，現摘的番茄、茄子、黃瓜、毛豆和青椒、洋蔥，現磨現蒸的饃，加上新釀的酒。喝！眞難爲我們大嫂和姪女兒了！這一大桌菜太妙了。」鄭天漫三杯下肚，立刻興高采烈，指手畫腳，自動替他哥哥做拉拉隊。

「眞得請鄭太太鄭小姐出來喝兩杯，好好謝謝他們。足足忙了兩個鐘頭。」范惟實道。

「惟實，你眞是個書生。兩個鐘頭就弄得出這一桌菜！」主人一面向客人敬酒，一面得意的笑著道：「你們今天才進門，我就吩咐她們準備了。」

「啊！忙了一整個下午。我正詫異呢！這麼快，就燒出這一大桌菜，眞是神手了。」范惟實笑著道：「最美的還是這一天月光——今晚湊巧是六月半。這圓圓月亮，給我們這一桌色彩燦麗的菜添了一大片顏色，增加了多少詩意。」莊隱挾了一塊炒雞丁吃著。

「也可以說：我們吃的是『月亮菜』，嫦娥仙子用月光炒的菜。」莊隱又說。

「妙極了！我們爲月光炒雞蛋乾一杯。改一天，乾脆來一盆『紅燒大月亮』。」鄭天遐笑著說。

「你說月亮，對不起，我現在眞有點洩勁了！」范惟實舉起杯子，和主人乾了杯，「從前，每見月亮，我總有一種說不出的感情。覺得它非常偉大、美麗、迷人，說不出的充滿神秘。」他又舉杯一飲而盡。「可現在不知爲什麼，我卻沒從前的感情了。我覺得：它又小、（眞像這片生拌黃瓜一樣小。）又平凡、又乏味，天空也很低矮，跟我家的矮矮屋簷一樣。假如不怕人們起反感，我眞想說，天下最無聊的，就是月亮了。……不怕你們笑我庸俗，看一夜月亮，眞不抵吃一塊白斬雞舒服呢！」他挾了一塊雞翅膀放在嘴裡啃。

「這是因爲你老了。一個衰老的生命，對於月亮這樣一個充滿青春的生命，起先是嫉妒，終於是失望、冷視。」鄭天漫喝了一口酒說。

於是，一場飽溢玄學味的談話開始了，配合著酒香、菜味、月光、星光。每一個人都變成蘇格拉底。他們彷彿不是月光下飲酒，卻是參加一場古希臘宴會。鄭天漫不斷斟滿酒杯，自斟自酌。以彌補幾個月來一直未過足的酒癮。幾杯下肚，他望望頭上月亮道：

「眞想不到，這一生很快就過去了，我居然四十三歲了，人們習慣覺得日子太快，我卻覺得它太慢。從三十到四十，這十年特別慢。從二十到三十，更彷彿有一個世紀長。當然，這是我個人感覺，別人也許不這樣想。我覺得，人在夢裡，時間是甜的，就覺特別長。即甜常變成苦，但那仍是夢內苦，不是夢外的。夢內——即使是一片沉痛，仍是芳香的。三十到四十，也還在夢的邊緣徘徊。有時，滑入那條紅線，有時，又滑出來，——時間依舊是長的，像曳了條長長尾巴。」他又一次舉起酒杯，一飲而盡：「現在，那條紅線，離我們遠遠的，眞和天際線一樣遼遠，不可及了，於是，日子眞快了，這是眞正邊緣外的苦。苦以後，還是苦，永遠不再回甜，是一枚變了味的橄欖，永遠只有酸。」他呷了口酒，吃了一塊紅燒葫蘆鑲小獅子頭。「即使要爲自己，也沒有什麼可爲的了。喪失了青春，一切花朵，綢緞綾羅，濃郁的酒，月光或海水，對我們再沒有用了。它們像花瓶裝飾一間從無人住的空樓，完全多餘。樓主——青春，早一去不復返了。……爲人吧！人們是這麼可怕，你們打算增加他們的可怕麼？你還嫌他們的野獸味不夠，再注射許多CC新的野獸血液麼？」他的千年神秘式的小眼睛，仰視月亮：「我們只有一樣事，等死！」他舉起杯子一飲而盡又加了兩句：「而且，不是舒舒服服平平靜靜的等死，是在各種破產狀態下等死。」他放下酒杯，顯然想起那個大白天在他家門口大敲梆子討餛飩帳的湯某某。

「是的，我們等死！像屠牛等待繩穿鼻子，進入屠場，受那致命的一擊。……不管你怎樣神通廣大，終會遭到這一擊。……還有什麼可說的呢？」范惟實舉起酒杯。「剛才天漫說我衰老了，不能理解青春了，也許是這樣。也許，我的生活，我的婚姻，正反映了我與月亮之間的悲劇。」他沉入回憶中。「一個年輕人——特別是一個年輕女孩子和中年人之間的距離，可能比我和月亮之間的距離還遠。幾十年後，（據科學家說。）我們可能乘火箭飛到月亮上，但我永遠找不到一種火箭，能叫我飛到我妻子的嫦娥月球上，無論是燒一壺水，喝一杯茶，煎一隻蛋，換一個枕套，打一個領帶，穿一件毛線衫，或者關著窗子，放一張椅子，都表現出我和這個嫦娥之間的距離。永遠不可能有一支火箭縮短這個距離。」他又一次舉起杯子，望望天上月亮。「我眞奇怪，我們這些人，已聚積了這麼多的月亮經驗，爲什麼佘良弼現在還像火箭一樣，興頭頭的要衝上去呢？」

莊隱笑道：「那是因爲：他找的不是月亮，是一口鐵鍋，既能爲他燒羊肉泡饅，也能爲他蒸小籠饅頭。」他抬起頭看月亮。「一定要拿月亮、星星比喩她，她也是一塊隕石——一顆早已燒完光華的星星。他的未婚妻屠小姐幾乎是一個老處女。」

莊隱對大家談起佘良弼即舉行訂婚禮，順便提到喬君野的夫婦畫展，請求主人贊助。他帶點艷羨口吻道：「我們這群人中，你是唯一沒有茶杯裡風波的人。你是我們時代最可羨慕的新式陶潛。」他和主人乾了一杯酒。「你的小農場諸事如意，姜太公在此，百無禁忌。而且，你到底做過大學教授，這裡文化教育界，有不少熟人，君野夫婦的畫展，還得請你出來捧捧場。」

「算了，算了，別提農場了，混一口飯吃算了，還談得什麼『農場』。」他瞧瞧幾個客人，臉上泛出酒紅。「就這樣，已經無風三尺浪。再搞農場，那還了得？這幾年，我養了七八隻英國約克郡豬，專賣豬仔，孵了五六十隻澳州黑，萊克亨，專賣種蛋，業務不算差，一些本地人卻眼紅了。我有兩畝田，一個磨坊，還種幾畦菜地，忙不過來，找了一兩個長工，待遇比本地長工工資高的還多一倍，另外還有年終紅利，和有限度的勞動保險——保證他們：生病或發生特殊事故時、能得到救濟。這一來，好許多人都給我扣紅帽子。說我是『社會主義黨』。雖說這是一些小糾葛，不能把我怎樣，但也引起不少麻煩。我只好放棄辦小農場計劃。按照那計劃，要雇一批工人，我和他們的關係，必須按照我的獨特方式處理。可是，這行麼？眞這樣做了，可能我會搞得人財兩空。」他喝了一杯酒，吃了一塊油燴茄子。「算了，算了，活了五十幾歲，這點聰敏總還有。還是混混算了。能喝酒，就喝點。能吃肉，就吃點。能種地、灌園、餵豬、養雞，就餵點，養點。最好不要搞什麼計劃。莊隱錯了。每一個人都有他茶杯裡的風波。也許，你的是康熙窯瓷茶杯，他的是乾隆年的，我的卻是本地土窯土陶器。」

韓慕韓聽了，非常同情主人。

「假如一個人眞能活在月球上，也許什麼風波都沒有。在我們這個地球上，卻無一處無風波。」他喝了口酒。「連我們這一群亡國奴的亡命團體，總共不過六七十人，都搞不好，直比一個歐洲小國家還難搞，還能談什麼個人事業，個人計劃？」

「怎麼，隊裡情形不穩麼？」主人關懷的問。

「一點小風波，比茶杯裡的風波大點，是飯碗菜碗裡的風波。你們全知道，是因爲前任大隊長被暗殺，我才來接他職位。他那件案子，與桃色事件有關，說出來，沒有意思。不過，從這個事件上，你們可以了解，坐我那辦公室，並不是件簡單事。坐得不好，要掉腦袋的。」他一口氣喝乾一杯酒，滿面通紅，安慰在座朋友。「暫時還不要緊。也許，將來小風波會成海嘯，但那是以後的事。我們只能活在——也必須先活在今夜的月光下。」

幾個人談論這個流亡團體的種種後，話題又回到最初圓周內。漸漸的，替客人倒酒時，主人把他心裡全部情感傾倒出來：

「四十歲以前，生命是一座偉大的無限公司。四十歲後，公司第一次被徹底清理。檢查了所有帳簿、表册、銀行存款、庫裡存貨、同業往來。……

「二十歲以前，生命是一座無窮無盡倉庫，沒有死，沒有盡頭，沒有邊際，沒有地平線，沒有最後點。你根本就不懂得時間。你像一個嬰兒，躺在母親懷裡，坐飛機環繞地球一週，卻不知道空間。你是突然被帶到世界上來的。你是猛然被推到時間大旋風中的。狂風胡沙颳捲二十年，你還不知道自己是風中一沙一粒。當然，更主要是，因爲你有太豐富的時間。當一個人口袋裡裝滿太多金銀珠寶時，他當然不能懂得金錢涵意。只有當你淪爲乞丐時，你才眞正弄清楚每一文錢的定義。偶然，你腦子裡即使概念式的閃爍過時間影像，那也只是一紙空頭支票，一些從未兌現過的阿拉伯字母。你會覺得，生命太長太長，長得你無法應付，像蘇州茶館的茶客，永遠無法應付他的太悠久太閑暇的下午。

「三十歲時，你開始想到時間，感覺它的陰影，然而，你依舊有很多時間。你絕不會相信，自己會在四十歲或五十歲死去。一個人在肉體未凋謝前，絕不會眞正覺得時間可怖，或生命如電如閃。你體認這些，絕不能光靠太陽昇，太陽落，月亮圓，月亮缺，這些並不能露骨說明：你的生命正爲月缺。你的感受，主要來自肉體變幻。時間一和肉體結合，在某個時候，它就很可怕了。已經煜耀過的肉體色彩，不再輝煌了，紅不再那麼紅了，黑不再那麼黑了，白不再那麼樣白了，而且，圓也不再那樣圓了，方也不再那樣方了。已經失去的那些天鵝、玫瑰、象牙、大理石，不再能找回了，這時候，你才開始看見時間眞形相。肉體是時間河流中最明豁的水位標誌。在這裡，它告訴你，何時會發生洪水，何時是最高水位，何時是一段平流，而現在卻是淺涸期。」

「四十了。終於四十歲了。你肉體最花蕾絕跡了，最後花瓣墜落了，最後果子也吃過了，只剩下空枝、光幹，一堆果皮，核仁，任何花花葉葉與你無緣了。現在，你突然感覺，生命很短，時間很少很少，你口袋裡，只有最後那麼一小宗時間，剛夠你支付殘餘帳目，一些小帳、尾數、零頭。現在，生命對你不再是長江大流，而是一片退潮後的沙灘，被太陽燒乾烤枯了的，一些翻著肚皮的死魚、死蝦，和殘剩貝殼，畫出一片淒涼。」

「從此以後，你再不能做紈絝蕩子，自傲於自己的富足，而繼續無窮無盡的揮霍。你口袋中只剩下那一小束，那一點點，你必須錙銖必較，或者，相反的，病態的，你乾脆全部蔑視。

「四十歲前，時間很慢很慢。四十歲後，時間很快很快，越來越快，一個賭徒剩下的本錢越少，輸得也越快。

「同樣的十年，在二十歲時，未來十年極其悠長，（即使這個人只活四十歲。）四十歲時的未來十年，卻極短促，（即使他能活到八十歲。）二十歲時，你的船才出港口，彼岸在一片煙波浩渺中，那是一個無極無限。而且，因爲海上每一條地平線是暫時的，你根本就不相信眞有什麼地平線。四十歲了，船已越過海中心，對岸荒漠、死樹，已顯出一斑半跡。這時，一切美麗波浪都留不住你的視線。你的眼睛像一對標本，被釘在對岸枯樹的幢幢黑影中。

「這以後，你殘餘生命，便永遠在黑影與黑影中航行，從一簇黑影，駛到另一簇黑影。在這些黑影經歷史，假如偶爾能有今夜這樣的月光，以及月下白色的酒杯，白色的酒，就算是黑影旅程中最大光亮了。來，乾一杯吧！爲今夜的月光與它暫時的和平乾一杯。」

大家不開口，默默舉起酒杯。

主人望望月亮，慢慢道：「讓我最後再重複補充幾句。現在，我們都越過四十歲山嶺了。（我是五十多了）。命運所留給我們的，應該是空枝、光幹、果皮和核仁。我與你們分歧是：你們還希望這些空枝光幹上能再顯綠葉、鮮花，我卻只打算利用它們作過冬的烤火原料。……啊，不談這些了。讓我們爲今夜月亮再乾一杯吧。不管我們命運怎樣，它在這時候總是圓的，美麗的。這對我們是一種諷刺；也是一種安慰。」

大家都站起來，仰視天上圓月，再度默默喝乾一杯酒。

放下杯子，他們聽見女主人的聲音：

「饅頭都快冷了，換一盆熱的吧！」

鄭太太和鈴鈴捧了兩大盤熱饅頭出來，一大片熱氣氤氳於月光中，如一些銀色煙霧。

這時，鄭天漫很羨慕這位樸素的女人，他想，她到底比我那隻地瓜強，她居然有這樣一份可愛的理解力，不管春夏秋冬，饅頭總是熱的好吃！赫！

可是，不久，他的思想蛛絲卻開始織別的網了。

「眞奇怪，每次聚會，開始總是興頭頭的，越到後來，卻越顯得淒苦，彷彿一個算命瞎子，總在我們身邊演奏他憂鬱的三弦琴。」鄭天漫帶點傷感說。

「正因爲我們這些人靈魂深處，潛伏著一隻黑色的宿命鳥。」范惟實低低道。

「好，不談這些了。讓我們舉起鳥槍向這隻鳥射擊吧！——這支槍就是君野夫婦畫展。讓我們商量一下這個畫展吧！這說明：我們這些人也還能爲別人做點有益之事呢！」

於是，他們一面喝酒、賞月，一面開始談論有關畫展的事。

六

這一大堆油彩、光色，猛然投擲到這座古城中，燔燒於荒漠上，猶如太陽光帶所形成的巨大色環，團團旋轉，艷華四射，飛濺出濃紫、朱赤、橙紅、鵝黃、墨綠、紺青。於是，西洋紅、絡黃、普魯士藍、琺瑯白、象牙黑、豆綠、鵝青、咖啡褐，一色接一色，一彩接一彩，隨著也燦爛輅旋。這些奇異的絢彩，把一些人的視覺攪昏了，彷彿抬覿日，只見一顆白色光球，一大片白色，白得發暈，似乎什麼也沒有，最多只看見光球外面的一層色球——一片閃射的紅色，單單純純，而且是極度暈眩中的單單純純。可能，自從這座古城形成後，一下子璀耀出這麼多異國色素，還是第一次。配合古城火紅的夕陽，檀木黑的烏鴉，金黃土層，月藍的天空，濃灰的城堞，以及人們咖啡色肉體——臉或身子，這些受熱帶非洲影響的油彩才最和諧，然而，要達到這片和諧的補色，或擴大色，也是它原始音響的一個加強音。可是，沙漠命定不能沉思，沙漠露魂也早忘卻自己固有色調，古老色澤，那些和埃及色調、迦太基色調、巴比倫色調一樣古老的色譜，於是，所有在這個畫展空間的視覺，便變成一種與太陽光球色團相扭結的視覺，一陣暈眩——一片麻痺——終於是一陣詛咒。這也是這個老耄國家的古老傳統（特別是在這個古城裡），畫家只活在自己畫裡，除了自己的畫，再看不見別人的畫。他們只瞥見別人的畫布、畫框，框上的鍍金，或者畫軸，綾邊、紙裱，或綆縑裱，卻瞧不見畫。對於他們，同樣的大紅或橙黃，紺青或粉綠，假如閃耀在自己畫上，就點頭批准：這是光輝煥發的大紅與橙黃，紺青與粉綠。如果出現於別人圖幅上，他們便變成色盲，除了灰溜溜一片，什麼也瞅不見，人視覺突然轉形成狗視覺。對於他們自己勾勒的線條、金鉤、鐵線，或者自己的潑墨、淡彩、披麻皴、沒骨皴、荷葉皴，他們一面欣賞，一面沉醉，像過大年三十。同樣的金鉤、鐵線、披麻皴、斧劈皴、荷葉皴，如若表現於別人宣紙上，就是一個稻草堆，一大鍋燒焦了的稀飯。在他們看來，國畫家應這樣看國畫家，西畫家應這樣看西畫家。雖然油畫並沒有這許多「皴」。假如一個西畫家偶然跌入一個國畫展覽會，便像格列弗偶然從半空跌入小人國，他巨大無比的皮靴，一腳就會踩踤所有小人——他會踩碎所有的畫——畫上的釳人小樹。一個國畫家偶然衝入西畫展覽會，則像一隻被追獵的大黑熊，突然因逃避獵鎗而衝進非洲大叢林，他會撞翻面前所碰到的每一棵大樹—

——那些油畫上的大樹。

格列弗一定拔出刀子，宰掉黑熊。反過來，黑熊不等格列弗拿起刀子，一定也要先捏死他。

在這種奇妙傳統下，今天下午，喬君野李茶夫婦西畫預展，可以說得到天使幫忙，所有格列弗們與黑熊們，都很禮貌，至少，他們的四肢（表現）是如此。雖然這樣，喬氏夫婦也仍然直接的或間接的聽到一些動人的語言。

「這張畫上，這個人怎麼一雙眼睛也沒有。」

一個西班牙鬥牛士型的客人說。這是一個土生土長國畫家，叫張十髮。他筋骨特好，一上午能十張山水，據說是宋代馬夏一派。有人說，他畫山水就像本地油條師傅做油條那麼快，小麵桿子（筆桿）一響，（一揮）就是一根（一幅畫）。（實際上，油條是雙手絞成的，揮小麵桿只是做油條的前奏曲。）現在，他正端詳喬君野的一幅抽象畫：一個青黃色人形和他的黑色影子，（黑色人形），人臉上沒有眼睛，影子當然更沒有——世界上沒有一條人影子有眼睛。

「嗯，這幅畫上有眼睛了。可是這是男人？還是女人？叽！他的頭髮像女人，可是她怎麼只有一個光光腦袋，下面沒有身子！叽！她的腦袋飄在湖水上，這……這……這……」

這是一個麻臉西畫家，他很慶幸，居然在畫面人像上找到一雙眼睛了，但他馬上失望，只有人頭而無人身，活像個土匪被活捉後，梟首示衆。但這又是個少女，不像土匪，而中國歷史上幾乎從沒有斬過什麼女土匪，而——這個人頭又飄浮湖水上，不像示衆。——我們當然要原諒他。他的大名雖叫李寶時，可是他幾乎從未看過一幀現代畫。他自然不明白：這是受超現實派大師達利影響的一幅畫。

現在，一個北平腔女中音亮閃了，它清脆冽亮，像北方江湖客唱蓮花落子：「我的脾氣就是這樣：要麼，就是眞正中國畫，要麼，就是眞正西洋畫。嗯，要畫西洋畫，就要像郎士寧那樣，一隻狗就是一隻狗，一頭老虎就是一頭老虎。不要狗變成老虎，老虎變成狗。」

這是一個楊性女國畫家的高論。爲了不要得罪主人莊隱，（因爲，不久以前，她開畫展，他曾幫過忙。）也就提出郎士寧。她相信，新派畫家絕不知道郎士寧。今天預展，既無「郎」式的，也無「國」式的。

「是呀！士寧的西洋畫，連老虎身上每一根毫毛都清清楚楚，這才眞叫做寫實派。」那位西班牙鬥牛士型的張國畫家應和她。於是，他（她）們此唱彼和，暢談起來，雖然平常誰也看不見彼此的畫，不是沒有機會看，是視若無睹，彷彿希特勒對劇院群衆演講，只看對面牆壁，不看人臉。

楊女畫家談畫神氣，就像她談小菜場的貨色。哪家肉店豬肉膘肥，哪家回子的牛肉最嫩，宜於炒牛肉片，哪家籠子裡的雞鴨最壯，鴨膆子不塞小米，雞肚子也不先裝滿包谷，哪一個攤頭的捲心菜最實惠，新鮮，頭一夜未先在水裡浸過，她談得津津有味。在她嘴裡，畫上的雞、鴨、豬、牛與捲心菜、水果，能不能燒出一桌出色酒席，大可研究，這還不只把它們變形爲小菜場裡的貨色呢！它們彷彿不是供欣賞的，卻是吊人胃口的。看過她畫的公雞的人，嘴饞得恨不立刻宰了，馬上拋入沸水，做一盤白斬雞。這位女畫家，平常還有個偉大習慣，能一面畫畫，一面燒糖醋排骨，而且，還一面餵雞鴨，爲孩子換尿布，兼給丈夫燙襯衫。孩子哇一聲哭了，她從容放下桌上的貴妃出浴圖，替他餵一遍奶，解一次小便，換一塊尿布，再回到畫桌旁，繼續畫那隻沒有畫完的貴妃眼睛。張媽來討肥皀洗衣服了，她又放下貴妃的鼻子，拿鑰匙開櫃子取肥皀。「一塊肥皀怎麼洗得這麼快！才四天，就沒了！」她嘟噥著，又拿起畫筆，開始勾楊貴妃的鼻子。「太太，起油鍋了，來炒小菜吧！」她正在描貴妃粉紅浴衣，擲下筆，走進廚房，一看，油還沒旺，「你先把油旺了，我就來。」她又跑回去，畫貴妃浴衣了。還沒「縫」完一隻袖子，廚房內又喊：「太太，油旺了　！」她又扔下筆，拿起鏟子，用新鮮靈感創造韭菜炒肉絲，炒得就像她畫貴妃眼睛那麼快而熟練。五分鐘後，她撂下鏟子又回來，繼續畫那隻還沒有畫完的袖子。

就這樣，一天她能繪四五張畫。她最得意的，就是這幅工筆畫，貴妃出浴圖。她特別歡喜叫客人欣賞畫上那些磚頭。

「你看，我連每一塊磚頭都不放鬆。一塊也不多，一塊也不少。每一塊，全四四方方，不大不小，我都用尺寸量過。而且，遠近還有距離感。」

她曾製過一幅「江頭泊舟圖」，叫人震驚的，不是江和舟，而是江邊那塊偉大石頭。

「喝，這塊石頭這麼大，幾乎比長江還大，大約是畫馬當要塞吧，要塞上，做防禦工事的天險巨石，當然越大越好囉！」西班牙鬥牛士型的張十髮，有幸看到這幅傑作，後來，對人津津樂道。

不過，現在，他們談得很合拍，一致推崇郎士寧的老虎，特別是老虎身上的每一根汗毛。無論是張十髮，或李寶時，或楊女畫家，或其他國畫家，西洋畫家，今天下午，無形中，彷彿形成一條堅強的統一戰線，對喬氏夫婦畫展具備一個共同美術綱領，他們各人的零星意見，就是這份綱領的具體表現。

幾個金融界人物出現了。

「叭！這些畫不太容易懂，和我們平常看見的畫不一樣。」一個頭頸挺得像白鵝的銀行經理說。

「這叫象徵畫。畫的妙味，不在畫內，在畫外。」一位法國留過學的銀行裏理說，他翹著一付威廉第二黑鬍子。

「難道畫的意義不在畫上，而在畫外，比如說，在畫框子上？或者，在入口處簽名簿上？」一位穿長袍的錢莊經理說。

「嗯，這梱樹還不錯，葉子倒是綠的。」一個白胖子像哥倫布發現新大陸，連忙告訴幾位同行。照他看來，這位象徵派畫師，能把葉子畫成綠色，這就證明，他的星球籍是地球，不是火星或水星。

這些金融鉅子，談話時，都壓低嗓子，因爲，他們櫃台後面那隻算盤早教育過他們：生意人說話，須留餘地，而主人莊隱交遊是廣闊的。

終於闖入一個美術界名人，他的意見倒是出奇誠懇：

「我承認：你的畫很新、很美，可是這對今天前方抗戰將士來說，能有什麼意義？他們所需要的，是血與火的鬥爭，不是標新立異，和唯美主義。」

他儼然以老前輩教訓晚輩的口吻，把喬君野夫婦申誡起來。

這是一位著名旅行畫家，五百年前，和喬君野是一家，也姓喬，名望雲。他經常在一家銷路甚廣的重慶大報上發表農村旅行寫生，而且，經常有一位著名將軍在畫上給他題丘八詩。不知道是因爲他的去年旅行出名，還是因爲那著名大報而出名，抑是因爲那位出名的將軍丘八詩而出名，總之，他出了名，而且，架子很不小。但在一些同行私人印象中，卻永遠弄不清，他究竟是畫小學教科書的插圖呢？還是爲那位著名將軍的丘八詩繪圖解，算是「看圖識字」？他剛巧旅行西北，路過西安。今天下午，所有客人，都衣冠楚楚，如赴盛會，出席鋼鐵商人莊隱主辦的這個預展。他卻獨自穿一件土藍布舊長衫，戴一頂羅克式銅盆草帽，個子又瘦又長，一條極長極長的鴨脖子，幾乎有半尺長，假如他下面繫一條腰邊繡著「四喜」的毛布百褶魚裙，人們准以爲他剛從渭河邊趕鴨子回來。

喬君野本對這頂銅盆草帽懷了份希「望」，不是對他的名「望」懷希「望」，而是對他的「元老」歷史抱厚「望」，正如他的大名那種「望雲」之「望」。後來，他卻失「望」低低對李茶道：

「他忘記了，每一個士兵在前線抗戰，成天成夜泡在血水裡、大炮火藥裡，夠緊張了。一幅美麗風景不正好讓他們透一口氣？假如再畫一些鮮血淋漓的屍身，硬逼他們看，他們吃得消麼？」

當然，他這番話，不敢叫銅盆草帽當面聽見。

所有這些奇妙意見，像各式各樣菜蔬瓜果混合煮成一大鍋：辣椒、茄子、番茄、韭菜、洋蔥、蒜頭、冬瓜、南瓜、黃瓜、絲瓜、苦瓜、茭白，應有盡有，比上海大世界更包羅萬象，叫他無法下嚥。到得後來，它們已不是一大鍋菜，乾脆就是一口轟轟烈烈的沸騰大油鍋，在活煎他。

當然，不是直接煎他，是間接小部分評語像洋蔥、韭菜之類，他當面聽到，或遠遠聽到；大部分議論像辣椒、苦瓜、大蒜頭之類，是主人莊隱事後轉彎抹角，翻山越嶺，轉告他的。主人的話，眞是翻過西蜀連雲棧和大巴山脈，甚至越過摩天嶺與萬水千山，唯恐傷喬夫婦自尊心。逼不得已，必須明顯的談到那些冬瓜、南瓜、西瓜、苦瓜時，也只當笑話談：

「這里畫展，這是這麼一回事。你不要介意他們的狗屁意見。人們也絕不會因爲這些意見打得頭破血流，或打噴嚏。正相反，畫展已成爲人們聯絡感情的工具，不可缺少的社會生活一部分。從前金融工商界拉社會關係，主要靠窯子、酒宴、麻將桌、鴉片煙榻和紅白喜事，現在又開闢一條新式門路，比較高雅的門路：畫展。這道理，你以後會慢慢明白。」他笑起來。「你反正是爲賣錢湊旅費，和療養費，不是爲了叫他們編年史或美術年鑑。」拍拍畫家肩膀。「你放心，你今天的預展，就算成功了，大部分畫已定出了，而且，保證十成收足，絕不會七折八扣。」

以後喬君野夫婦漸漸弄明白：原來，畫展也成爲近幾年這座古城的古怪現象——熱鬧現象之一。

大約從前年起，不知那裡颳來一陣黑旋風，把許多畫家都「旋」到這座荒漠古城中。原因可能有三種。一是敦煌畫窟被發現、被重視，緊接著，敦煌畫院建立。畫家們為了跨鶴直追魏晉，尋找那個古老石洞，少不得路過西安。二是開發大西北的呼聲，突然龍捲風一樣衝向天際，這片西北荒漠，也陡地偉大起來。人們彷彿又回到燦爛的漢唐，畫家們便成為開荒隊的先鋒部隊。三是到中原黃河戰地——潼關一帶觀光，必須取道這座古城。

這樣，有一個時期，這裡的畫家，便像蝗蟲一樣多起來。

某私立國畫專修學校校長鄧某，在敦煌只住過三四晚，費四晝夜時間，（在他，等於打麻將熬了四夜），把敦煌畫院學生歷年臨摹的壁畫草草重摹二十幾件，又花一筆錢，請他們幫忙摹了二十幾件，回來後，居然到各地大開敦煌古代藝術展覽，大吹大擂，自稱敦煌藝術研究專家，曾在那裡定居兩年。他又到黃河邊兜了個圈子，製作一幅「黃泛災區圖」是十四張宣紙拼接起來的長卷。高二尺，長七丈。滿紙盡是滾滾波浪與人頭，而且是重複的波浪，重覆的人頭。人們會以為：這些人頭都是雙胞胎，或雙雙胞胎，甚至百胞胎。那些波浪，也是「雙胞波浪」，或「百胞波浪」，只因為這幅畫有七丈長，幾乎硬生生霸佔了整個畫展會場，就被捧為千古不朽傑作。據說，能與夏珪「長江萬里圖」先後媲美，而夏珪藝術還未必具有這樣進步的現實意義呢？畫上排滿他的同鄉、同學、名人和友朋要人的題字。那一大串名字，活像一本和尚化緣簿，確實，從顧愷之、陸探微算起，一千多年來，誰也沒有畫過七丈長的長卷，「長江萬里圖」與「清明上河圖」，雖轟轟烈烈，也沒有這麼長。

「敦煌古代藝術」和「黃泛災區圖」是非賣品，也是兩隻巨大坦克。在雄偉的坦克掩護下，在一番吹捧下，他自己小件作品：立軸、冊頁、屏條等等、像步兵一樣，從後面衝出來。訂價不算高，集腋成裘，於是他「撈」了一大票。

自從鄧某靠上述兩大冷門貨撈了一票後，其他過路畫家也眼紅了，也跟著「撈」起來，甚至一路「撈」過去，從重慶、成都，一直「撈」到蘭州。有一個時候，這座古城簡直比巴黎沙龍還熱鬧。人們幾乎可以看得見那些現代王維們、吳道子們、李思訓們，關同、荊浩、倪雲林們、拉斐爾們和魯班斯們，天天在長安街頭走來逛去，吃東大街的羊肉泡饃，嚼南院門的羊油柿子餅。所有畫展，並不靠畫，而靠發起人。只要發起人中有一位名人或銀行（或大公司）經理是朋友或親戚或同學，那麼，畫展必可「勝利開幕」。常常的，開幕第一天，所有畫大半訂出去了。那些美麗的山水、花草、或仕女畫幅上，到底都可以看見紅色綵條：「宣董事長訂」、「周經理訂」、「盧副經理訂」、「黃局長訂」之類。眞正欣賞者不禁有點皺眉。畫家們並不比賽畫，而是比賽誰擁有更多的「經理」或「董事長」。這種熱鬧氣象，眞像辦紅白喜事，正如莊隱所說，畫展已成爲生意人聯絡感情的時髦空間、文雅場所。王經理假如欠趙經理一點人情，就買趙撐腰做發起人的畫展的一兩幅畫。馬處長如想走錢董事長路子，就買錢的外甥某畫家個展的一件作品。畫的好壞，不「在畫內」，眞如上面那位法國留學生所說，是「在畫外」。也不在畫框子或畫軸上，倒眞是在入口改B的簽名簿上，特別是，用別針釘在畫上的紅條條上。紅條條越多，畫越好。一個過路西安的教授，因爲不理這一套，不走任何門路，比他自己所畫的華山千尺幢石巖還硬，結果，開了十天畫展，紅條條只有七張，不到全部作品十分之二。於是，同行們全爲之譁然，異口同聲說他「栽了」，簡直是在著名的古長安摔了一個現代化的大跤。一個個嘁嘁喳喳，議論了半年，並且引爲前車之鑑。

過路畫家這一派蝗蟲作風，引得本土畫家眼熱，當仁不讓，也開始對金融工商界進行衝鋒，打第一炮的、是省參議會議長愛女。發起人名單、網羅全部省市第一流名公鉅子，比一個故省主席的治喪委員會的名單還煊赫。畫展第一天，全部國畫，都飄紅條條。那景象，有點像小紅旗滿飄於軍事地圖上。這是說，展品早已訂購一空，有的畫還要複定、定雙份，模仿獨奏音樂會來一個Encore。其實，這個女孩子才二十歲，是個未畢業的藝專學生，因病輟學，在家休養閑得無聊，才搞搞畫的。接著，別的土畫家也轟出第二炮、第三炮，……沒有加農炮或迫擊炮的，就用機關槍掃射，甚至作一次三八步槍射擊也好。日久月長，名流鉅子有限，畫件無窮，麻煩無窮，真像和尚化緣，有糾纏不清之感。於是，有的發起人和他的朋友們，索性來個金蟬脫殼，只答應出名訂件，做做廣告，卻不付現款實購，正像一個江湖賭攤，總有些幫手扮演「引子」，（引子者，即藥引子也，）喬裝群衆，以助聲勢，或誘騙無知者入彀。這樣，有的放三八步鎗的土畫家展出的畫，看起來，雖大半貼滿紅條條，閉幕時，眞正賣出去的，不到十分之一二。除了畫展開銷，還得先送幾張畫給一名做發起人的名流，三下五除二，木算盤打了又打，差點要貼老本。有時，就是勉強硬推銷出去的不到十分之一二的「傑作」，收款時會七折八扣。據說，有的畫家親自把畫送上門，卻被推出來，一推一送，竟發生幾起爭吵。一位常做藥「引子」的某名流，乾脆吩咐他的門房和僕役道：

「以後，凡是畫家來找我，一律擋駕，說我到臨潼華清池洗澡去了。……什麼『畫家』，簡直是『化緣專家』！」

這樣一來，有一陣子，西安畫展，暫時被送到電氣冰箱內，冷凍了，至少，也算冷場了。有一個年輕畫家，仗著血氣方剛，企圖打碎冰箱，花盡九牛二虎之力，開了個「個展」，其結果不問可知。死推活銷，還賣不到十張畫。不僅買主少，連觀衆也比較少。下面一段話，足以活畫出當時場景。

他對一位好友說：「這次畫展是『瘟』掉了（「瘟」者，雞「瘟」也），可我在研究人類心理學上，收穫頗大。我發現，人們都是習慣的奴隸。（自然，這句話，過去也有人說過。）我的展覽會場，是市商會大禮，堂入門處並無門檻，一片水泥地。可是，一些觀衆走進會場，十個倒有八個舉起腳步，作跨門狀。我一個個數著數目，最多時，一天有六十三個人是如此，你說有意思不？」

「這也說明你閑得無聊，人家參觀你的畫，你坐著參觀人家進門時的腳，你這個畫展眞慘。」

決心打破這種冷場局面的，就是前面提過的，那位以畫一千年前她的同宗楊貴妃出浴圖的磚頭出名的女畫家。（她所畫的磚頭，眞正是一個個「十」字，就像小學生習書法的九宮格。）她活了四十年，從未開過畫展，現在也來湊熱鬧，而且決心替美術界爭一口氣。鑑於一些三八步鎗朋友的窘境，她就別出蹊徑，開後膛炮，專找名人的太太或小姐或姨媽、姑母、姨妹、表妹。這一注冷門，倒收了奇效，叫她也撈了一票。因爲，連英雄也難過美人關，何況這些名流多半不是英雄？只要這些英雌們柳眉倒豎，或粉臉綻笑，就不怕英雄們不低頭。今天，她枉駕觀喬君野夫婦畫展，像參加美國兩黨競選，投他們一票，並不是對這些沒有眼睛或身子的人像突發奇興，而是還主人莊隱的人情。這位華達貿易行經理，過去曾幫過她畫展的忙。

莊隱不愧是戰略家，爲了幫助窮朋友、老朋友，這一次，他別開生面，採用軍隊作戰辦法，把所有手頭力量，全組織起來。他擁有幾十個朋友，便幾乎是命令式的、交給他們每人一項固定任務，至少推銷兩——四張畫。假如他們本人負擔不了，可以找他們的朋友，或朋友的朋友，幫忙完成任務。和他生意上有來往的人，欠他人情的，以及某些平日可能有求於他的人，他更不放鬆。他有組織、有計劃，穩紮穩打，步步為營，再加上西畫展覽會很少，過去多是國畫展覽，這樣，居然他也打了一場勝戰。這個預展招待會還未結束，交易已經大體結束，八十件畫，訂了近五十件。他估計，正式開幕後，還可以推銷十幾件。

本市美術界和工商界名流，絡繹蒞臨華達貿易行客廳，看小型預展。喬君野夫婦卻在一邊偷看畫家們的臉譜展覽，與商人們身態形姿的模型展覽。其中最突出的、是海清老人厲道士，范惟實拉來的。這位道士，居然也訂了一張風景。他那副螃蟹姿態、吸引了會場注意，叫每個人都感到：自己似乎是泡在螃蟹巨大泡沫裡。不用說，他定的那張畫，絕收不到錢。這是莊隱的戰略計劃之一，只要送厲道士一張，他起碼會拉四個買主，大多是軍界的。道士此刻正在寫一本「天地玄黃」式的新宗教體系之類小冊子，央范惟實幫他整理，且潤色原稿，（這一工作，他本屬意印蒂，但後者凜然不可犯的態度，卻使他畏縮了。）他不能不賣面子，給這個著名文化人的朋友捧場〉。這批客人約百分之九十九，看不懂喬夫婦的畫，背地裡，或多或少，也站在不同的樓梯層級上反對它，但這並不妨礙他們中大部分甘願掏腰包，有的甚至還當面奉承幾句：

「喬先生喬太太的畫很新呀，我們算是第一次開了眼界。」

「這些畫，眞富於創造性呀！」

「要洋，就洋得徹底！」那個留學過法國的毛裏理，現在也改了口氣。

「嗯！這幾張風景眞美，的確畫得不錯！」這一次，一個公司的董事長，倒說出眞心話。

「這些人體畫眞深刻，完全合乎科學。」

那幾張裸女，很快就定出了，特別是李茶的那兩幀，被兩個銀行經理定去了。另外幾張風景，也很受歡迎。

消耗了大量煙捲、熱茶、糖果和點心，承當了自己應承擔的一份義務後，有些客人，托辭先走了，剩下來的，主要是畫家們與記者們。他們留下來，參加正式招待會，由莊隱任主席。莊原計劃先開招待會，後看畫，因爲一些商人只答應看畫、訂畫，不肯出席招待會，因此，他只好權變，讓客人們隨到隨看，隨吃茶點，答應訂畫後，就讓他們走。現在，他把喬夫婦介紹給本市新聞界及文化藝術界，說了些很得體的謙虛話和恭維話。接著，他本想指定大學教授鄭天遐代表來客致答詞，因爲鄭衷心同情喬夫婦的畫展，不管他自己是否眞懂。但幾個國畫家卻臨時推那位楊女畫家做代表，致答詞。倒難爲她說了些很得體的客套話。

「……剛才周經理說，『要洋，就洋得徹底。』我贊成這種說法。我相信，本市工商界，一定很歡迎這些畫。自從西安有畫展以來，我們第一次見識了眞正新派畫，我們藝術界同人，藉此可以相互觀摩，收切磋之效，得益非淺。」

接著，她談了一些藝術界與工商界的關係，給人們一個深刻印象，彷彿她不是來出席畫展，倒像在觀光一片百貨商場。

「我認爲，美術界與工商界的關係很重要。可以說，沒有工商界，就沒有藝術界。在外國，許多大畫家靠金融鉅子幫忙，才能創造出傑作。在中國，沒有工商界幫忙，我們美術文化就不能繁榮。畫家趣味也像飲食趣味一樣，比如說，我愛吃青椒炒雞丁，沒有足夠經濟力量，我怎能買雞？（現在雞價是這樣貴，一隻雞要賣幾百塊法幣。）同樣，畫家歡喜畫山水，沒有經濟力量，他怎能遊山玩水？所以我說，工商界的支持，對我們藝術發展很重要。希望工商界先輩，多多指導我們美術界！今後大家多聯絡，多來往。……」

喬君野聽著看著這一切，就像看一幕莫利哀喜劇。他想：人們談我畫，就像談小菜場上時鮮貨，四月裡新上市的韮菜、蠶豆、萵苣。從沒有人想到我這幾年的經歷。我抛棄S市溫暖的家，離開我的開醫院的名醫父親，投入抗戰大後方，結果，卻變成一個苦難的奧德賽。活了三十多年，我從沒有爲我的飯碗、我的衣服絞過一滴腦汁。我的大地永遠是色彩、線條、明暗、光影、人體、風景、與靜物。這六年，我的思想，卻大半在飯碗裡打滾，爲一針一線，作劇烈血液循環。我幹過十幾種行當，就沒有一個行當，容許我正式提起畫筆（除了在一個演劇隊，短時期畫過一些宣傳畫、廣告畫和舞台佈景）。這一支油畫筆，一擱就是五年多，這一次再執，眞有幾百斤重。我的技巧，退步得叫我想自殺。那些線條、色彩，是一些野蠻的獅龍虎豹，完全不聽我使喚。腦子變成一片漿糊，一片糊搭搭的，而且，沉重極了，就像一堵永不會透明的磚頭城牆，費盡九牛二虎之力，也鑿不穿，打不通，發現不出一線亮光。假如我畫的那條渭河眞是渭河，我恨不得跳下去。我認識那許多形相，圓的、方的、三角的，提琴形的、月亮形的，一片綠葉，一朵玫瑰，一個孩子的臉，在想像裡，它們比翠條魚還靈活，一碰到我的畫筆，卻和點石成金相反，卻是點金成石，連一片薔線赤慤中」比一塊大石還笨重。

從他良心視覺裡，他看出，這次畫展多少是一個失敗，絕不像從動物園裡剛放出來的這批畫家們所想的：由於形式太新而失敗，而是因爲：新得還不徹底。他生疏的技巧，也沒能叫這些新形式眞新，新得很穩固、透徹。假如藺素子和馬爾提再接觸他的畫，他們一定失望。可是，不管怎樣，這究竟是接近眞理的形式，最能表現新時代美感的內涵，而且，他記憶裡，還儲藏了一些美麗生命。他把六年前畫過的，再畫一次，雖然表現能力大退步。卻仍保留一些殘脂牘粉和歷史閃光。對於從未見過新派畫的古城畫家們，它們依然是一片嶄新的形相境界，比起一般的西畫家寫來，他的水平並不差。

「你的畫眞新得很，人們從沒有見過這樣的畫，他們不懂，只好當面奉承，或者乾脆閉上鳥嘴。（當然，背地裡是又一套。）你曉得麼？必須要有一番虎勁？把他們唬住，就行！……老弟！你們的畫，大半定出去了。我祝賀你們成功。晚上，我要好好敬你們兩杯酒。」

招待會一結束，佘良弼第一個走過來，向喬君野夫婦祝賀。

「我也要好好祝賀你！今晚是你的訂婚喜事，我一定要好好喝你們兩杯喜酒。」喬君野笑著說，那雙帶幻想性的黑眼睛，流蕩著愉快，他那T、B型的瘦削臉上，洋溢一片紅光，但他心底卻像一盤糖醋鯽魚加了大量精鹽，說不出什麼味兒。

「你太太這張『陽春三月』風景，我定了。下個月好掛在我新房裡，讓我添點春氣。」佘良弼笑著說。

「不，這張畫我們送你好了。」喬君野笑著道。

七

「我站在半主人地位，提議爲良弼和屠克玉小姐喜事乾一杯，祝他們將來像李茶小姐那幅『陽春三月』，永遠『艷風千里，朝朝暮暮爲侶』——我申明一下，這是我爲祝他們的喜事，胡謅填的一首「念奴嬌」詞中的兩句。」莊隱站起來，笑著說。「我再站在全主人的地位，提議爲君野和李小姐的畫展成功乾一杯，祝他們早日再回到藝術之宮，侍奉阿波羅與維納斯。」

「我提議爲我們獨身主義者放棄獨身主義乾一杯。」范惟實笑著道。

「還得修正一下，是『獨半身』主義，不是『獨全身』主義。」甄俠笑著加以註解。

「俠，你又胡鬧了！今天是良弼好日子，你儘打趣他。」甄太太從隔桌傳話過來。

「不要緊，笑料和糖醋作料一樣，沒有它，這個喜筵就不能五味調和。你放心，今夜良弼只愁沒人取笑他。他心裡許多笑意，像手榴彈，等我們把蓋子拔掉，才能『心花怒放』呢！」唐鏡青笑著說。

「我提議爲鏡青夫婦乾一杯。這是他第一次帶太太出席宴會，他從沒有帶她出來過。我祝賀他尊重女權，維護女權。」酈半齋說，對鄰桌他自己的『獅子座』投了一眼。

「我們應該爲鏡青的關中家庭化學工業社的營業發達乾一杯，祝它永遠『生意興隆通四海，財源茂盛達三江。』」鄭天漫笑哈哈說。

「我們應該罰天漫三杯，罰他不尊重女權，他是今夜唯一沒有帶太太出席的。」酈半齋的「獅子座」夫人從鄰席站起來。

「領罰，領罰。」鄭天漫喝了一杯。「我提議爲華達貿易行事業乾一杯，祝它永遠興旺，發達，累積巨量剩餘價值，好設筵招待我們這批窮秀才。」

「我代表貿易行接受大家祝賀。我衷心希望，這次到許昌採辦煙葉成功，好好再跑一次重慶，讓我們這十幾口老老少少，能永遠有一碗小米粥好喝。同時，我準備好好做一次四十歲生日，請大家痛飮一次。」莊隱站起來，聲音裡充滿誠懇。

「我提議爲我們韓國革命英雄乾一杯，祝賀他的韓國志願軍第一大隊的事業順利，早日橫渡鴨綠江。」一直不響的鄭天遐站起來。

「謝謝各位，等韓國光復了，將來我一定免費招待各位遊覽金剛山七十二峰。」韓慕韓舉起杯子。「我建議爲我們的女主人——屠克玉小姐乾一杯，祝她永遠像今夜這樣美麗，水仙花一樣的美麗。」

大家全站起來，酒杯聲與歡笑聲響成一片。

接著，他們看見喬君野擎著杯子站起來，他們聽見這個瘦削的畫家的聲音：

「我代表我的妻子和我自己，對各位支持我的畫展，表示謝意。由於我的健康限制，今晚我不能多喝酒，但我仍要滿滿喝完這一杯。我特別要向莊先生、韓先生、范先生、和鄭先生致謝，沒有他們的贊助，我不可能舉行這個畫展，更不可能有現在的圓滿收穫！……茶！站起來，喝一杯！」

才喝完酒，他們又聽見佘良弼的聲音。

「我們應該敬莊太太一杯，今晚的兩桌好菜，全得歸功於她。我代表我個人和屠小姐謝謝她，我們大家也謝謝她。」佘良弼站起來。

又是一陣酒杯聲及歡笑聲。

佘良弼的顴骨高高的蒼白面頰，今夜被酒精燃燒成猩紅，平日因為常刮絡腮鬍子，刮得鐵青的下巴頦，也泛出一片霞光。他那雙小小企鵝眼睛，亮得像一對黑寶石，一小半時間射在兩桌客人身上，大半時間倒掃射著他的未婚妻：坐在他旁邊的白白胖胖的屠克玉小姐。他沒想到，至少一年前、他沒想到：有一天，他會和這個白得像母山羊的老處女坐在一起。說「老」，其實並不老，今年不過廿九歲半，叫她老處女，也得「加」點註解：她是「女」而半「處」。大約六七年前，她曾嫁過人，據說是包辦婚姻，新郎不滿意，新婚第二天就失蹤了。他和她在床上只睡過一夜，他究竟是否讓她原封不動，別人也無法考證。這以後，她又被「退回」娘家，像把一雙穿不上的鞋子退回皮鞋店。幾年後，她失去父母，只剩下一個哥哥，在金融界很得意，是本地W大銀行副經理，和莊隱有密切生意往來。兩年半前，由於嫂嫂和她鬧意見（主要因為前者很跋扈），哥哥由莊介紹，讓她暫時定居在華達貿易行前面一間空廂房內，這就給予佘良弼以演西廂記的機會。這位「獨半身主義」者，平常慣愛借某類婦人肚皮為人類延長生命，這一次，又算借貸成功。可是，她不是有夫之婦，新生命將來出現於地球上，沒有姓氏和出處，後代考據家會引以爲憾，她的親戚朋友更要引以爲憾。經她哥哥與莊隱協商，決定在她月經停止的第三月的今夜，讓他們訂婚，儘快在下月結婚。這樣，這位獨半身義者、和這位「半處女」、便由兩「半」個拼成一整個。

這一切，對佘良弼來說，絲毫沒有什麼不自在。從他下決心借重她的肚皮那天起，他就準備做那位可能出現的小生命的爸爸了。今夜，他一部分快樂，可能是由於當初秘密計劃的實現。

自從「九・一八」以後，我們鄰邦慣用「造成既成事實」這一套策略，綁票式的綁去我們許多土地與人民後，被侵略者少不得也學會這一套，只是對象不同，範圍不同而已。

應該說明的是：今夜，佘良弼的心情，絕不是一個策略家的心情。他完全變爲一個詩人，滿腦充滿詩情，而且是極神秘的詩情。他像一隻漂流北冰洋的破冰船。經過許多月的饑餓、寒冷、荒涼、不安、與黑暗後，終駛到溫帶南方的港灣、碼頭。她正是她光亮的港灣，或者，一個平凡的碼頭。不管怎樣平凡，它是一個碼頭。它已厭倦北冰洋的破冰塊，也疲憊於摸黑找北極星了。那些隱蔽的海上旗語、信號、象徵希望的燈火，偶然飄過的音樂，魚群，對他再無誘惑力了，他需要一個明亮的溫暖的港灣，一座簡單的碼頭。這兒，沒有偉大的北極光，卻能供給他一切平凡需要，他生活裡必不可少的一切。而且，這是正常的白天和黑夜，不再一整個半年是黑暗，接著，又一個長時期，永遠是白晝。

這是一座單純碼頭，卻又是一個結實穩靠的碼頭。它不只要永遠拴繫住自己這條船，並且，還打算上岸，找一片他自己的小小安靜空間，永恆定居。她的誠實的黑眼睛，比北極海上白熊眼睛可愛得多。她的長長鼻子流瀉出的氣息，比浪花泡沫寧謐得多。她的厚厚紅嘴唇，也比任何海上珊瑚島能安慰他。時間已過正午，午後陽光，不免要找地平線去休息。他已經三十八歲了，對一切花花綠綠也淡了，只想找自己的單純地平線，一種一字形的存在。在這個豐富鬧熱的宴席上，實際上，他幾乎什麼也看不見，聽不清，他唯一看見的，只是他的單一地平線，他唯一聽見的，只是他的港灣的聲音。他的港灣，此刻靜得很，一個充滿午後陽光的紅色港灣：她的白白胖胖的粉臉上，畫出濃濃酒紅色，有多少杯酒，在她血管裡漾溢泡沫？！，一個個，一串串，又跳到他血管裡。可不管多少個泡沫珍珠樣閃耀，她的臉上仍是靜靜的，羞答答的，彷佛一朵從未被任何眼睛窺見的森林深處的野花。在他眼中，這朵花就是他全部天堂。今夜，可以說，他所有光輝燦爛，一切繁華的音響，都是通過她這片港灣與她這條地平線所射出的光華和音響，像玻璃燈泡反射電極的光——一條花線或皮線從她肉體通到他肉體內。

迷迷渾渾，他簡直是一顆流星，在一條不平常軌道上飄流，圍著圓圓飯桌，走來走去。他奉菜、敬酒、划拳、說笑話，每一席話都出口成章。他不知道，是他自己主動的表現這一切，還是另有一個精靈附麗他身上，指揮他扮演。

「認識良弼這麼多年，我從沒有聽見他的話像今夜這樣美，他的思想像今夜這樣富有詩意。」韓慕韓微醺的說。他是在讚嘆。這位將軍，在此時的男主角身上，發現一片異樣景象，宛如黑夜發現突然的北極光。「幸福是一架直昇飛機，這一刻，把我們的獨身主義者送到天堂。每一個在天堂裡的人，理當是詩人。」

「來，為我們獨身主義者今夜結束獨身生活乾一杯。」韓國將軍站起來。

「乾一杯！……乾一杯！……」大家都站起來。

「慕韓，你弄錯了。良弼要下個月才正式結束獨身生活，不是今夜。」鄭天漫笑著道。

「下個月也好，今夜也好，反正他算結束獨身了。」韓國軍人半醉的笑道。

「在一個人一生中，總有三次做詩人的機會，而且非做詩人不可。這三個機會是：當他對她表白愛情、而她也接受它的昨天；當他們把它化成法律形式的今天；當他們把它變為肉體語言的明天。在這三個時辰，人們一定要做詩人。」范惟實放下杯子，大笑著說。

「是的，我從沒有覺得地球是這樣走過。這一會，整個世界對我是一座樂園，我覺得，每一個生命都是飛鳥，自由自在，飛來飛去。我自己也是一隻鳥，翩躚於樂園天空，上面是藍天，下面是綠色大地。……這一切幸福，都是我這位好朋友（他指了指屠克玉小姐）帶給我的，也是你們大家帶給我的。……來，爲我的好朋友們乾一杯！」

大家又站起來。

雖然喝了許多杯酒，佘良弼仍沒有忘記節制。他本想對韓國英雄說：「連你的老婆，那隻黑猩猩，今夜也像波斯貓一樣可愛。」但他沒有這樣說。

是的，現在，連每一個人的吃菜聲、咀嚼聲、嘴巴及牙齒的磨擦聲，在佘良弼的耳朵裡，也是一片可愛的音樂。

每個人都對他說實話，幽默地打趣他，越幽默，越打趣，他越高興。他恨不得學狗熊，在地上打幾個滾，讓他們狂笑一頓。

所有牆上的畫（包括喬夫婦送給莊隱和華達貿易行的幾張畫），更襯托出佘良弼靈魂的波浪感覺：紅的紅，綠的綠，黃的黃，火的火，水的水，雪的雪，樹的樹，幾乎把這個客廳變成一座花園，不，叫他整個思想化爲一座花園。他自己是畫，他的思想是畫，他的言語也是畫。他不只能響、能波動，而且充滿奇異油彩。活了三十八年，他的話語，第一次這麼璀璨，他眞願他是一座花園，不只要把全部花獻給她，也奉獻給所有人。你要玫瑰，好，給你！他要薔薇，好，給他！老韓要杜鵑花，行，拿去！莊隱要芍藥，得，摘去！他一舉手，一投足，一飄眼，全是摘花、踏花、看花、賞花的姿勢。花不只能看，也能聽。因爲，它不只是畫，也是音樂，紅色的，藍色的，黃色的，紫色的音樂。

這些酒像花一樣美，一杯杯的送給他，一飲而盡，是喝花——花也能喝。因爲，它們本是一切酒中之酒，一切液體中的液體，飲紅色的玫瑰酒，就是飲玫瑰。啜紫色的葡萄酒，就是啜葡萄。這許多酒，這麼多花，這些玫瑰、葡萄，在他血液裡流，流。他臉上又玫瑰，又葡萄。今夜，他有聲、有色、有花。再來一杯，行！他仰起脖子。

他把一生酒量都用出來了。不，他把他一生能喝的酒，都喝光了。

「朋友們！即使你們給我一千杯酒，我現在也能喝得下去！」他很想這樣大聲說，但沒有說出來。終於，他向屠小姐和她的哥哥屠運昌副經理舉起杯子。

「克玉！運昌！來，我們乾一杯！我雖然不是教徒，但我願以上帝的名義向你們表示我全靈魂的感謝。由於你們崇高的情操，我才能獲得我畢生的幸福。對我個人說來，這和永生一樣可貴。來，我敬你們一杯，向你們表示謝意。」

今天筵席上屠副經理是最沉默的一個，不僅因爲他平素訥訥寡言，也因爲他懼內，有點憂心忡忡，怕回去後，被他那拒不出席此筵的妻子排揎。他站著，接受佘的敬酒，但妹妹卻羞答答地，不肯站起來。她只低低笑。一面笑，一面用溫柔的眼睛眠愛的望著未婚夫。最後，客人們聽見她的愛嬌的聲音：

「良弼，我接受你的敬酒，可是，我請你代表我喝，好麼？」她含羞的笑起來。

大家也笑了。

八

「劍已經拔出鞘，不是要朋友的血，就是要敵人的血。沒有第三條路。」韓慕韓捧著他的青葫蘆腦袋，來回在室內踱著。這正是佘良弼訂婚筵一星期後的一個下午。一周前，他還舉杯爲他們喜事痛飲呢！

「當眞無可挽回了？」莊隱低低問。他凝視壁上那幅「巖陰垂釣圖」西畫複製品，遐想著畫上天地。他眞有點奇怪，才慶祝過喬夫婦畫展和老佘喜事，想不到這個雅緻大客廳竟又出現韓國英雄此刻的聲調。

「毫無挽回餘地。」韓雙手平胸直舉，握緊拳頭，模仿拿破崙最有名的手勢。「不過，這不能怪我鐵面無情，我已盡了最大努力。一切嚴重局勢和未來後果，全是他們造成的。」

他睜大那雙韃屍味的充血眼睛，滿溢情感的道：「老莊，你認識我快二十年了。你知道我是個什麼人。我牆壁上，掛著人道主義大師托爾斯泰的畫像。他是我最崇拜的大師之一。當我安靜的時候，連一隻螞蟻也不願隨便踩死。你知道，我的妻子，那個黑猩猩，和我性格如此不合，但爲了盡道義責任，不讓我的良心發霉、發臭，我和她在一起生活了十幾年。不管我怎樣厭惡她，但我從未拋棄她。換一個人，早和她離婚了。至少，也要想法子、耍手段，把她支得遠遠的。我可沒有這樣做。……你知道，我是最愛青年的，把他們當做生命的精華、革命的種子。可是，現在，我不得不準備叫我的寶劍醮滿我自己同志的鮮血──雖然從今天上午八點鐘起，他們中有幾個，不再是我的同志了。」

「你能詳細談談經過情形麼？」

「這一切，來得很突然，完全出我意料。」他冷笑起來。「也好，這倒給了我一個清洗機會。他們萬想不到，他們的猖狂進攻，倒十足暴露自己眞面目。平時，我即使花盡九牛二虎之力，也不一定能搜集到這許多情報，材料。哈哈哈！」

這支韓國志願軍第一大隊的組成，本爲前線殺敵，爭取祖國獨立。由於中國政府不能信任，重慶韓國臨時政府和總司令部便遭遇一些困難，這支隊伍，必然也患先天不足症。直到現在，最簡單的武器還不能發下來，出征疆場更是個夢囈。即使想借幾桿空槍，做幾次假想演習，也難如登天。甚至連六七十個人穿衣吃飯的經費，常常也感拮据。在這種情形下，一部分性子急躁的隊員，當然感到失望；一些意志薄弱的青年，勢必把全部生命糾纏在生活細事中。總結起來說，他們對現實不滿。革命本基於對現實不滿，反抗現存事物，原不是壞事，至少，這裡面含有一股生命活力，和對未來的憧憬。基於這種認識，大隊長有責任集思廣益，開誠佈公，召集大家坦白商量，好交換意見，爲今後征服困難、確定革命路線、開闢一條切實可行的光明坦道。

今天上午，韓慕韓召集一次大會，說明隊上種種客觀艱難。這些困難，有的，可協商解決，有的，一時還不能克服，他只得要求大家暫時忍耐點，以等待較有利的未來。他相信，目前國際形勢、極有利於韓國獨立事業，那個全部勝利的時刻，必然終會降臨。最後，他熱情橫溢的道：

「我們每個都不是聖人，沒有一個人。火或多或少、帶有一種甚至好幾種缺點。我從事革命三十餘年，早把自己一切獻給祖國獨立革命。不只一次，我流過血。你們全見過我身上的傷疤。但我絕不想拿這些傷疤做交易，換取別人的諒解或同情。對于某些一時講不清楚的事，我也不想多解釋。」

「我來這裡，原非自願，是總部一定要派我來。當時，我曾表示：我只能臨時負一段過渡時期的責任，將來希望能派一個比我更合適的同志來擔任隊長。現在，我只想表示一點，就是：同志們有什麼意見——包括對我個人的一些意見，都可以坦白說出來。我願和大家共同研究，商量一些辦法，改進大隊現況。革命是大家的，是三千萬韓國人民的，不是我韓慕韓一個人的。革命也不是私有財產，容許任何人包辦。只要是有利於革命的好意見，我全能接受。」

這一場激昂慷慨的演說發表後，叫他詫異的是：除了幾個分隊長——他的親信幹部、零零落落鼓掌外、全場竟很冷落，幾乎一點聲音也沒有。他預感事情不妙。果然，經過一段短暫的墳墓式的死寂後，火山終於爆發，臺下轟響成一片。

「首先，安志浩那小伙子站起來。他不對我的報告作全面分析，就籠統一腳把它踢在一邊，對我開始進行人身攻擊。喝！這雞巴小子竟說：隊上這麼窮，大隊長卻三日小宴，五日大宴，在外面請客、擺闊。這王八蛋忘記了：我來西安，一共才請過七八次客，主要是為本隊公務，不是為我個人接洽事情。請中國朋友幫忙，難道能叫人餓著肚皮給你幹麼？難道連一點中國人情禮節全不顧麼？他又說：大家吃得很苦，我家裡卻大魚大肉的大吃。這渾蛋，虧他說得出口！每個月為了讓他們打牙祭，增加些營養，我花了很大力氣，才派人下鄉，不時買一頭牛來，宰了大家吃，讓他們『油大』一次。想想看，自從我來以後，前前後後，他們吃了幾條牛？——嘿，八九條牛都下肚啦！還叫苦！良心到哪兒去了？至於我家裡，我是拿自己薪水吃飯，不是拿隊上錢吃。臨時政府給我們夫婦一筆生活補貼，我用這來補助伙食開支，我愛吃什麼，他們管不了。況且，你知道我家裡，總不免有些中國朋友來作客，都是同情我們革命的，有時也能幫我們忙，人家好意來找我，吃飯時，難道我得搖鈴子，趕他們出去？還是乾脆請他們吃白飯，或者，吃泡菜下飯？你知道，我個人無所謂。過去三十年，我曾過過各式各樣苦日子。爲了革命，在外面奔走，有一頓，沒一頓，冷一頓，熱一頓，常常以泡菜佐餐。現在，他們竟冤枉我。這些小子們還有良心麼？安志浩的發言是個信號，接著總攻擊開始。徐昌煥、崔秀、林玄義，這些王八羔子，都先後站起來，慷慨陳詞，幾乎是痛哭流涕，攻擊隊裡一切，把整個革命世界說成一片黑暗。主要是：攻擊大隊長韓慕韓個人——特別是攻擊個人私生活。有的說我結黨營私，搞小圈子，只相信我幾個心腹幹部。有的罵我對隊員生活完全不負責。有的責備我專制、獨裁、獨斷獨行，隊裡毫無民主空氣。

「越說越不像話。徐昌煥那兔崽子竟說：隊員飯都吃不飽，我卻抽最好的天仙牌香煙，喝最好的五茄皮。這還不算，這王八羔子居然造謠言：說我打嗎啡針，提精神。他媽的，他倒沒有說我抽鴉片、吸白麵！說我不是來幹革命，乾脆說我是販賣毒品得了。這個狗崽子！我爲革命，多少夜睡不著，忙得累得害腸潰瘍，大便出血，你是知道的。醫生要我打肝針和葡萄糖酸鈣，增加抵抗力，這是打嗎啡？崔秀那小子說隊員天天做和尙，大家幾乎一看見大白菜就發抖，大隊長的狼狗卻天天吃牛肉。是的，我承認我的狗一天吃半斤牛肉。狼狗不吃不行。可是，這狗是有任務的。牠是警犬，能保護我。我是上校大隊長，沒有一個衛兵保護，養一隻警犬，擔任保衛，總不算過分吧！再說，這警犬也是公的，它對大隊部也能盡守衛責任，是大家的警犬，它是一個不可忽視的警衛力量，它不是白吃牛肉的。」

「最可恨是林玄義那小子，他居然膽敢公開造謠，侮辱我，說我身爲大隊長，卻霸佔隊員妻子。他說，有一天，親眼在門縫裡，看見我抱著女隊員李艷漪接吻。他媽的，徹頭徹尾是誣蔑、撒謊！李艷漪是隊員龍霞天的妻子，她現在才二十幾歲，和我女兒差不多年紀——假如我有女兒的話。我是快五十的人了，怎麼能做這種傷天害理的事？老實說——你也知道，我一生見過的女人，比雨後蘑菇還多，比李艷漪漂亮幾十倍的女人，我也見過。而且，今天長安開元寺，也多的是女人。就算我眞熬不住，儘可去找她們殺火，花不了幾個錢。一個李艷漪算什麼！自然囉，李艷漪聰明、靈俐、活潑、大方，我很喜歡她，像歡喜自己女兒一樣，這是事實。別的幾個女隊員忌妒了，便造這些謠言。那天下午，她來辦公室，爲了點委屈，非常難過。我便把她拉到跟前，拍拍她的頭，哄哄她，安慰她。想不到林玄義看見了，說我摟著她親嘴，這完全是胡說。我是有老婆的人，老婆就在我身邊——這可能麼？！」

「還有幾個小伙子，也跟著起鬨，攻擊我。這幾個人，平日全是調皮搗蛋鬼，自私自利。他們有的想當分隊長，分隊副，有的想當副官，還有的想當支隊附，也有的，平常向我借錢，沒借到，也來出氣！……這些傢伙，現在一起乘機反對我，攻擊我。已經開過炮的安志浩、徐昌煥，還想站起來煽動。我一看情形不對，便掏出手錶說，吃午飯的時候到了，暫時散會，明天上午，再繼續開會。我當時假意表示，我決定盡可能接受大家意見——哪怕是要我捲鋪蓋滾蛋，也不要緊。」

韓出了會場，連午飯也沒吃，逕到本市衛戍司令部溫副參謀長那裡，（溫是直接代管這個大隊事務的上司，）報告一切情況。這些青年人，主要頭頭一共八九個，我全記下名字，都是安那其。他們不只是反叛我個人，而是想造反，搞垮整個大隊。而且，他們還企圖以大隊隊員爲核心力量，組織暴動。說不定，他們與本地隱藏的左派間諜有勾結，必須迅速敉亂於未萌，徹底斬草除根，才行。

「你立刻弄個公事來，我們就在一兩天內處理。」溫副參謀長堅定的說。接著聲音低下來，又加兩句：「兩天——不遲吧！」

「最好明天——而且是明天一大早。」韓慕韓強調說。

韓慕韓抓抓腦門那塊光禿處，匆匆道：「老莊，今天下午，我不回去了。你這就給我草擬一件公文，把我剛才所說的，摘要敘述一番，再把我的要求提出來。」左右看看，見四面無人，聲音特別壓低下來。「這件事，必須絕對機密。連老甄老鄺老佘他們面前也不要提，」神色很陰沉。「你知道，隊裡現在緊張得很。假如我不先下手，說不定明晚或後晚，甚至或許今晚，他們會像對付前大隊長金炳輝一樣對付我。你不明白我們韓國的民族性。我們的人，衝動得厲害，一時衝動下，他們什麼事也幹得出。前大隊長金炳輝，因爲戀愛，得罪了幾個隊員，他們一時衝動，就把他殺掉了。儘管後來判處兇手死刑，可這件事所造成的壞影響，一條渭河也洗不清。前車有鑑，我絕不能蹈覆轍。」

「那麼，今晚你就不要回去吧！睡在我這裡。」莊隱不安的道。

「不，那樣反而打草驚蛇。我估計，今晚也許不要緊。我已經給他們開了張空頭支票，他們把所有黃金好夢，全放在明天大會上。」停了停，望望四周。「等等，幾個分隊長來這裡，我要和他們商量，佈置今晚和明天的保衛工作。你放心，我老韓幹了三十年革命，這幾個吃奶小伙子，總對付得了。——現在，第一要緊是，得馬上把我這份公事寫好，我還要到溫副座那裡去一趟。」

「想不到事情會這樣嚴重。一星期前，我們還在這兒慶祝老佘訂婚和老喬夫婦油畫預展勝利呢，生活裡的事，眞難預料。」

「沒有辦法，這是逼上梁山。不先下手爲強，我今後整個政治生命，都會給這幾個毛頭小子毀掉——還不談可能會流我自己的血。」他兩手抱著那顆青葫蘆頭，踱來踱去。「政治就是殘忍，——殘忍的鬥爭，包括對自己最好的朋友，甚至兄弟的鬥爭。在千鈞一髮之時，什麼手段都得用。我本想用和平手段解決。我召開全隊大會，向他們坦白陳詞，就等於拱手把一半武器交給他們，以搏得他們信任。想不到，他們拿到這個武器，卻先向我射擊。……現在，不能怪我無情無義了。」停了停，在沉思。「我不只爲自己，主要爲全隊。你想，我必須拯救這個大隊，我不能眼看六七十個規矩人，因爲八九個壞蛋而被毀滅。不管怎麼說，他們倒底是少數。他們的意見，不能代表多數意見。可是，你當然明白，群衆運動的性質。假如我不先下手，他們這點少數力量，有可能把大多數人煽動、控制起來，那就會弄到不可收拾，叫同情我們的中國朋友瞧我們不起了。爲我自己，我可以讓步，爲別人，爲革命，我一寸也不能讓。」

莊隱拿出兩支煙，給這位老朋友一支。「是的，爲別人，有時我們只好做自己平日絕不願做的事。拿喬夫婦這次畫展說，就是如此。爲了推銷他們的畫，我敲了平常我極厭惡的門，和一些莫明其妙的渾蛋打交道，卑屈的伸出手。假如爲我自己，即使是餓死，也不願找他們。然而爲了君野夫婦的藝術前途我只得委屈自己了。」

「正是如此。我現在心情也這樣。我很有點矛盾，但只好乞求的暫時統一和平。你知道，我一向是喜歡青年人的。」

莊隱從抽屜裡抽出一封信，遞給韓慕韓。

「今天一天，我這間房子發生兩件震撼性的大事。一件是你的故事，一件是這封信。……你看看這封信。我這就給你草擬呈文——不過，這封信的內容，請暫替我保密，不要洩漏給別人。」

「爲什麼？」

「我不願意鏡青馬上從夢幻天空跌下來。幾年來，好不容易，他總算第一次爬上一座脆弱的天堂。」他沉思。「而且，我還不能肯定她會不會來。」語調極躊躇，困惑：「唉，我眞不知道，應不應該答覆林鬱這封信。我不知道，怎樣答覆他才好。……唉，我眞希望她別千山萬水的找到這片西北荒漠上。」

韓慕韓一看，是林鬱的信。信很長，最後一段，卻提起唐鏡青的前妻繆玉蘭和她養女唐娟娟。不知道從哪裡吹來的風，她們竟知道唐鏡青並沒有死。現在，他們找到林鬱，向他打聽唐在西安住處，於是林來信問莊隱。

「眞奇怪！他們怎麼會找到重慶呢？……這眞是……咳！」韓慕韓嘆了口氣。這是今天第一次，一剎那間，他暫時忘記上午發生的一切。他腦子裡，突然浮起金翠波的形影，特別是八九年前，她冒幾千里遠路，從關外尋到S市時見第一面的情形，唉，那個大猩猩的影子，現在倒很像繆玉蘭的影子呢！

九

夜，非常不安的夜。

韓慕韓仰躺在床上，握緊手鎗，靜靜諦聽室內外。

他神秘的聽見，夜像一片狂風暴雨時的屋角蛛網，瀕于破滅似地抖動著。他聽到，第一陣秋雨，疏疏落落滴在屋瓦上，枝葉間，帶點殺伐意味，彷彿是遼遠處傳來一串串蒼澀格鬥聲。他聽見，瓦利亞盤旋門口，騷動不安，沿著那幾根黑色柱子，繞來繞去。它那雙充血的眼睛，和他自己一樣，帶鞭屍味，宛若與他同屬於一脈血緣。這雙沒有思想的眸子，已紅了三天了，猶如傳說中石獅子眼睛流血，象徵一齣正要降臨的黑色凶劇。此刻，它們紅紅的浮動於夜的蜘蛛網中，有點像深淵底昇起的紅得發黑的太陽光線。

他躺著，不知翻了多少個身，簡直像一條淡水魚突然落入大海。他對面床上那個黑猩猩女人金翠波，卻睡得很熟，不時發出鼾聲，睡得眞像個大猩猩。在這種臃腫的陰森的夜裡，他過去三十年，河水向他流過來，流進這巖谷底的深夜中。他想起那些數不清的死，各型各態的夜，——特別是那個大雪之夜。十四年前，他出奔冰天雪地，天亮時，在那片野店內，他第一次看見這個在對面打鼾的猩猩女人。那時候，是敵人和仇人追逐他，要俘獲他，毀滅他的生命，現在……

他翻了個身，極輕極輕的，好像床底充滿敵人，他盡可能不驚動他們。

終於，他忍不住，從枕頭邊取出香煙，一根火柴陡然亮了，又熄了。他噴吐出一片片藍煙。說是藍，這是他思想視覺反映，不是他肉眼的反映。爲了保持警惕，他已整整五小時沒有抽煙了。現在，大約午夜兩點。看樣子，這一點黑夜黑火星，不會洩漏什麼，或許，危險期已經過了，看光景，他是能平平安安挨到黎明了。

紅色火星不時亮起來。

他曾向一個朋友誇口：在這樣夜裡，不管是哪一種香煙，一叨在嘴上，他立刻會說出它是什麼牌子，同樣，不管是哪一種酒，只要有一滴舐在舌尖上，他馬上會說出它的名字。他不需睜開眼，或扭亮燈光。就拿此刻瓦利亞說吧，牠正輕猱靈巧的在門外逡巡，幾乎沒有一點聲響，可他也能聽出牠的柔軟步子，牠的腳爪與磚地或沙地的最細微的磨擦——那種比落葉還輕的擦動。他此刻的聽覺，不只是聽覺，直是一種思想，極敏銳的思想和幻覺的混合物。

同樣，那幾張臉孔，不僅是表皮層上每一根線條，就連它們橫紋肌後面的每一條肌纖維，不管是眼輪匝肌的，或上唇方肌的。顴肌或笑肌的，他都熟悉。現在，連每一根纖維中的肌漿與肌小纖維，全應和著這夜之蛛網的顫動，反射出它們主人的思想、感覺、激動，……

這是安志浩的俊秀圓臉，這個二十一歲的跳高健將，能跳過一米六十多。他是西安全市運動會跳高第一名，有一副猿猴般靈巧的細條身子，是吉林中學畢業生，抗戰後，才投奔這片自由土地。

這是徐昌煥的黑黑胖胖的臉，隊上的金嗓子。每一晚，都可以聽見他甜美的歌聲：「豆滿紅船歌」，「落花岩」，「鴨綠江別離曲」，等等。他唱的「阿里郎」，比任何一個韓國人唱的更帶「阿里郎」味。他說起話來，完全像一個女人，那樣多情、溫柔。

這是崔秀的瘦瘦長臉，他是體操運動能手，單雙桿專家，能在單桿上蜻蜓倒豎，風車一樣轉幾十次大飛輪，耍出各式各樣花招，簡直像一隻飛鳥。

這是林玄義的紅紅四方臉，隊上唯一的詩人，大學畢業生。一天到晚。他叼了隻煙斗，在沉思，吟哦……。

另外，還有幾張純潔的美麗臉孔，也在這片蜘蛛網內抖動著，窗外的秋雨，才停了一陣，又落起來了。蜘蛛網搖顫得更厲害了。

這幾個優秀隊員，他平日最器重的年青人，此刻都在反對他，僅僅爲了私生活中一點點芝麻綠豆。火熱的血液狂流，找不到大海做出口，就在乾枯見底的小溪澗內打滾，掀起浪花。只要有任何空間，哪怕是最狹窄的，它馬上衝過去，發出奔騰澎湃的憤怒聲。他完全明白這些狂流的心情。這片灰色空間，本不該扮演一隻畫眉籠，緊緊囚繫一些才長滿翅膀的小畫眉。這些小鳥，在籠內掙扎著，亂蹦亂跳著，那是很自然的。同樣，每一朵青春花，原不該開放在無邊寂寞裡，黑暗中，那樣，這些無聲植物也會咆哮的，然而，天知道是魔鬼的主意，還是上帝主意！這些小畫眉居然要撲啄老畫眉了；這些才放吐的花竟扮演動物，要咬它的根株了。……大家同在一片竹柵欄後面喝水，啄食，刷洗翅膀，又同棲息於一根橫木上，靈魂竟又相距十萬八千里。……他怎麼能向他們解釋自己的心情？他那些失眠的夜？轉輾反側的夜？面對一座正在爆發的火山，任何語言已失去定義，內涵，除非乾脆讓溶岩噴完，把地下火燒盡。看樣子事情不會了結。而且，爆炸一開台，一時絕一會自動停止。同樣，它對一切現實存在的破壞，也不會停止。但他們何曾考慮這些溶岩的後果！它們不只會燒燬他，而且會把大火導入一片更巨大的空間。人們所看見的，不是一個人或兩個人，是一大片活火山的廣大火燄與煙霧，在這片火焰煙霧中，整個韓國革命將被燒得遍體鱗傷。

他們本該相互擁抱的，卻變成決鬥者。不管他願意不願意，現在，他們已派定他只演一個角色，一個很可怕的角色，在古羅馬祭壇血泊中的凱撒——這也就是前大隊長金炳輝所演的角色。即使他們本像勃魯塔斯愛凱撒一樣愛他，這時也準備在祭壇上向他拔出刀子。

人與人的靈魂關係，就那麼微妙。決定一切的，恰恰只是那麼一個點。突破這一點，一切都完了，再不可挽救了。夏季一棵竹子，一拔出泥土，再不能插回去。僅僅是砰然一聲，一隻宋朝瓷瓶一落到大理石地上，就不是宋朝瓷瓶了。同樣，一面破碎的鏡子，拼補好了，依然是一面破鏡子，永遠不能恢復第一次的圓整，原始的圓整，處女型的圓整。

僅僅那麼一點點，就相差這麼大。

究竟是什麼時候，是從哪年哪月哪天哪時哪刻哪分哪一秒起，忽然突破這一點的？幾年來，他用整個生命培植、熱愛朋友，結果，目前他所看見的，卻是一雙雙反叛的眼睛。不知何時起，那根煙蒂頭突然閃亮在床下面、磚地上。他翻了個身，伸手用皮鞋底捺滅那小粒紅星。他不知道它何時滑出手指的，也不知道這是第幾根煙蒂頭。他滅熄它，像熄滅最後一星大地的火——不管它是火山的火星，還是中元夜美麗焰火的火星，他非弄熄不可。

雨又停了，風仍穿過洋槐樹叢，瓦利亞仍躡爪躡腳的，繞著柱子盤旋。此時，該是邱分隊長值夜崗了，他大約在辦公室附近逡巡。這個瘦瘦的漢子，比瓦利亞更忠於他。他彷彿透過蜘蛛網式的夜看見後者棕色的瓜子臉。

夜，依然是夜，它這會化爲貓腳爪，友誼的卻又疼痛的爬抓他，抓破他內在的平滑肌。眞怪！夜是這樣溫柔，它的貓腳爪卻又這樣兇，他的內臟平滑肌是這樣結實，現在卻又這樣容易破裂、出血。

像他這樣一個人，一個天生的波希米亞人，蕩婦卡門的同鄉，本該草原是他的客廳，深山大澤是他的起居屋，大海是他的水榭，波浪是他的椅子，吉卜西鈴鼓是他的床，葡萄酒是他的水，土耳其煙草是他的空氣。然而，可詛咒的命運，他竟會變成現在這個樣子！被幽囚在這樣一片灰色空間，灰色蜘蛛網裡。更想不到：今夜他必須在這片黑夜大蜘蛛網內翻來覆去，大黑騾樣豎直耳朵。而且，他還非得扮演吸血蜘蛛不可！漸漸的，黑色蜘蛛網變成黑色海水，朦朦朧朧的，從頭到腳淹沒他。直到一個聲音驚醒他。

「報告隊長，有客人來會您！」是邱分隊長的低低聲音。旋即，又低低加了一句：「是警備司令部的。」

韓慕韓霍的從床上跳下來，他是和衣臥的。

啊，黑色的蜘蛛網沒有了，這是一個陰暗的早晨——一個淒風苦雨的秋季早晨。

這天早上五點鐘，還沒有吹起床號，韓國志願軍第一大隊本部，突然宣佈臨時戒嚴，前後佈滿哨崗，一個個憲兵，實鎗實彈，如臨大敵。

幾年來，這個軍事團體第一次沸騰著眞正軍事味。天空和大地雖然灰溜溜的，這個有著灰色傳統的空間，卻第一次卸下一切灰色紗。

韓慕韓全身武裝，昂首挺胸，雄糾糾的，陪一個同樣全副武裝的高個子中國軍官，走入隊員宿舍。他們後面，是一班武裝憲兵，共十二個人。

隊員們一個個還睡在被窩內，他們忽然聽見大隊長宏亮的高亢的聲音，——一個凶煞神的殺氣騰騰的威脅聲音：

「大家不許動。現在，我點名。我點到名字的，喊一聲「有！」立刻兩手舉起來，坐在床上。不許遲一秒鐘，沒有點到名字的，一律不許動。」

「安志浩！！」

安志浩喊了一聲「有！」迅速從床上坐起來，舉起雙手，臉色蒼白。他兩隻眼睛閃灼一片恐怖光芒。他顯然沒料到這一著。

韓慕韓面露兇相，手指猛然戟指他，一雙鞭屍味的眼睛，閃射向旁邊憲兵，大喝一聲：

「抓！」

接著，他繼續點名，點第二個，第三個，一共點了八個。

一〇

一剎那間，天崩地塌。

也許，天崩地塌還好些。至少，那不過是短短幾秒的事，生命迅卻碎為微塵，虀粉，和地球碎粒攪在一起，與星雲空氣的絲縷縷纏成一片，一切又回到開天闢地以前，徹底沒有了這個星球，沒有了人類。碎料不會感覺，星雲、空氣絲絲縷縷不能思想，「虛無」不懂回憶，死亡不會反芻。一個人假如眞能這樣，把自己十年苦痛壓縮成一秒，把今後億萬代子孫絕望凝結成兩秒鐘，三秒鐘，未嘗不是一大徹底解脫。然而，現在他遇到的情形，卻比宇宙崩坍還可怕。他已經嚐到天昏地暗大恐怖了，卻又無法在一兩秒鐘內結束它。他變成一個離奇生命，懸吊於半空的生命，一小時又一小時，一天又一天，似乎眼看耳聽他所住的這個星球在炸裂，變成碎片，但他自己卻不能同時變成碎片，還得長期忍受這片大黑暗境界。而且，他還不知道，似乎這場毀滅何時才能結束於最後的毀滅——眞正的毀滅——一片絕對空無。

唐鏡青看完莊隱送來的這封信後，正是這份感覺。他彷彿又變幻成地殼未冷卻前的一團火，才冷卻後的一塊岩石。這火，這石，雖渾渾噩噩，介於無生有生之間，卻又奇妙的有知覺，使他面臨一片無以形容的痛苦。

「鏡青，你怎麼啦？」

社裡同事老關抬起頭，瞪了他一眼。這位矮胖子兼好好先生，正在整理帳目，爲社裡營業蒸蒸日上眉飛色舞。照他想法，能這樣「穩」下去，年底結算，關中家庭化學工業社的每個同事，將分得一筆極可觀的紅利。

然而，即使這樣一片極可觀的遠景，現在也被唐鏡青那份奇異臉色所抵銷。

「沒有什麼。……一點個人私事。……」唐鏡青的蒼白臉孔故作鎮靜，他的心卻「卜卜」蹦跳，好像突然碰到冠狀動脈血栓、或心瓣膜炎一類心臟病。「我今天要早走一步。……這裡有兩封客戶的信，勞駕請你代付一下。」

他把兩封信交給老闆，隨卻整理了皮包，匆匆離開關中家庭化學工業社。他並不回家，卻向蓮湖公園踱去。

蓮湖公園，正像他這些年來的心靈：既沒有湖，也沒有蓮。人想到這個名字，所擁有的只是回憶，不是現實。不只是任何蓮形或類蓮形、連一片乾涸了的湖形，也幾乎形不成。他人前圓後，總不免感到，宇宙間眞有那麼一樣東西，比人可怕，比一切生命還可怖。現在，他卻覺得，過去這種感覺，還是太恕道了。事實是，它比一切最可怕的還可怕。他的生命裡，早沒有任何蓮花湖水了，一切已埋沉於乾涸荒沙中。然而，就這樣一片絕大慘象中，此刻竟還有人伸出一隻殘酷的手，獰惡的，硬要把黃土荒沙掘開，硬要把埋藏在沙土底下的蓮花屍骸捧到他面前。

他又從懷裡掏出莊隱的信，信內所附的一封信，又一次展現在夕陽光中。

「鏡青我夫：

聽到你撞車遇難的消息後，幾年來，我們好不容易，才離開淪陷區，從上海經香港安南到了昆明，打算找尋你的屍骸。經商翰文先生提供消息，我們到重慶找了一個時期，終於找到林鬱先生。他說你沒有死，現在西安。因爲他不知道你的詳細地址，只曉得莊隱先生的通訊處，因此，這封信只得請莊先生轉給你。我和娟娟正在找車子，想在一二週內動身來西北。分離七年，我們嚐盡千辛萬苦，一家總算就要團圓了。一切面談，不

贅。此祝

安好！

娟娟問候爸爸！

玉蘭 上 ×月×日」

他坐在公園盡頭松林內，一塊大石頭上。是初冬天氣。長安城著名鴉景，正展現於天空，天知道怎麼會有那麼多的烏鴉。世界上所有愛發牢騷的人，彷彿都集中在這一角了。西安政治中心的新城，可以稱做「鴉城」。這裡的烏鴉，沒有那麼多可以叫做「鴉角」。他眞想建議，把這公園改稱「鴉園」，或者「烏鴉公園」。奇怪，除了一點松樹，任何樹木到了這一角，幾年就變得光禿禿的，稀疏極了，無花無葉，連枝幹也瘦瘦的。樹與樹之間空了一大段，彷彿專爲讓烏鴉糞落到遊客頭上的。幾隻烏鴉，在樹梢間抖擻翅膀，它們怕冷，而樹葉子早已落盡。不知何時起，一團烏鴉糞掉在他肩頭，破舊華達呢大衣上。他一動不動，只是揑著那封信，手指抖顫著，比頭上的烏鴉還有點顫慄。

漸漸的，他眼前浮顯一個矮矮胖胖的人形——灰溜溜的——又粗又黑的臉——燙得像一隻捲毛公雞的黃頭髮——一個灰色幽靈。

那不是一個女人，是一把瓦壺、一個鉢頭、一隻酒瓶、一具「鐵牛」（註④），專用來燒水、煨肉、盛醬油料酒的。在一個家庭裡，她的地位，也正是一具瓦器或鐵器的地位。

一切怎麼會這樣的？是月亮圍繞地球旋轉的軌道平面變成五度空間？或六度空間？是地球改變旋轉周期？是蝘蜓星座與太陽碰撞了？是山茶花開在酒瓶裡？是玫瑰花放吐出臭氣氣味？是他自己天上星宿轉爲碎片？一切怎麼會這樣的？他知道：繆玉蘭大一個堂叔在雲南經商，這是支持風箏上天的第一槌線。商翰文也在昆明，他們遇見了，商也許知道他在西北，至少知道他的朋友林鬱在重慶。商和林都是金融界的人。這是讓風箏繼續上昇的第二槌線。她到了陪都，居然找到林鬱，又居然得到他的眞實消息和莊隱地址，這是風箏更上一層青雲，終於功德圓滿的第三槌線。（林出於良心，不能向她隱瞞眞相，再說，多年來，他們從未通訊。）這樣，一槌又一槌的，一集希望的風箏，終於從西湖邊放過秦嶺，飄飄古長安天空了。

戰爭使人們空間縮小了，人們的話題，跟著也縮小了。人們見面，照例歡喜談熟人的盛衰興亡。一個人——像商翰文之類，是不容易完全放棄他的情敵蹤跡的，這就使繆玉蘭可能從昆明的商翰文那裡，獲得有關她丈夫的一些消息，至少，是她丈夫的朋友的消息。

唐鏡青不能不相信命運了，至少，這一次，他不能不迷信了。回溯他的一生每逢他才昇到高峰時，接著便是一大段下坡路——通往深淵。每逢船飄一陣麗日和風，接著便是黑風惡浪。他是白手起家的。他讀書學琴時的一番苦鬥，就充分證實這一高峰與下降的定律。當他含辛茹苦、完成學業、大鵬翅膀第一次往天衡時，他卻不得不接受那場舊式婚姻，一切由家庭包辦。好不容易，憑他的技術、慧眼、和聰敏，化學廠總自開成了，而且發達了，他的琴也開始成熟了，接著，卻是那一籃藍色毋忘我花出現了。這是新的高峰，還是深淵的開始？以後，在生命河灘上，繼續著一大片海嘯，接著退潮，直到那個命定日子。在一座座幸福高峰後，總是一片黑色深淵，這幾乎成為人生的一種定律。於是，他放棄化學廠，移居巴比倫城，獨自過巴比倫式的生活。他滿以為，他的船從此可平靜了，不料卻颳起戰爭的颱風。他那個廠全部被大風捲走。他與賈蝶認識了。生命算是出現新的高峰。然而，船碇泊在這片荒漠上，他生命中最珍貴的，卻蛻變成一條壁虎的影子——一個壁虎型女人。於是新的暗潮，新的深淵。在雍興掙扎，且絕望了兩年後，關中家庭化學工業社總算成立了，他的生命又出現新的高峰，可接著卻是一連串失敗，又是新的深淵，戰戰兢兢，好不容易經過千爭萬鬥，苦苦努力，算是穩定了，漸漸興旺了，而且，與家裡這隻壁虎也大體打成一片了。前面地平線居然又一次矗立美麗的新高峰。在這片新高峰背景下，不管他願意不願意，事實上，他總算建立新的生活的一線希望了，然而，現在——

「晚報！晚報！盟軍進攻西革佛里防線，盟軍進攻西革佛里防線！……」

他頭上烏鴉群吃了一驚，樹梢間，一陣悉悉嗦嗦聲，又一顆烏鴉糞落在他肩膀上，熱熱的，還保著那黑色鳥的腸胃裡的熱氣。他仍一動不動，如一座石像。除了自己思想，回憶，他對一切都不感興趣。但那個報童，卻一直在他旁邊大叫，大吵，簡直是守住他吼，越吼越響，越叫越狂。

「晚報！晚報！盟軍進攻西革佛里防線！盟軍大戰希特勒……」

公園內，幾乎是一片眞空狀態，賣報孩子找不到任何主顧，只好圍著鴉林裡這個沉思者，（圍者，他在唐四周兜圈子也，）拼命狂吼。看樣子，他不付一筆買「靜」錢，絕得不到清靜。

啊！萊茵河！萊茵河！另外一支黑色輜重軍隊，也正衝過他的生命萊茵河。他現在處境，並不比德國倫斯特將軍或季特爾將軍好一點。也許，由於這一聯想，他屈服了，買了一份晚報。

狂吼者登時放棄他，向公園門口吼過去。

他不想看報，但又不得不隨便掠一眼。（好像旣花了錢，哪怕只有一點點錢，總得撈回點什麼。）一條世界珍聞吸引住他：一個英國女人，五年內結婚五十次，創造全英國離婚最高紀錄。

「五十！……」

他喃喃著。

假如他生在英國，多好。只要五次，就足夠了。不，只要兩次，甚至一次，就夠了。如果他投胎在愛丁堡、或白明漢，或曼徹斯特，可能，他這條生命絕不會像現在如此悲慘。他一生的命運，也不會一直在深淵邊緣打滾。然而，他是生在中國浙江，不是在英倫海峽那邊。他嘆了口氣。五十次，一個月結一次婚。她能記得住她每個丈夫的名字麼？

又一顆烏鴉糞墜下來，這是第三顆。這一次不是落在他肩頭，是掉在他頭髮上。他不得不搖頭，用手帕把那團鴉糞掠開去。於是，他把那封信摺得小小的，方方的，投入信封內，再塞在黑皮包中，然後，小心翼翼的鎖上。他走出鴉林。

他回到家裡。

一個女人，就有那麼一種本領，不只迅速嗅出丈夫身上的烏鴉糞，還立刻嗅出他靈魂裡的新氣味，比烏鴉糞更別扭的氣味。

「鏡青，你怎麼啦？」

「怎麼啦？」

「臉色這麼難看，好像和誰鬧過架似地。」

假如是平常，賈蝶這番詰問，雖然形式粗糙點，卻給他一份溫柔內容，一個壁虎型女人難得的溫柔。可是，現在，他卻絲毫不感到這份溫柔，他的思想完全被另一片關山雲霧佔據了。話說回來，我們應該公平點說，自從這個夏天，家庭化學工業社營業特別發達，進款抵得上雍興工資一倍以後，這塊湖南石頭，確實大大柔化了。有時，不只不像石頭，簡直有這丁香花味道了，雖然丁香得不太自然。可以說，自投入黃土層以來，他算度過第一個眞正平靜的夏天，接著是第一個眞正安全的秋天。這個暑假，賈蝶已在助產學校畢業，介紹到宏仁醫院工作。夫婦兩人總收入增加一倍半。他們在考慮搬家，遷出這個兔子籠，脫離那個合肥女人和杭州老嫗所形成的兩大戰場：白晝雞鴨貓狗的戰場，和成日成夜的麻雀場。他們希望有兩間，甚至三間房子，因爲，這兩年內，她那個不知疲倦的肚子，又給這個星球帶來一條陽性生命，而且輸卵管域還醞釀著第三個亞當或夏娃。他們想僱一個女傭，此外，他們甚至還打算買一套傢俱擺設，紅木的和柳桉的。

人魚錢水。水大了，魚才游得舒舒暢暢，誰也不會碰撞誰。目前，唐鏡青別無所求，只盼此生能這樣順順當當活下去，心滿意足的，直到死神把他牽走，像牧童把一頭小牛從田邊中牽回牛廄。

「一切玫瑰與我再無緣份，我已經四十五了。我只盼這口飯逸逸當當吃下去，船不再碰見黑風，這樣，就算心滿意足了。」最近有一次，他曾對鄭天漫這樣說。

比起過去來，這口兔子籠也有點顯得可愛了。籠裡彷彿添了點什麼，湧現了點什麼。大兒子鐵牛，一穿上那身海軍式呢製童裝，二兒子鐵虎，一坐上那漆得紅紅綠綠的新式搖車，兩個孩子登時就有眉有眼有鼻有嘴的，神氣得多。（不這樣，似乎就五官不全。人的五官，不決定於自己肉體，而決定於外物裝璜。）就說賈蝶吧，她那個大肚子，在一件赭紅色西北毛貨旗袍包裹下，也彷彿不太顯得突出了，至少，突出得可喜點了。衣箱底有衣有裳，食櫥裡有魚有肉，茶壺中有茶，酒壺內有酒，加上一份銀行存摺——這一切，或多或少，就帶給他一種荒漠綠洲有泉有水的感覺。

不自覺的，他捏捏皮包——可能，他的手指正觸著那封信所佔據的空間。不能，他不能在這張好不容易才畫起來的綠洲花園圖樣上點一把火。這樣做，等於把他最後一星幻覺判處死刑。

只要把這封信一兜出來，幾年費盡千辛萬苦，才造成的小小偏安，馬上完事大結。

「給我燙一壺酒，多燙二兩，上街給我切一盤白斬雞。」他吩咐賈蝶後，就迅速取出一張鈔票遞給她。現在，似乎發現了一個避難空間，不，一種避難性的液體，讓他暫時擺脫那支衝過萊茵河的大軍。

夜裡，不只一次，他醒過來。睡眠像一個被暴君判處五馬分屍的叛逆者，一個整體被磔裂成碎片。一片又一片，由醒覺來啣接。他做了許多惡夢，不完整的夢，一個比一個可怕。

「你怎麼啦！老翻來覆去！」半夜裡，賈蝶支了他兩句。

他哼了一聲，沒開口。一會兒，他又墮入噩夢淵底，一隻皮包變成一隻黑色鱷魚的嘴，在吞噬他，他驚醒了。

他嘆了口氣。他的嘆息是沒有聲音的，只在心底秘密嘆無聲的氣。

接著，是一個漫長而可怕的白天，跟著又是一個碎屍萬段的黑夜。睡眠被斬碎，夜也就碎了，無邊的黑色也碎了。但碎與碎接頭處，仍是黑，是另一種黑，卻不就是光。正是這種黑色「總行」分散出來的黑夜「支行」——那種夒䨻難測的醒覺，才更恐怖。他寧願自己被噩夢吞食。

白天，他做什麼也提不起神，連兩個最起碼的化學方程式，也幾乎弄錯了。

「不行——老這樣不行。」

第三天傍晚，他又坐在蓮湖公園烏鴉林裡，一面承受烏鴉糞，一面打主意。他算了算，從繆玉蘭發信起，現在是第十二天了。最多再有半個月，她就會出現在長安街頭。快一點，可能只有七八天。她曾說明，發後一二週內動身。從信上口氣看，她還不知道他和這個壁虎女人同居。

「早遲總要攤牌。……遲攤牌不如早攤牌。」他想。

他決定第二天下午攤牌。

過去無數個經驗教訓，逼他不得不冷靜作一布置。他決意不在那間兔子籠內攤牌。

那樣，不只全套茶壺、茶杯、玻璃器皿、以及油瓶、醋瓶、酒瓶、會毀滅乾淨，甚至連一些新置的家檔，也要遭浩劫。更可怕的，是這場暴風雨會轟動整個大雜院，他將變成現代「琵琶記」裡的男主角。這一切，必然妨礙他布置以後應付繆玉蘭的許多棋子。他決定，仍借重這片烏鴉糞。這兒渺無人煙，遊客稀少，即使颳十二級颱風，也將被這片平靜荒涼沖淡。他意識到：一個憤怒的夫人，越是雜在群衆中，越是有看客，她越是火上加油。讓她在這片鬼魂也不見一個的蛇寂魚靜的冷烏鴉林冰凍一下，可能會產生震旦廠雞球牌37型酸鹼滅火機的效果，那種可貴的碳酸氫鈉與硫酸，將幫助他撲滅一場漫天大火。

第二天，是星期六下午，他藉口約她遊蓮湖公園，下午五時，在園門口等她。她暫時沒有到鄰舍洗衣婦蔣嫂那裡推回鐵虎的搖車，反而請她到附近幼兒園，代他先接回鐵牛。

當她高大身形才一出現時，他渾身就抖顫起來。他像一個印度小乘教徒，咬咬牙根，下定決心，準備割肉餵鷹，投身飼虎，把自己完全交給毒蛇猛獸。

在烏鴉林中，他攤的不是牌，是繆玉蘭那封充滿摺皺的信。

看完信，她臉色頓時大變。

在以後許多年月裡，唐鏡青很難回憶她當時面貌，不是他不能，是不敢。每一回憶，好像又親身經受一份毒刑，連比干受炮烙刑，白魯諾活活被燒死，恐怕也不過如此。

唐鏡青相信，假如容許她放火，她當時會一把火，把烏鴉林燒個精光，把整個蓮湖公園也燒個乾淨。

這時，她整個人、使他聯想起全世界千百種毒蛇中最毒的一種：印度眼鏡蛇。他從沒有眞見過這種蛇。但他堅信，她當時正是牠！這種蛇，一遇見敵人，全身昂然站起來，頸部猛然脹大，眼眶周圍肌肉也突起，像戴了一副眼鏡。這時，它前身陡地向後傾斜，金閃閃的長舌向你撲曳，這就是向你攻擊的信號。賈蝶這時的神情，也正是眼鏡蛇這份兇態。她全身昂然，頸部似乎特別脹大，眼眶四周的肌肉，彷彿也凸起來，像戴了副無邊眼鏡，非常可怕。

她蛇毒毒的凝望他，望了大約半分鐘，接著，第一個動作是：把那封信撕得粉碎，第二個動作是：邁前兩步，左右開刀，劈劈拍拍打了他兩個耳光，第三個動作是：伸出鐵鉗式的手爪，瘋狂撕他的頭髮，嘷吼著。

「今天我和你拼了！我和你拼了！你個騙子！你個活王八！你個死烏龜！你個崽（註⑤）你個狗養的！……」

她一面罵，一面哭。世界上所有最惡毒的罵語，都給她使用盡了。假如倉頡是他的小舅子，她準會求他再創造一座文學倉庫，供她使用。

唐鏡青毫不抵抗，任她打罵哭鬧。他知道，任何回擊或招架，只會把風暴擴大。臉上血淋淋的，被她撕破好幾處，他並不躲閃。

可能由於他的徹底托爾斯泰主義，可能，由於四周沒有一個觀衆，可能，由於烏鴉林裡過分荒寂，淒冷，而落在她身上的鴉糞也越來越臭，她有點受不了，在爆發了一小時後，她終於聲嘶力竭，感到疲乏。

「我承認一切是我錯，你怎麼打，怎麼罵，我都不怨，不過，打罵哭鬧，並不是辦法。……」他低聲下氣道：「假如打起官司，我固然犯重婚罪，你和有夫之婦結婚，你也有罪。」

這幾句話，顯然生了效力，她不再跳鬧打了。她只是坐在地上，大聲哭泣，不時雜兩聲咒罵：

「我給你害苦了！……我給你害死了！……」

他開始帶點沮喪的勸慰她：「辦法還是有的。」

「有屁辦法……我給你害死了？！……跟你出來好幾年，哪裡過過一天好日子……又要燒飯洗衣，又要帶兩個孩子，又要念書，又要侍候你，簡直連牛馬都不如。……好不容易，苦熬活撐，才算念完書、做了事，總算把肚子塡飽了。才有了點指望——現在半天跳出一個繆玉蘭！一個臭婊子！……你個盒命的！你個死鬼！我一輩子全給你坑了！

……」

他的殺手鐧終於亮出來。——現在正是用殺手鐧的時間了。再不亮，更待何時？他堅定的大聲道：

「我決定和她離婚。」躊躇了一下。「不過，這需要一點時間、一點計劃。」

她猛然抬起頭，彷彿一場大水災中，一個被水包圍、餓了好幾天的災民，坐在樹頂上，突然聽見飛機聲——她馬上聯想到空投糧食與橡皮艇。

她迅速停止哭泣，突然站起來，臉色登時也開朗點了。

他的計劃是：賈蝶暫時帶孩子搬到寶雞，他也立刻遷店。鄭天漫那裡的一間空房子，他想向他借住。他和幾個熟人商量好，繆玉蘭來時，絕不讓她知道他的第二次婚姻。這樣，只要她一找上他，他立刻和她談判離婚。她不答應，他就請律師，上法院。按照現在民法規定，他是絕對有離婚理由的，因爲他們已分居多年了。

「一切只要你暫時委曲一下，忍耐一下，我一定有辦法，快刀斬亂麻，跟她一刀兩段，大不了花幾個錢。」

另一個對賈蝶最有說服力的理由是：他和繆玉蘭結婚多年，從無子女，娟娟是領養的義女。她曾患卵巢瘤，開過刀，大半個卵巢和輸卵管都拿掉了，這一輩子很難有孕。相反的，她賈蝶卻給他生了兩個兒子，肚裡還有一個，她天然是他最合法合理的妻子。

他知道，（這只能讓他獨自一個人知道）他這個計劃，目前最大效果是：暫時把賈蝶她們送走，以免兩雌相遇，像重慶的長江嘉陵江相遇時的夾堰水，把他「夾」得體無完膚。除此以外的效果，尚是個代數上的X、Y、Z，一時很難預先估計。然而，他也知道，以賈蝶的簡單頭腦，除了把這帖安眠藥當做唯一救命靈丹吞服外，目前他也想不出更好辦法。

他一再囑咐，回去後，她千萬不能再大鬧。給鄰居們知道了，事情就麻煩了。她們和她一向有嫌隙，絕不會善罷甘休或保密的。

雖然這樣千叮萬囑，賈蝶回去，還是指桑罵槐，鬧了一陣，只是不點明具體事由。幾隻茶杯也遭遇到粉骨碎身的災難，但這比起唐鏡青原先所想像的那場大地震來，只能算是「茶杯裡的風波」了。

這一夜和下一夜，他們兩個都不能睡。她嘰里咕嚕，整整罵了兩夜。

雖然吵罵，她終於同意，一週內暫遷寶雞。他打了個電報給關中家庭化學工業社寶雞分銷處主任、他的一個朋友，請他立刻找一間房子，一時找不到，就暫住旅館，或這個朋友家裡也行。至於醫院，她打算藉口有孕後胃病，請一個月假。

他自己也決定，下星期六以前，暫搬到鄭天漫處。

二

假如這場地球大戰爭中，亞洲全部毀滅了，而唐鏡青還能保存他的殘骸，一個骷髏頭，那麼，後代考古學家和人類學家會驚訝，這個頭顱的頭蓋骨，是如此與別的頭蓋骨有點不同。它的頭骨、頂骨、蝶骨、顳骨、枕骨，收縮得很厲害，特別是蝶骨、顳骨、與天庭部分，顯出異乎平常的凹陷度。他們始終弄不清楚，爲什麼一個二十世紀的人，竟會有這樣一個深深凹陷的天庭。

可是，唐鏡青同時代的朋友，即使對人類學一竅不通，都很容易回答這個謎：它是被一種猝然的過度憂愁的思想壓扁了，被一種炸彈式的驟然痛苦震蕩扁了。一個人頭顱，無法承受那麼多憂愁和痛苦了，於是退化、萎縮了，正像一座建築猛然受暴風雨襲擊，超過它的支持力，它的墻壁傾斜了。

僅僅短短半個月，每一個認識唐鏡青的人，忽然發現，他一向飽滿的額頭，漸漸有點凹入了，現出斧削皺與水鱗紋。更可驚的是，他的兩鬢，突然半白了。原先只有十幾莖白絲，染在黑色鬢髮間，毫不顯著，現在，卻似陡然表現一片白色恐怖，尖銳的凸露出來。這情形，頗像古代伍子胥過昭關的故事。仔細一點的人，還可以發現，他的下頦，在一簇黑色髭鬚中，居然綻閃幾莖白鬚。

他才四十五歲，看上去卻像五十開外了。

假如，哲學上眞有所謂量的突然，唐鏡青的面孔，恰好有力的闡釋了這種原理。可是，這一切只是局外人的靜靜觀照，當事人卻毫未注意。老實說，這些天來，唐鏡青根本連照鏡子的時間都沒有。

文字、顏色、聲音，永遠是一些造謠者，揑造一些幾乎毫不相干的思想、形象、音符。眞正的地獄，生命中最黑、最黑的核心深處，永遠形不成任何文句、線條、音符。唐鏡青目前心情，就是個例子，它被排斥於這一宇宙任何形象以外。除了黑更半夜，縮在被窩內，獨自用無形牙齒慢慢咀嚼外，沒有什麼能洩漏他內在的秘密。

生命本已夠痛苦了。但生命仍嫌你不夠苦。你認爲黑夜痛苦，不夠，它要你正午也苦；你認爲黃昏痛苦，不夠，它要你早晨也苦。當你在枕頭上第一次睜開眼時，痛苦也就睜開眼睛，站在窗前，深深注視你。痛苦的瀑布，無休止的環繞你奔瀉，沒有人知道它從天上來、從地底來、從深山來、從大澤來。它叫太陽光帶苦艾汁味、叫星光帶野枳味、叫河水帶草藥味、叫大地帶金雞鈉霜味。不只你舌尖嚐苦，眸子看苦，耳螺聽苦，鼻觸嗅苦，連你每走一步路，你的腳板底也變成舌尖，可怕嚐味到苦——這一地球的最深痛苦味。

這個星球本身，原也在作痛苦旋轉。它有一個極痛苦的永恆旋轉周期。

天下最殘忍的事，莫過於一個充滿自信的畫家，自信自己的畫是傑作，而且，這樣自信了一生，有一天，卻鐵證如山，被人指出：這是天底下一幅最無可救藥的劣作。從這時起，這個自信者即使不自殺，實際上也等於判決他的靈魂死刑。那支持他一生的萬丈信仰光燄，刹那間，化爲灰燼。十三年前，唐鏡青和景藍見最後一面，他正是這樣一個充滿自信的畫家。他自信他的靈魂是一幅傑作，能抵抗任何時間風暴襲擊。但很快的，景藍正式結婚的消息傳來，這幅傑作遭受第一顆殘酷子彈射擊。但他仍不相信，這就是死刑判決書。而且，即使是死亡深淵，淵底也還有最後梯道，叫他逐步下降，不致縱身一跳，粉身碎骨。這梯道是：他最後的青春，中年開始時的青春餘輝，他的身體，形相，精力，他豐裕的物質條件，社會人事關係，以及這一切連繫在一起時的方便，和某些優先權。

他還能有最後一條通往巴比倫的路。

甚至當炮火幾乎毀滅他全部財產時，他還有一條通往沙漠的路，他攜帶一個年輕伴侶——賈蝶，乘此幾乎永遠擺脫那個悲劇火種——繆玉蘭。

現在，繆玉蘭的出現，眞正是最致命的一顆子彈，他的畫——那幅傑作，眞正被宣讀了死刑判決書。他再沒有別的深淵梯道與逃路了。

他眞正開始發現，他已完全喪失青春，鮮活的肉體形相，堅固的物質基礎及社會人事關係，甚至連他好不容易才在黃土層上建立起來的偏安局面，也徹底被毀滅。他不只被摧毀青春、中年，連他平安的老年，也被粉碎了。

他絕未想到，一件事物的預先估計與事後證實、是那樣相差十萬八千里。一片縹渺想像，化成血肉現實後，竟那樣截然不同。他的畫幅能支持得住任何想像的失敗，卻在現實絕望中整個崩潰了。有生以來，第一次，他連最後一滴殘剩的自信力，也被毀掉了。

不斷的夢，而且是惡夢，最惡最惡的惡夢，他不是睡、是夢，是泡在巨大的魔邪裡。一個夢接一個夢。夜夜荒唐，夢夢怪誕。他滾在夢裡，煎熬在夢中。他不是一個人，是一個噩夢，一個白天黑夜噴吐地獄黑液的噩夢。爬下床後，他的腦袋幾乎膨脹得有汽油桶大。

但一切噩夢中最最恐怖的，卻是下面一個。

一切夢雖惡，卻惡得具體，這個噩夢，卻惡得抽象。事後，他幾乎記不清，究竟是怎樣個惡法，只在當時那一瞬，他卻感到恐怖極了。

他夢見被關在一間黑屋子裡，窗牖深閉。他睡著，卻不能睡，因爲有一個什麼東西要衝進來。他無法分析究竟是什麼東西。一個強盜？一具僵屍？一條巨蟒？一隻獅子？一個鬼怪？一個山魈？他完全弄不清，他只模糊意識：有一個神秘東西要衝進去。那東西，不只要他的命，而且還有比要命更可怕的事。假如他能弄清楚，究竟是什麼？他究竟將面臨怎樣一個駭人結果，那倒好辦了。可怕的是，一切雲雲霧霧，甚至超雲超霧，恍惚朦朧。他躺在黑暗中，卻醒著。醒等於睡。睜眼等於閉眼。四周漆黑一片，黑得簡直分不清，究竟是眞黑？還是黑以外的什麼顏色？一種人類從未正式命名過的顏色？在他生命裡，除了等待——戒備那個闖入者的襲擊以外，似乎再沒有什麼剩下可做的。他等了很久，戒備了很久，最後，有點疲倦，剛打算考慮改變他目前措施時——就當意識才百分之一蘊含這種打算，而百分之九十九還沉浸於等待和戒備中時，突然轟隆一聲，窗戶粉碎了，一個巨大的黑色怪物衝進來，撲到他身上，他駭極了，大叫一聲「救命」，驚醒了，渾身衣褲完全濕透。

這個夢所以特別可怖，在於他根本不知道那個闖入者是誰？是什麼？是什麼形狀？什麼性質？什麼神態？什麼舉止？說它是一個怪物，只是一種假定。說它是黑色，巨大，也是一種暫時揣測。當時，其實他根本沒有任何顏色和形體的觀念，他只有一種單純直覺：那是宇宙間最可怕的東西。假如能弄清楚它眞正的顏色，形相、線條、方圓、聲音、動作，就不會有這樣超越一切的可怖了。特別可驚是：那時，他對它沒有一滴清晰思想，一芽明豁概念，或任何稍稍複雜的描畫，僅僅比阿米巴式的原始單純，稍稍多一丁點的複雜。這時，他最阿米巴式的單純意識是：那是一個最最震懾人的東西，它即將撲過來。終於，它果然衝來，撲到他身上。那一瞬的恐怖感，可能正像一切低級動物的原始恐怖感。老鼠看見蛇、小雞遇見兀鷹、羔羊碰見猛虎、獼猴撞見猩猩，許多飛禽走獸遭遇日蝕的天昏地暗時，可能都是這樣感覺。同樣，人類第一個祖先，第一次看見死亡，第一次想到神的存在時，可能也是這樣一片恐怖感。那是一種神秘的壓力，深不可測的朦朧、模糊、徜徉，以及根本不可理解的超越迫害。那個時候，人像一個小孩子手掌玩弄下的小甲蟲一樣，完全驚慌失措。

這樣一種可怖的噩夢景象與感覺，也正是幾天後某一段時辰唐鏡青所遭遇的景象及感覺。

一個完全沒有太陽的下午，（西北黃土層上，完全沒有太陽的日子是少的），唐鏡青接到鄭天漫派女工送來的便條，知道繆玉蘭母女已搭隴海路車抵西安，由莊隱親自伴送到他的新居。這時，他的感覺，正是上面這片怪誕的惡夢感。他彷彿深深躺在一間黑屋內，最深的黝暗中，緊張的等待著——警惕著窗外神秘闖入者的致命一撲。

從頭到腳，他深深沉浸於一片悸怖。

他不知道是怎樣回家的。但他慢慢的，喘息的，終於回來了。他終於踏進自己房間了。

終於——他看見了。

突然間，窗戶破碎了，那個神秘闖入者衝進來，那個巨大的黑色怪物撲到他身上，他差點沒昏過去。他恐怖極了。

在噩夢中，他還能大叫「救命」，還能駭醒過來，現在，他既不能叫，也不能醒覺另一種醒覺。更可怕是：他還不能用最明顯的形相動作，表現出最大恐怖。

他不知道，這一瞬和以後那段時間，是怎麼過去的。一切正像這個闖入者的噩夢。漸漸的，他已染上一種恐怖麻痺症，恐怖得不感覺恐怖了。

這尊矮小蠟像，並不是他的妻子。這個皮包骨頭的瘦女孩，也不是他的女兒。一剎那間，他似乎並未看見她們，他所看見的，只是一個活的陰性鬼魂，披頭散髮，屹立他面前，向他展示出他的黑色的過去、黑色的一生，她和他修築的黑色來路，悲劇透了的歷程。在他生命中，早已埋葬了的時間與生命，又從墓窟底挖掘出來，捧到他面前，釘死人棺材板似地，要硬生生釘到他目前與今後幾十年生活中。

一個早已死了的女人，居然又從棺材底爬出來，經過五六千里，找到他，站在他面前。

他本以為，隨著他的投身大荒，他的醜鬤媸惡的命運，早已結束了。現在，它卻又一次站在他面前，大聲對他道：

「我並沒有死。我一直沒有忘記你。我依舊要陪伴你。即使我找遍半個地球，我也要找到你。看——我現在終於站在你面前了！」

這一次，他將永無可逃了。不管他逃到這個星球那一角落，她是跟定他了。他不可能再逃了。他也再沒有勇氣逃了。

假如他所看見的繆玉蘭，還像當年一樣，也許，他的恐怖感會稍稍沖淡點。因爲，那是他記憶中所熟悉的一張臉——又粗又黑的臉，庸俗的臉，燙得很俗麗的頭髮，蓬得像個公雞，矮矮胖胖的軀幹，像一顆突然冒出地面的畸形蘿蔔，笨手、笨腳、笨言、笨語——這是一個枯燥沉悶的過去，黯然無光的過去，卻又是一個比較沉默和被動的過去。在那張臉上，至少還有一份牲口式的忠誠、忍耐，以及由此而產生的愚蠢的啞默。

現在，連這一切溫和的痕跡都沒有了。

在繆玉蘭身上，在這個矮蠟像身上，他看見——

一張老太婆的臉。頭髮大半白了。臉上橫一條歪一條是皺紋，皮膚又黃、又黑、又灰、又褐、又乾、又瘦，你簡直說不清它是什麼顏色。像一塊洗了無數次的窳劣印花布。那雙牲口味道的小眼睛，沒有了，在它的位置上，似乎閃爍著一雙帶有獸味的眼，眼主彷彿一向生活在非洲叢苑，一種原始黑暗裡滋生的絕望、淒怖，混和著陰險與兇辣，以及一片陰森森的冷光，瘋慘慘的毒燄，不絕如縷，竟從這雙眸瞳內射出來。絕望是這個老太婆的形相，陰森與瘋慘是她的內容。內容不斷向外衝，要代替形相。這條絕望的生命，是一根粗獷醜陋的棕繩，由命運的一雙殘酷的手掌搓成的。

而這個命運，正是全部戰爭苦難與生活黑暗的寫照。

她的個子似乎比過去更矮了，又矮又瘦，瘦得似要變成一根巉削石筍，好像有那樣一種巨大壓力，要把她往地底下壓，壓回墓窟棺槨。但她卻掙扎著，往地面冒。她才四十幾歲，看上去，卻像接近六十歲的老婦人了。

不需要她說一個字，發一個聲音，吐一句話，或用手指畫任何一根線條，他馬上就明白，她全部靈魂內容，只有兩個字，兩個最古最老的字——

痛苦！！！

一剎那間，終於，他看清楚了：

這不僅是老婦人繆玉蘭的臉，也是他自己的臉——絕望、痛苦、蒼老，滿溢死的陰影——這也不只是他的臉，這是他的一生。

在上述種種情緒中，她還有一種與他不同的情愫是：似有幾分陰險——。

「鏡青，你老瞪著我幹嗎？你不認識我麼？」她微微陰險的冷冷道。

這個微帶陰險神氣的老太婆，終於發出聲音了，語調是冷酷的，彷彿一個字一把利刀。

他又聽見他旁邊兩個朋友的聲音：——直到現在，他才「聽」見他們——莊隱與鄭天漫的存在——。

「鏡青，坐下來，大家談談吧。」

這天夜裡，鄭天漫聽見一片奇異的聲音，怪誕的音樂。

這不是音樂，是一條無望的毒蛇的噝鳴，一隻遍體傷口的獅子的瀕死慘叫，一個個音籟全從傷口流出來，飽蘸血液的鈉鹽。這不是音樂流，是血在流，血在掙扎、在呼喊、在嗥吼。假如人口不是紅紅的嘴，而是紅紅傷口，後者能代人發聲傳響，那麼，這正是傷口的喊聲，傷口的音樂。這裡面，沒有靈魂，只有靈魂的痛苦；沒有痛苦，只有肉體的絕望；沒有時間，只有時間的黑暗；沒有宇宙，只有宇宙的末日。末日在奔，在跑，在嘶，在嘯，它宣布要撕碎一切。聽著、聽著，鄭天漫覺得自己蛻變了，變成一名死囚，被牽到絞刑臺下。他的血液馬上就要冰冷，他的軀幹立刻就要僵硬，他的意識迅速就要凍結。他不敢聽下去了。他掩住雙耳。他幾乎要發狂了。這時，忽然一大轉變，一片玫瑰花園出現了，千萬朵紅色流出來，各式各樣的艷紅，花形、芬芳、沉醉，比夢還美麗，比月光還溫柔，都展現在他眼睛裡——不，聽覺裡。

他怔住了，滿臉是淚水。現在，他才弄清楚，這並不是夢中聲音，這是一片音樂，是誰在附近奏提琴樂曲。

他披衣下床，往後園走去。冬夜上弦月、射一鉤慘白色骷髏光。順著白光，他找到這片奇異音樂的噴泉。

一棵古槐樹下，唐鏡青像一個瘋子，如狂如醉的奏著提琴。他不是醒著奏，是睡著奏。他在夢中奏琴——這是一場夢游演奏。那些又可怕又美麗的聲音，泉水樣從他魔術式的手指下衝出來。

唐鏡青那架死了十三年的提琴，一個深夜又復活了。

鄭天漫不開口、不動，也不響，在一邊靜靜諦聽。他完全迷醉了。可能，有生以來，他從未聽過這樣奇妙的音樂。

不知何時起，這個瘋子從夢中驚醒了。鄭天漫大駭一跳，唐鏡青睜大那雙又絕望又痛苦的眼睛，向這位老朋友凝視著，望著望著，鄭天漫聽見一片巨大炸裂聲音：

「嘣」的一聲，提琴家突然猛力把琴砸到旁邊一塊假山石上，那銀紅色的樂器，登時化成一堆碎片。

鄭天漫一聲不響，僵屍樣走過去。他幽幽踱到提琴家面前。突然，他跪下來，抱著提琴家的腿，大聲哭泣起來。他不知是代提琴家哭，還是替自己哭。

註①「扎猛子」，即鳧水，突然潛入水底。
註②西班牙航海家麥哲倫，後來在菲列賓被土人所殺，但他所領導的船隊中的一隻，卻駛回歐洲。
註③「阿里朗」是著名的韓國流亡歌曲。

註④「鐵牛」是一種鐵鼎形的鐵鍋。

註⑤「崽」是湖南人罵人話。